理解了要执行,
不理解也要执行,
在执行中去理解,
否则就要剁胳膊剁腿。

阅读·分享·精进

# 舵手读书会林园系列书友群

知识复合积累 财富复利增长

微信扫码 了解详情

# 财报掘金

## 林园选股的核心财务指标

——林园炒股秘籍4

Value Discovery
Lin Yuan's Guide to Financial Statement Analysis

王洪 张晓曦 著

山西出版传媒集团
山西人民出版社

## 图书在版编目（CIP）数据

财报掘金：林园选股的核心财务指标 / 王洪，张晓曦著. — 太原：山西人民出版社，2022.10

（林园炒股秘籍系列丛书）

ISBN 978-7-203-11740-7

Ⅰ.①财… Ⅱ.①王…②张… Ⅲ.①会计报表—会计分析 Ⅳ.① F231.5

中国版本图书馆 CIP 数据核字（2021）第 038740 号

**财报掘金：林园选股的核心财务指标**

| 著　　者： | 王　洪　张晓曦 |
|---|---|
| 责任编辑： | 秦继华 |
| 复　　审： | 赵虹霞 |
| 终　　审： | 姚　军 |
| 装帧设计： | 王　峥 |

| 出 版 者： | 山西出版传媒集团·山西人民出版社 |
|---|---|
| 地　　址： | 太原市建设南路 21 号 |
| 邮　　编： | 030012 |
| 发行营销： | 0351-4922220　4955996　4956039　4922127（传真） |
| 天猫官网： | https://sxrmcbs.tmall.com　电话：0351-4922159 |
| E - m a i l： | sxskcb@163.com　发行部 |
| | sxskcb@126.com　总编室 |
| 网　　址： | www.sxskcb.com |

| 经 销 者： | 山西出版传媒集团·山西人民出版社 |
|---|---|
| 承 印 厂： | 廊坊市祥丰印刷有限公司 |

| 开　　本： | 710mm×1000mm　1/16 |
|---|---|
| 印　　张： | 17 |
| 字　　数： | 230 千字 |
| 版　　次： | 2022 年 10 月　第 1 版 |
| 印　　次： | 2022 年 10 月　第 1 次印刷 |
| 书　　号： | ISBN 978-7-203-11740-7 |
| 定　　价： | 188.00 元 |

**如有印装质量问题请与本社联系调换**

在中国股市,"林园"是一个神秘莫测的名字,时而充斥各个媒体,被描述成盖世的股神;时而销声匿迹,只有一些猜测在流传。神秘感并非他刻意营造,而是因为他一直在埋头自己的工作,并未关注外界的评价。

这称号他受之无愧,在他30年的市场经历中,从未有过败绩。熊市袭来,他也不免挫折,但总是能在最短的时间内再创新高。

他本人对"股神"这个称号并不感冒,有人这么称呼他的时候都会让他略微尴尬。他是一个陕西汉子,淳朴、直率,不喜欢社会流行的相互逢迎,他经常会告诫同事,做投资最讲究真实,只有找到真实,才能实现确定性的盈利。沉溺于奉承中的人不可能看到真相,被虚伪和谎言蒙骗的人一定是失败的投资者。

林园投资成功的原因非常简单,就是持之以恒地追求真实。在他看来,只有真实才具备确定性,而确定性是复合增长、稳定盈利的根基。

投资是一件需要灵活性和稳定性的工作,这两种特性相互矛盾,极少有人能将二者完美融合。林园能够打通任督二脉,成为一个顶级投资者,与他的经历有很大关系。

1989年,初入股市仅仅几个月,林园的8000元变成了12万元。他自己都未曾想到赚钱原来如此容易。卖出深发展的那天,林园认为自己就是为了股票而生,以后的日子,他属于这个市场,这个市场也将永远属于林园。

现代人很难想象在那个时代什么都可以倒卖,中国股市最早出名的大咖杨百万是倒卖国库券发家的。赚到第一桶金的林园也义无反顾地奔走在海南、上海和深圳间倒卖股票,他到各公司收购内部员工股,化零为整,在市场比较火热的时候卖出。

当时,并没有电子交易,股票是一张印刷精美的纸片,有点像大号钞票。证券营业部设在上海、深圳,外地人并不知道股票的价格,甚至一个城市不同营业部的股票报价都不一样。基于信息差,倒卖股票成了一本万利的好买卖。在不到两年的时间里,善于制造"不平等竞争"的林园,就把自己的股票资产从12万元炒到了1000多万元,翻了将近100倍。

随着股票市场的火爆,交易所出现了一波增发潮,新股票不断上市,有限的资金很快被分散,股价也出现了比较大的下跌。1993年,对股市非常熟悉的林园感觉股价偏高,于是将股票悉数抛出,转战西安投资房地产。

经营的烦琐让林园深深怀念股市。两年后,重新嗅到牛市气息的林园,毫不犹豫地返身回到了深圳。

不能不说原始股有惊喜,去西安之前,林园收购了60多万股深华新。等回到深圳时,两三元成本的原始股已经涨到了15元多,卖出后盈利1000多万元,而房地产项目只赚了500万元。

离开三年并未消磨林园对股市的敏锐,卖掉原始股后,林园先后操作过深发展、四川长虹,并且坚持长线原则,持有到1998年,仅四川长虹就涨了5倍。

1998年8月,林园再次预感到A股熊市来袭,他毫不犹豫地悉数卖出。随后回补了些仓位,但因为没有好的选择,一直到2000年,只保持了很低的仓位。

离开A股的林园,在周边市场的价值洼地中进行资产配置。有朋友提议,粤电力B价格被低估。研究了财务报表后发现,粤电力B的股价只有2元多,分红就有0.3元,而且国家仍在加快建设,电力需求只增不减,这种价格没有风险。于是,林园将大部分资金转入B股,买了许多粤电力B。

没过多久，国家取消了境内投资者购买B股的限制，B股一飞冲天，粤电力B上涨了近4倍。敏锐的政策嗅觉、精湛的财报分析能力，让林园再次收获远超同行的股市利润。同时，也使林园坚定了投资价值洼地的理念。

做了一段时间研究后，林园发现香港的H股与A股比较有很大的差价。同一家公司的A股已经炒到十几元，H股则仅有一两元。如果按照净资产和分红率计算，H股中有许多仅靠分红就远超债券投资的股票。

林园持有港股百仕达整整4年，百仕达的经营情况和财务报表都相当不错，但由于房地产行业的周期长，业绩迟迟无法释放。每次市场开始关注百仕达，就会爆出来一些事件，把股价又给打压下去。但在4年中，百仕达的经营状况从未变差，一直到股价无法压抑的最后关口才开始爆发，林园赚了32倍。但事后他感慨，这是投资生涯中最为艰辛、挣扎的一只股票。

炒H股的经历使林园的投资理念更加坚定，他观察到，那些大型垄断企业老总没有财务造假的动机，公开的数据真实可信。只要不是大的环境变化，公司的经营稳定可靠。在低估的时候进行投资，产生超额回报只是时间问题。

2001年后的林园认为价值研究应该更深入，必须考察公司，才能得到更详尽的信息。从那时起，林园以及他的团队走遍了全国各省，深入调查目标公司。

林园的成名股是贵州茅台，这是他第一批实地调研的公司。回归A股后，林园研究了所有企业的财务报表，发现白酒和中药行业的经营非常稳定，而且增长很快。当时五粮液和茅台集团是并驾齐驱的白酒企业，市场销售额差不多。为了更加有把握，林园亲自带队奔赴四川宜宾和贵州茅台镇。

考察之后，林园仍旧拿不定主意重点投资哪家企业。恰好有个老同学邀请林园做客，这位同学的岳父是部队的领导，宴席的白酒恰好是茅台酒。林园很诚恳地询问朋友的岳父："这茅台酒和五粮液到底有什么区别？哪个更好些？"朋友的岳父回答："你不用问这个问题，按照你的酒量上限，今天喝茅台酒，明天再喝五粮液，找找感觉。"

回到宾馆，林园马上买了五粮液和茅台酒，用两天时间做了比较。他发现，喝完五粮液，第二天会头疼、胃难受。而喝完茅台酒，宿醉醒来身体完全正常，几乎没有不舒服的感觉。

　　这次亲身体验坚定了林园买入贵州茅台的决心，他加强了对白酒行业的财务分析，发现五粮液和茅台集团都面临着战略转型，财务报表显示，茅台集团的发展空间远超五粮液集团。尽管2001年20多元的贵州茅台是市场中的高价股，但丝毫不影响林园的决心，他将投入白酒版块的资金不断从五粮液向贵州茅台转移，最高时90%是贵州茅台，10%是五粮液。2012年，因为塑化剂风波等原因，贵州茅台股价从260多元跌到120多元，在贵州茅台被所有人抛弃的时候，他依然在里面坚守。茅台集团当时的董事长袁仁国跟他说："林园你现在一支独大了。"时至今日，贵州茅台仍旧是林园的压舱石，没有紧急事件，林园绝不卖出。

　　实地调研是很辛苦的工作，随着资金量越来越大，需要调研的企业也越来越多，经常一周要跑好几个城市。到2005年股权分置改革时，A股的逻辑出现了大变化。林园和团队花费了很大精力分析局势，通过财务报表挑选出公司后，调研一家买入一家。"通过财务报表，选出行业的龙头企业，然后实地调研，选出性价比最高的公司来投资，这就够了。好的投资人，首先是一个财务高手。"林园强调说。

　　先买股票是为了获得参加股东会的权利，尤其在A股改革的那年，股东会开得极为频繁。经常是今天在贵州茅台集团开会，第二天就联系上了云南白药的高管，开着车直奔云南，屁股还没坐热，伊利集团又召开股东会，于是，打着飞机直奔内蒙古。

　　林园对每一家要投资的企业都不会懈怠，哪怕再累也要把握一手资料。掌握了最真实的信息后，他会做出减仓或是加仓的决策，这么多年下来，无一失误。

　　开始布局A股时，林园持有招商银行、云天化、贵州茅台、五粮液、新兴铸管等一大堆股票。随着调研的深入，重心转移到贵州茅台、五粮液、招商银行等三四只股票，在随后的很长时间中，这些股票虽然有震荡，但总体一直保持上涨，给林园带来了丰厚的收益。

　　从2008年到2016年的8年中，林园股票配置调整不多。工作重心放到了调研、买资产、做风险套利等业务上，逐渐将投资扩大到全球。

随着中国经济的不断增长，全民社保、医保踏着城镇化的步伐逐渐覆盖了更多人群，不过老龄化率也随之增长。发达国家的医疗保健费用是人均收入的19%左右，而中国只占10%。林园认为中国和先进国家之间的差距会产生不断增长的需求，于是他开始加强对医疗医药产业的深入调研。

在发达国家，医药医疗相关产业的净利润占全部上市企业的68%，而在A股则只占不到10%。在中国人均收入仍在不断高速增长的今天，医药医疗产业充满着巨大的商机。从2016年开始，林园通过财务报表对所有相关行业的上市公司进行了调研，随后买入为数不少的股票。他亲自带队进行实地调研，对所有买入股票的上市公司进行动态跟踪。随后，资金逐渐向优质企业集中，再一次踏准了中国经济发展的节奏。

时至今日，林园管理的资产已过千亿，除A股优质资产，还涉足东亚、美洲、欧洲等全球市场。他的成功当然是搭了中国高速发展的顺风车，但在这趟车上，人们不断上车又下车，下车后又在车后狂奔。林园在这趟高速列车上不动如山，凭借敏锐的头脑和坚定的意志找准了每一个风口。

每一波牛市都会有新股神现世，熊市袭来的时候，许多"股神"和韭菜会一起跌倒。只有林园，熊市来了少赚，牛市来了大赚，几乎每一年都有稳定的利润，成了A股市场的常青树。

股市是情绪的放大器，赚钱的人不可一世、舍我其谁，亏钱的人自怨自艾、一蹶不振。林园有过短暂的失利，但他钢铁一般的神经从不动摇，赚了大钱，研究财报、实地调研；有盈利了，仍旧是研究财报、实地调研。对他而言，投资是一种常态化的工作，盈利是认真工作的奖励，决不能因为成功放松工作。反之，如果投资出现亏损，则是对渎职的惩罚。

林园说，炒股成功不复杂，就是找到一种合适的方法之后不断地重复重复再重复。合适的方法不难找，有人找到牛市的方法，也有人找到了熊市的方法，不过这些方法在市场发生变化的时候会失效，因此很难保持稳定盈利。

林园的方法与众不同，但与巴菲特的思路相仿，通过财务分析和研究调查找到被市场低估的股票，寻找市场犯错的机会。这种方法被许多人视为笨拙，但这种方法恰恰在牛市和熊市中都有效，价值投资在30年中不断地给林园创造着财富。

为什么久经市场验证的方法却被多数人嗤之以鼻呢？原因是在他们眼中，这种方法太慢，不能快速创造利润。多数人，尤其是散户，总是以自己的本金少、期望高为理由，去寻找更快的方法。殊不知财不入急门，风险和收益呈正比是证券投资颠扑不破的真理。人们确实有机会快速地赚到一些钱，但是一旦没有控制好风险，以前赚的钱都会变成镜花水月。

林园认为，复利是资本市场最大的神话，利用复利的投资者有机会实现财富自由，但是复利收益必须以确定性为基础。追求快速赚钱的人，可能半年、一年就会翻上一番，可是却始终难以积累。原因在于他们虽然赚了快钱，但放大的风险迟早都会带来损失，一旦出现了损失，复利的链条就会被打破，这样的人成了永远追不上乌龟的兔子。

林园的成功在于他最大化地规避了风险，将投资变成了一件具备确定性的事情。如果每一笔投资都能有效控制风险，确保稳定收益，哪怕盈利再慢，总能增值成一笔巨额财富。

自1957年成立私募基金以来，巴菲特的平均年化收益率约为22%，这被很多急功近利、热衷短线炒作的中国投资者嘲讽。2015年，巴菲特的收益不及徐翔产品的1/4，这更给了很多股民看不上巴菲特的真实证据。但巴老将这"不高"的盈利率维持了60年，缔造了今天900亿美金的金融帝国，徐翔则早已身陷囹圄，所有财富烟消云散。

20世纪80年代末到90年代初，中国证券市场还不太成熟，这段时间是林园盈利最快的阶段。仅用了4个月，他的资产从8000元升到了12万元。其后两年，又从12万元升到了1000万元。

这个阶段过后，林园再也没有寻求过暴发的机会，市场的完善使他走向稳健。他向各路高手讨教、学习，最终在"股票内在价值分析"的策略上定型，从此走上了稳定盈利的道路，把和他同时期暴发的高手远远甩在了身后。

直面林园，确实能感受到西北人的气质。但他与一般西北人不同，林园非常精于计算，他身边的人都知道他非常乐于帮助朋友发财致富，但他绝不吃亏，他给别人的任何帮助，都需要对方付出代价。按照中国正常的道德标准，他难免被诟病为"为富不仁"，可正是因为这种性格，使接近并信任他的人都得到了非常大的好处。

对于股票，他的算计有过之而无不及，他会对每一只打算入手的股票反复盘算，把财报中所有有用的数字反复验证，直到确保财报没有造假，自己不会吃亏，才肯买入。正是这种精明，让他躲过了许多资本市场的陷阱。

当年的蓝田股份在市场上非常火爆，好几个朋友反复劝林园入手。林园发现蓝田股份的财务报表靓丽抢眼，但一看主营业务，林园笑了，就是这家公司的所有鱼塘堆满了鱼，也远远不够这家公司的市值，投资这样的公司只能吃亏，绝无便宜可占。

同时期的大热门股亿安科技，林园也是一眼之后便断然拒绝，这家公司的财务报表前后逻辑不一致，明显就是造假。林园的直言不讳几乎让他和推荐股票的朋友断交，但没过多久，《金融内参》刊发了一篇指斥亿安科技财务造假的文章，揭开了这家公司的画皮，随后亿安科技被强制停牌。林园的朋友因为他的告诫，在这只股票崩盘时及时撤退，损失不大，二人也重归于好。

计算股票的价值离不开财务报表，林园对财务报表极为精通。通过观察财务数据，验证数据真伪，林园总是能挑出最具备确定性的股票。确定性最大化地发挥了复利的力量，使林园从一介散户成长为投资界大佬。

时间到了2021年，全球大势风起云涌，在这个充满不确定性的世界里，林园又在寻找什么样的确定性呢？他又是通过怎样的方法一而再，再而三地找准风口，成为不败的股神呢？本书将从财务分析的角度为您揭秘林园。

## 第一章　宏观分析并不难——买卖才是硬道理
### 第一节　宏观经济与选股 /2
### 第二节　股票价格的秘密 /4
1.1 有趣的供需关系 /6
1.2 股票市场的定价原理 /10
1.3 商品供不应求，涨不涨价？ /12
1.4 供给与需求的图形化分析 /17
1.5 供需关系如何形成价格 /23

小结 /28

### 第三节　经济周期与股票热点 /30
1.6 经济周期的形成 /30
1.7 金融周期 /32
1.8 经济周期中的选股 /34

小结 /39

## 第二章　行业掘金——增长为王
### 第一节　行业的周期分类 /45
2.1 幼稚期行业 /45

　　　　2.2 成长期行业 / 47

　　　　2.3 成熟期行业 / 48

　　　　2.4 下行期行业 / 50

　　　　小结 / 51

　　第二节　行业市场特性分类 / 53

　　　　2.5 完全竞争行业 / 54

　　　　2.6 垄断竞争行业 / 55

　　　　2.7 寡头垄断行业 / 58

　　　　2.8 完全垄断行业 / 59

　　　　小结 / 62

　　第三节　行业与行业细分 / 65

## 第三章　公司手术刀——剖析之法

　　第一节　茅五大战的玄机 / 73

　　第二节　财务报表是如何炼成的 / 79

　　　　3.3 企业经营 / 81

　　　　3.4 债务经营 / 86

　　　　3.5 现金回流 / 90

　　　　3.6 扩大经营 / 94

　　第三节　财务报表的相关指标和名词 / 102

　　　　3.7 年度报告与财务报表 / 103

　　　　3.8 货币与资产 / 104

　　　　3.9 流动资产 / 105

　　　　3.10 非流动资产 / 106

　　　　3.11 负债 / 107

　　　　3.12 股东权益 / 109

　　　　3.13 毛利率 / 109

3.14 利润总额 / 111

3.15 净利率 / 111

3.16 净资产周转率 / 112

# 第四章　不败秘籍——林园的六大财报指标

## 第一节　林园的六大财报指标简述 / 115

4.1 利润总额——先看绝对数 / 115

4.2 每股净资产——不要去关心 / 116

4.3 净资产收益率 / 116

4.4 产品毛利率 / 119

4.5 应收账款 / 120

4.6 预收账款 / 121

## 第二节　利润总额与利润表 / 122

## 第三节　每股净资产和资产负债表 / 133

## 第四节　净资产收益率与财务指标 / 151

## 第五节　产品毛利率与利润表 / 160

## 第六节　应收账款和现金流量表 / 169

## 第七节　预收账款与流动负债 / 183

# 第五章　穿越周期——林园复利之谜

## 第一节　经济复苏时牛股的财务指标 / 192

## 第二节　经济繁荣期的重要指标 / 199

## 第三节　经济下行期的财务指标 / 208

结语 / 217

# 第六章　步步惊心——股市陷阱面面观

## 第一节　疯狂的融资 / 222

## 第二节　吹起来的利润 / 231

### 第三节　光怪离奇的花式造假 / 241

6.1 离奇的造假之王 / 241

6.2 跨境造假——动机之问 / 246

# 后　记 / 253

# 第一章

## 宏观分析并不难——买卖才是硬道理

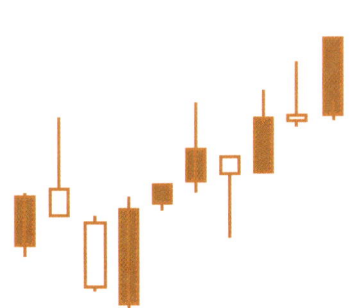

微信扫码
观看本章导读视频

## ◎ 第一节　宏观经济与选股

众所周知，中国股市属于政策市，经常会和经济走势脱钩，各走各的路。分析人士大致分成两派，有人坚持股市是经济的晴雨表，认为经济有转好的迹象，股市才会有表现。有人认为中国股市和经济没关系，必须要听国家的话，政策往哪里指，股票就在哪里涨。

这两种看法都有道理，但也都有无法印证之处。2015年的牛市和经济周期没多大关系，用经济数据分析必然一脸茫然。而一些不断推进的政策，例如，地下管线、海南概念，每年都会提出来，但股价却很少上涨。

林园认为，如果仅关注政策，容易只见树木不见森林，在大趋势的判断上出错。但假如只关心经济，分析不透政策，在股市中就没有落脚点，只能是纸上谈兵。

林园是将宏观分析和产业政策分析完美融合的典范。2008年的大熊市中，机构、私募的业绩异常惨烈。那时候很多媒体想要采访林园，但在办公和交易的场所始终找不到他。后来有记者在熟人引荐下，在林园的新家中找到了他。大跌成势后，林园一直在忙着装修自家的新房，基本不关注A股市场。

在该记者的追问下，林园拿出几个私募基金账户给记者看，资产确实出现了回撤，但回撤幅度远小于大盘。

林园对该记者解释说：

*我对我的股票有十足的信心，现在的回撤只是暂时性的，这些股票一定会回到合理的价格。*

> 全球的金融风暴是短周期风险暴露，中国经济正在上升期，虽然免不了会受到外盘冲击，但一定会领先于欧美恢复。现在我不但不会卖出股票，如果有资金还会继续加仓。

有媒体记者撰文对林园的操作表达不解，不少评论者也对林园的操作持否定态度，但林园的资产市值很快就突破了历史高点，用真实的成绩回答了所有质疑者的疑问。

临近2018年，林园放弃了中国经济上升期选择的金融、家电，一个华丽转身把目光投向了医疗产业，A股从2018年的3587高点至2020年年底，医药医疗股涨幅超过60%，排在所有行业中的第一位，林园运用他的宏观行业分析能力再次找准了风口。

财务分析的主要任务是对比一个行业中的公司，从中选出最合适的公司。在财务分析之前，还有宏观分析和行业分析两个重要步骤。宏观分析，主要用来分辨经济的方向，以及即将进入的经济周期。而行业分析，则是利用宏观分析的结果，挖掘最适合的行业。这两步都做完，再进行财务分析才是有的放矢。没有宏观分析和行业分析的基础，随机进行财务报表分析，分析的结果和实际情况很可能大相径庭。

宏观分析、行业分析以及公司的经营理念策略、财务报表等都是林园看重的基本面分析：

> 我不是一个技术分析人士，我也不关注技术指标，我只在乎我手中股票的基本面。所以少看点股价的走势，对自己的干扰也就少得多，从而有利于保持自己良好的心态。我的原则就是基本面没有问题的股票，即使股价走势不好，我也坚决持有；而基本面出了问题，股价即使走得再高，我也会卖！

## ◎ 第二节　股票价格的秘密

股市分析有两大流派，技术分析派和基本分析派。多数股民喜欢技术分析，因为简单易学，不需要东奔西走，也不需要殚精竭虑，只需要一本秘籍和一台电脑就足矣。但哪怕技术最为精湛的高手，也无法每次都能准确预测，账户总是起起伏伏，难以实现稳定盈利。不过基本分析派也多表现得难以令人满意，熊市被套、牛市解套、走熊再套似乎成了魔咒。

到底什么方法有用？股市分析有没有恒定的规律呢？30年来，林园的账户也有起伏，但始终在增长。林园是如何成为股市常青树的呢？他是用了基本分析还是技术分析，或是二者皆有？

在接受媒体采访时林园明确表示过：他早期也研究过技术分析，数年后就发现没有稳定性，时灵时不灵，很快就放弃了。同时，他也不认为自己是个基本分析者，至少他不是一般投资者理解的基本分析者。他的方法非常简单，就是遵循股市那些不会变的基本规律，再用这些规律寻找股票，把握时机。

林园的规律简单到令人吃惊，这个规律可以在宏观经济分析中发挥作用，同时，还是行业分析的决定性因素。在指数、个股的分析上，这个规律同样适用。

在许多采访中，林园都提到过这个规律，但并没有引起听众注意，但林园一直凭借这个简单的规律无往不利。

这个规律并非林园独创，是经济学的基础原理"供需关系理论"。经济学如此解释这条理论：任何商品，买的人比卖的人多，价格就会上涨；反之，若卖的人比买的人多，就会下跌。价格上涨会让一部分买主放弃购买；同样，价格下跌也会让卖主减少生产。买卖双方的力量会使价格达到一个平衡点,这个点就是均衡价格。在交易中,买主是需要的人,被称之为需求方;卖者是提供商品的人,则称之为供给方。

股市的涨跌取决于股票市场的供给与需求。IPO、增发、解禁会增加股票供给;新人入市、外资入A股、银行降息、居民收入上升、央行增发货币,都会增加对股票的需求。钱流入股市,造成钱多股票少,股市就会上涨。而钱少股票多的时候,股市就会下跌。

在单只股票上,如果下单买入的人多于卖出的人,股票价格就会上涨。如果想卖股票的人多,而青睐这只股票的人少,股价就会下跌。

上市公司的产品新,竞争优势明显,需要的人越来越多,公司的业绩就会增长,想买这家公司股票的人也会越来越多,从长期看,这家公司的股票价格就会越来越高。如果一家上市公司面临很残酷的竞争,利润很低,而且买主越来越少,那么利润也会不断减少。持有这家公司股票的人就会想卖出,股价将长期看跌。

不仅是股票,在可以自由交易的市场里,几乎所有商品的价格都由供需双方关系的变化而产生。一种商品不断有消费者入场,就会导致商品价格上涨,企业的利润也随之增长,企业的股价就会上涨。企业被利润诱惑增加生产线,竞争者也纷纷入场,该商品的总产量就会增加。当供给与需求达成平衡时,如果没有新的需求者入场,价格和利润就会下降,企业的股价也会下跌。

供需关系在经济学中极为重要,有经济学家声称:掌握了供需关系,就等于懂了经济学。社会的经济运转完全符合供需原理,每当新的商品出现时,人们就会花钱购买这种商品,而生产商品的厂家就会有更多利润给工人发工资;工人的收入增长,就有钱购买其他商品,进而带动其他企业收入增长,因而雇佣更多工人。就这样一环扣一环,经济逐渐进入繁荣期。当多数人的需求被满足,社会购买量就会减少,企业也不得不调低产量,甚至还要辞退员工。失业率上升意味着人均收入减少,进而会引发人们对其他商品的需求减少,负面影响逐渐扩散后，经济就会进入衰退期。

所以不管是宏观经济分析，还是行业分析，或者是个股分析，都离不开供需关系。林园无数次对媒体说："我就喜欢那些供不应求的商品，这样的公司股价再高我也敢买。"林园一句话洞穿了股市真谛。

因此，本书虽然写的是财务分析，但须将供需关系放在首章。本书的所有章节，均需供需理论支持，读者在读后面的章节时，务必时时和供需关系建立联结，这样才能真正理解林园思想的内涵。

另外还要注意，经济周期分析和行业分析也非常重要。在不同的经济阶段，不同行业的表现迥然不同。经济不景气时，有些行业的需求会大幅减少，但在当期财务报表中不会体现出来，人们以为股价已经跌了很多，但很可能因为未来预期收入还会减少，股票也会继续跌跌不休。反之，在经济不太好时，有些行业的产品可能在暗中增长，而因为熊市股价也一直在跌。而最好的分析就是找到这样的行业，再用财务分析从中挖掘出风险最低、爆发力最强的企业。

这些知识都是相互贯通的，从宏观经济到行业政策，从行业政策到公司财报，缺一不可。下面就让我们先掌握"供需关系"这种在分析时极为重要的工具吧。

## 1.1 有趣的供需关系

供需关系必须要在市场中才能实现，"市场"是经济学术语，指的是人们买卖商品的场所，这个场所可以是有形的，也可以是无形的。服装商场、菜市场是最小的有形市场，股票市场属于无形市场，无数的买主和卖主从不会谋面，也看不到货品，只是按照自己的预期报出价格。

市场只有买主和卖主两种人，所有交易者公平自愿地进行交易，所有买主决定商品的需求，所有卖主则决定商品的供给，买卖双方根据需求与商品的多少进行买卖，最终确定商品的价格。

股市的涨跌由股票的供需关系决定，投资者的钱涌入市场，就会造成股票供给紧张，想买到股票就必须抬高价格；不断发行新股，会增加股票供给，如果市场中的钱没有增加，就会导致价格下跌。

需求是买主们愿意且有能力购买的商品的总量，价格会影响到买主们的需求量。通常价格下跌需求量上升，价格上升则需求量减少。但真实的市场不会如此简单，商品需求量的变动还会受其他因素影响。

例如"收入"。人们收入增加，会外出旅游，促进了旅游的需求量。旅游资源不会增加，人们对微小的价格变化也不在意。对于旅游景点而言，成本基本固定，游客增加利润增幅会很大，所以一般不会大幅改变价格。因此人们收入的增加会让旅游景点上市公司的收入大增，在旅游市场中，消费者的收入水平对需求量起到决定性作用。

从2001年开始，中国人的收入增速变快，2004年，林园意识到旅游企业的潜力，于是将丽江旅游、黄山旅游列为目标。他通过财务报表观察，发现这两家公司的财务状况非常稳定，哪怕经历2003年的非典冲击，仍能很快恢复正常水平，利润增长率非常抢眼，于是，他将黄山旅游加入股票池。

收入水平提高会提升一些商品的需求，而收入减少则这些商品的需求又会减少，这类商品都属于"正常商品"。而有些商品会发生反向变动，这种商品通常为"低档商品"。例如，2019年经济下行，人们收入增速减缓，涪陵榨菜、顺鑫农业的销售量反向增长，推升股价见了历史新高。

相似商品的价格变化也会影响需求量。2019年，猪肉价格大涨，致使猪肉需求不断下滑，但家庭还是需要购买肉食，于是牛羊肉和鸡肉的需求开始增加，价格随后开始上涨，与此同时，猪肉的涨幅开始变小。商品的可替代品多，需求会被替代品限制。

对未来的预期也是影响需求的重要因素，例如，房地产价格一直上涨，人们对房地产保持增值的预期，许多人有了钱就会购买房产，使房地产的需求一直保持高位,并未随价格上涨而有明显减少。

另外,新买主的加入也会促使需求增长。智能手机最初只有收入较高的人群使用,随着认知度的增加,新买主不断涌入,需求量持续增加。优秀企业很擅长不断发掘新买主,使市场需求持续保持旺盛,而买主固定的市场则会有强烈的竞争。林园认为中国老龄化逐渐严重,医药医疗行业不断有新需求者出现,因此这个行业会长期增长。

政策也是决定需求的因素之一,例如,国外的烟盒会印刷被熏黑甚至溃烂的肺,有研究表明,这种强制性的宣传制度,降低了近30%的香烟需求。同时,烟草价格每增加10%,青少年的吸烟需求会下降12%。

与需求对应的是供给,供给是所有卖者愿意并且能够提供的物品总量。价格仍是影响供给的核心因素,价格上升,卖者有足够的利润,供应量会随之增加。商品价格下跌会让卖主的利润变少,愿意提供商品的人也会变少,价格接近成本价时,供应量会急剧减少。

2009年前后,在出口和基建的刺激下,钢材价格上涨,利润增加。于是很多人进入钢铁市场,生产钢材的铁矿石和焦炭的价格随之上涨,又使许多人加入了采矿和焦炭行业。当需求减弱的时候,钢铁产业链出现了产能过剩,相关商品价格全部下跌,这些企业都徘徊在亏损边缘,不得不减产维持价格。2020年的疫情致使人们出行大幅减少,原油需求出现了断崖式下跌,引发所有产油国纷纷下调价格,原油期货甚至出现了负价格的奇观。

影响供给的因素不仅是价格,成本也是重要因素,成本变化会影响到价格,进而影响该商品的供给。例如,稀土政策使稀土价格大幅上涨,而稀土价格决定了内存成本,小储存量内存利润被压薄,大储存量内存开始更新换代,随之供给量逐渐增加。

技术的进步对供给量的影响至关重要,机器人取代了工人的劳动,供给者成本降低,商品供给随之增加,商品价格因此下降。

供给量受未来的预期所影响,卖者预期未来需求量会增加,他们会主动增加投入，扩大供给。例如，房地产有上涨预期，地产商主动借贷买地，甚至不在乎土地价格超过房产价格，于是天价地块不断涌现。

市场最理想的状态是供给与需求达成均衡，但在现实中几乎不可能实现，供给和需求无时无刻不在变化，因此价格也会变化。但不同商品价格变化的敏捷度不同，一般供需两端如果有一方发生变化，另一方也会随之发生变化。

林园认为，在做上市公司分析之前，要对关注的行业有个概略性的看法。上市公司多为供给方，所以需要了解他们的产品是否饱和，有没有新的需求出现。如果需求大于供给，还要考虑新的竞争者是不是很容易加入进来，门槛较低的行业很难维持高利润。林园所选择的公司多数都具备一定垄断性，垄断意味着竞争者少，新竞争者很难加入，这样的公司利润才有足够的保障。

供需关系的变化遵从一些基本规律，通常来看，需求大于供给会抬高商品价格，较高的价格会促使企业增加投资提高产量，有时候还会吸引新的竞争者进来。供给量超过需求量会造成商品过剩，过剩的商品一般会降低价格来吸引买主，如果价格接近成本线，就会淘汰一些效率较低的企业，最终，供给与需求会接近新的均衡。

最直观的是证券市场，当价格跌破均衡点（合理估值）时，新的买者就会出现，他们的加入会使需求量增加，但这种增加是渐进的。当买者多于卖者时，股价会开始攀升。上升的价格会给旁观者带来良好的预期，他们会转变为买者，新需求会继续推动价格上涨。同时，新增的供给（IPO）也会变得更加积极，在新均衡出现前，供给与需求会同步增长。

但当价格突破均衡点时，原有的买者就会变成卖者，为市场增加供给，供给量一旦大于需求量，价格就会出现下降。下降的价格又会造成悲观的预期，更多的人卖出股票的行为会加速供给的增长，股票价格进一步下跌。股票的价值只能缓慢变化，但价格却总是会有很大波动。决定股票短期价格的，并非股票的真实价值，而是供给量与需求量的变化。另外，整体经济好转、宽松的货币政策、其他投资品的减少，都会增加股票市场的需求。

从更长周期观察，上市公司需求的增长和利润率对股价的影响非常大。2001年之后，人们收入不断增长，高端白酒的需求不断增长，茅台酒、五粮液深受其益。但是，由于贵州茅台价格反超五粮液，每增长同样的销量，茅台集团的利润都会超过五粮液集团一点点。很显然，两家企业的价值都在增长，但是茅台集团的增速超过五粮液集团。两家企业在短期内股票波动的幅度相近，但茅台集团的真实价值并未受股票波动影响，一直保持着稳定的增速。渐渐，贵州茅台股价超过五粮液，双方差距越来越大。

## 1.2 股票市场的定价原理

股票的定价机制，源于人们的自利心，不管是买主还是卖主，只在认为有利的时候才会交易。当然，决定并不总是对的，否则所有人炒股都会赚钱。每个人都有不同的偏好，获取信息和解读信息也会有差距，因此会产生不同的预期价格。有的人认为一只股票10元钱合适，有的人认为9元才合适，股票市场中有千万计的人在同时交易，但每个人的决定都不一样，这就造成股票几乎在每个价位都有成交，也因此总是上蹿下跳地波动。普通商品一般不会发生快速变化，价格较为稳定，但股票市场随时会有新信息，信息导致供需随时在变化。在自由交易的市场，仿佛有一只无形的手在调整价格，短时间内，价格会偏离，但长期来看，价格是所有信息影响的最终结果。

股票短期价格由所有参与者对信息、新闻的理解而确定，长期价格则由上市公司的内在价值确定。和无形之手对应的是有形之手，股票的价格如果由某个人制定，股市就会消失，价格也会失效。如果某只股票规定只能卖 10 元钱,那么根本不会有人买这只股票,这是因为价格的预期全部消失,没了赚钱的预期,有谁会买股票?同样,商品的价格如果被指定,不允许变化,会导致商品要么买不到、买不起,要么就会质量差得一塌糊涂。

中华人民共和国成立前曾出现过很严重的饥荒,自然灾害造成河南省粮食短缺。国民党政府为了救灾,对灾区粮食价格作出了严格的管制,哄抬粮价的奸商甚至会被就地枪决。但政府的救济粮无法满足灾民的需求,数百万灾民最终被饿死。灾后统计数据显示,各地区死亡率有较大的差距,政府救助力量最大的地区,恰恰是死亡率最高的地方。死亡率较低的地区,多数是缺乏政府管制的边缘城镇,这些地区黑市猖獗,无法禁止。

因为严格管制粮价,重点地区的粮店老板不愿提供粮食,每天只拿出一点粮食摆个样子,大量粮食被"奸商"藏匿或者转运到黑市猖獗的地区,导致重点城镇严重缺粮。

边缘城市黑市利润极为丰厚,不法商人敢于铤而走险,虽然粮食价格奇高,但总能买到粮食。人们变卖家产,东拼西凑熬过了最艰难的时候。虽然重点地区也存在黑市,但风险与收益成正比,这些地区的奸商在提着脑袋卖粮,粮食的价格高到只有豪富之家才能买得起,多数穷人只能坐等遥不可及的救济粮,最终全家饿死。

当然,这场巨灾的产生不仅仅是价格管制的原因,战争、气候、交通都有很大的影响。但纵观全球灾难史,商业意识发达的地区,很少会因为商品匮乏导致巨大的灾难。

很多人都谴责泰山、华山顶上的奸商,那些小贩的方便面、矿泉水价格是山下的数倍。如果不允许他们涨价,强行将矿泉水和山下统一,恐怕登顶的游客再也买不到一瓶矿泉水,因为只有足够的利润才会驱动挑夫们肩挑手抬把物资运到山顶。

原理相同,股票之所以充满魅力,是因为价格涨跌是由市场决定的，而不是由研究机构的定价模型来决定，股票价格是无数交易者自行决定的结果。中国股市的初级阶段，资金可以操控个股，钱多就可以炒作，人们对股市的理解是"庄家"控制价格。进而到了中级阶段，国家的政策具有很强的指示性，人们相信"跟着政策走"。时至今日，A股的规模越来越大，"庄家"早已被边缘化，稍有越轨就可能被查处。2007年之后，很多人都会把政策底和市场底挂在嘴边，从大级别的牛熊市来看，政策底（顶）往往都在半空，真正的高低点还是要依靠市场自身的力量。

### 1.3 商品供不应求，涨不涨价？

供给与需求的自发调整必须在市场中才能进行，细化到各个商品市场差别非常大。具体差别由产品特性决定，例如大米，价格上涨并不会对需求有太大影响，因为它是生活的刚需品。而非刚性需求的商品，价格波动的影响就很大，比如餐饮市场，只要价格上涨，需求就会相应减少。

供给的变化不同于需求，这是因为多数商品有一定周期限制，比如，猪肉价格上涨，很多养殖户会增加饲养量，但猪肉的供给并不会马上增加，需要小猪长成大猪才能实现供给量提升。供给与需求的变动特性被称为弹性，用来衡量供需双方对价格变化产生的反应。

需求弹性可以衡量价格上涨或下跌时，相应的购买量的增减。例如，机票上涨，乘坐飞机出行的人数减少会比较多；面粉价格上涨，购买者减少的比例并不大。这就是说飞机市场需求弹性较大，面粉市场弹性较小。原因很简单，面粉是人们的必需品，价格上涨人也不能饿肚子。乘坐飞机则不然，人们可以选择高铁、自驾等方式出行。

需求弹性大小受可替代性影响较大，面粉虽然可以被大米替代，但北方人并不会因此天天吃米饭。同样作为食物的猪肉，需求弹性就大一些，因为牛肉、羊肉、鸡肉都是猪肉的替代品。必需品的弹性小，奢侈品的弹性大。例如，医疗是必需品，价格上涨对就诊人数几乎没有影响。而豪车价格上涨，势必会影响销量。

需求弹性并不总是一致的，有些商品短期弹性小，长期弹性大。例如，汽油价格上涨在短期影响有限，但数年之后，汽油的需求将大幅减少。原因是人们不会因油价上涨抛售汽油车，最多减少一些出行次数。但很多人会因为高油价选择购买新能源车，当新能源车占比达到一定程度时，才会明显地减少汽油的需求。

分析上市公司财报时，需要考虑到需求弹性，并对未来业绩的增减做出判断。例如，近年来食品价格上涨，大米、白面受益有限，而猪肉企业则可能利润大增。投资者可能后知后觉，没有及时发现猪肉上涨，但也不用着急，猪肉上涨势必会带来牛、羊、鸡肉等替代商品的上涨。

但这并不是林园关注的要点，林园最喜欢的企业往往生产没有替代品的商品，如果价格上涨人们不会减少购买，这样的上市公司再好不过。

现代社会总体来说商品价格是下降的（去除通胀影响），这是因为大多数的商品一旦价格上涨，供给马上会增加，随后就是产能过剩，价格随后下降。多数企业只能跟随经济周期偶尔上调一下价格，长期来看价格总是下降的。

林园不太喜欢这样的企业，他最青睐的是少数产品供不应求的企业，这样的企业才能保持稳定的利润增长，从而提升公司价值。利润增长只有两种方式：增加产量，或是提升价格。对于有资格涨价的企业，涨不涨价是个难题，毕竟价格上涨会减少需求，如果价格上涨会让消费者逃离，那就不如不涨。但如果需求比供给多出很多，价格涨一些，淘汰一些多余的需求者，对企业还是有利的。

简单来讲，利润才是硬道理，只要涨价能增加利润，那就可以涨一涨。多数人认为涨不涨价是选择题，其实不然，涨不涨价是道数学

## 财报掘金
### 林园选股的核心财务指标

题：

某饭店生意非常火爆，每天有20%的人因为没有座位，只能悻悻而归，老板一直犹豫是否提价。看到生意火爆，很多人会认为提价顺理成章，可老板却担心提价会带来客户流失，如果有机会涨价，到底涨多少才合理呢？

饭店现在收入如下：

饭店人均消费50元，平均每天500人的上座，每日营业额是50×500=25000元。

方案1：提价20%使人均消费达60元，饭店的弹性系数为2.3

人数将减少20%×2.3×600（总需求量）=276人；

饭店收入为（600－276）×60=19440元。

方案1显示，如果提价20%，将导致饭店收入减少，显然并不划算。

方案2：提价10%，使人均消费达55元

人数将减少10%×2.3×600=138人；

饭店收入为（600－138）×55=25410元

方案2显示，提价10%可以略微提高营业额，消费者还能得到更好的就餐体验，提价10%对饭店比较有利。（现实中还需要考虑如地区收入水平，周边可替代饭店等因素。）

（弹性系数是衡量一个经济变量的增长幅度对另一个经济变量增长幅度的依存关系。）

现实中有类似的案例，在海底捞火爆之前，有X羊火锅占据了火锅市场半壁江山。某资本公司收购X羊火锅后，发现每天排队的人很多，可以考虑提价。随后暗中将价格上调约10%。原本该火锅连锁店每天排不上桌走的人并不多，价格上涨后消费者大幅减少，其他品牌火锅趁机崛起。未出三年，曾经的上市企业摘牌退市，海底捞趁势崛起，成为火锅市场的龙头企业。

股市中常有企业通过配股融资开设新的生产线，如果投资能够带来更多收益，那这家公司就蕴含着升值的潜力。如果产能增加不能带来更多收益，这家公司的融资就是无效的，会使内在价值下滑。

上市公司进行并购、投资都属于重大事项，一般股民很难判断利弊，但如果会使用"供给弹性"这个工具，就能判断企业投资后是否会升值。

价格的影响是双向的，在影响需求的同时，供给也会被价格触动。供给弹性是供给量对价格的反映，如果价格的变化对供给量的影响较小，我们可以视为弹性较小；如果价格的变化使供给量发生较大变化，则视为供给弹性较大。

因为工厂很难马上扩大，供给量在短期变化较小。只有存在剩余产能的行业，才有可能在短时间提高供给。比如，螺纹钢涨价，供给量可以快速增加，这是因为部分企业处于停工状态，价格会刺激他们恢复生产，过剩产能可以快速满足需求，也会使这种价格上涨难以持续（这是近年钢铁价格上涨总是昙花一现的原因）。

2020年，因为突发疫情，口罩的价格直线飙升。涨价刺激很多企业采购新设备扩大产能，但新生产线开工需要1~2个月的准备时间，口罩生产出来还需要时间去建立销售渠道。于是，疫情最为紧张的时候，口罩的供应明显跟不上，导致价格飞涨。价格管控后，许多地区根本买不到口罩。多数生产线投入生产，产能提升上来之时，国内疫情已经开始平复，口罩的需求锐减。一时间供给严重大于需求，使口罩价格大跌。疫情期间20元钱一个的口罩，价格跌到了0.2~0.3元钱，动作比较慢的企业损失严重。

A股市场中，口罩概念一飞冲天，但除了原来就有设备的企业，口罩的需求暴涨并没有给多数口罩概念企业带来利润增长，这些企业的股票只在短时间冲高，随即就一蹶不振，而很多追热点的股民，也因此损失惨重。

需求弹性与供给弹性会交互产生影响,在市场中,价格上涨会减少需求量,但同时又会刺激供给量上升。当供给量实现真实增长的时候,就会使价格下滑,需求量增长,直至二者达到一个均衡点。

在经济周期波动时,有时会考虑持有农业股,一般而言,农业股有抗通胀的属性。假设风调雨顺,农业大丰收,农业企业的利润是不是会大幅增长呢?

从直觉判断,丰收会带来利润增长,但事实恰恰相反。农业企业利润增长往往不是因为丰收,而是由于歉收。这是因为农产品的需求较为稳定,丰收会导致供大于求,农产品出口国不得不下调价格以增加销量,而农产品的毛利润普遍偏低,这样就导致农业企业利润下滑。反之,歉收时购买量并不会下降,因为产量不足,必须得抬高价格才能足量采购,这就导致农业企业在歉收时利润反倒会增加。当然,某地农产品严重减产甚至绝收,利润肯定不会增加。

最近100年来,农业技术一直在进步,但农民收入一直在减少。刚改革开放时,农民家庭只要人口负担不重,几乎没有生活压力。但40年后,农村家庭就算没有负担,也很难靠耕地拥有体面的生活。1950年,美国农民占劳动力的17%,随着技术进步,农业人口持续减少到2%,但农业产量翻了一番。中国农业也在农业现代化的路上大步前进,只有城镇化和农业现代化才能真正改善农民生活,而不是靠农业丰收。

股票市场的供给需求弹性要比商品复杂,随着价格的波动,需求弹性会出现变化。股市的需求方是持币者,供给方是持股者,真正的成交由供给者决定。熊市底部多数持股者都觉得价格太低,轻微的上涨不足以让他们做出卖出的决定,股票的供给弹性变小。但由于价格很低,需求者乐意多买,所以需求弹性比较大。熊市的底部成交量总是很低,只有价格快速上涨才能刺激供给增加,于是就会收出成交量远比前期大的 K 线。

随着牛市来临，价格不断升高，不断增加的获利者使供给弹性越变越大，而需求弹性会逐渐变小。当接近顶部的时候，很小的价格变化就会使供给增加需求减少。临近顶部时，会发现上涨变得越来越缓慢，而下跌则会很快，成交量与前期比较也会减少，这就是牛市顶部经常出现量价背离的原理。

由此可见，供需关系不仅能预测上市公司的未来发展，还可以解释股价的运行。

## 1.4 供给与需求的图形化分析

现在我们用图表来理解一下供需的变化：

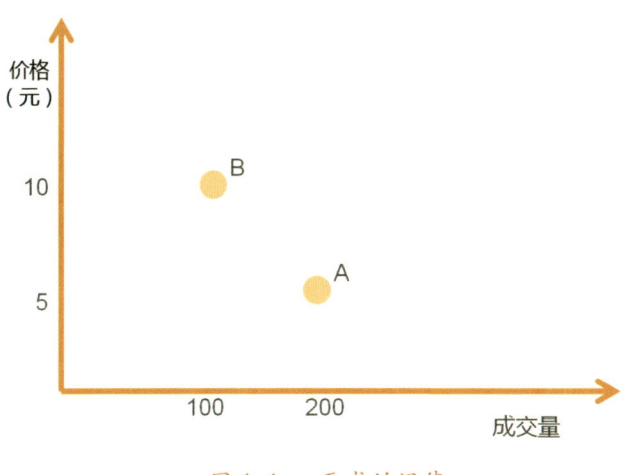

图 1.1 需求的规律

图 1.1 纵轴为价格，越往上价格越高，底部为 0；横轴为成交量，最左侧为 0，越往右成交量越大。

A 点价格是 5 元，人们的需求量达到 200 份；如果价格上涨到 B 点 10 元，成交量则只有 100 份。反之人们则会增加需求，例如，20 世纪 80 年代，牛奶价格占家庭收入比例较大，人们的消费很少。2000 年之后，随着收入增长，牛奶价格占家庭收入比例越来越低，于是牛奶的销量大幅增长。大多数商品都遵循这种规则，但是根据商品的需求弹性不同，价格带来的成交量变化也不同（为了方便理解，案例均虚拟为价格上涨一倍，成交量下降50%计算）。

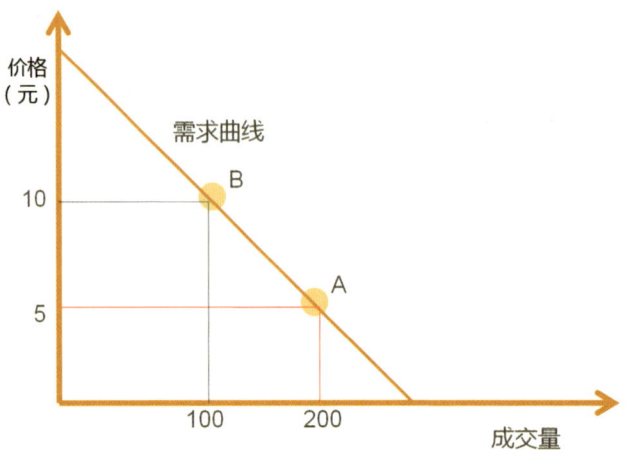

图1.2 需求曲线

需求的变化一般是曲线，为了方便理解将其简化为直线，不过仍将其称为需求曲线而不是需求直线。将A点和B点连接，便可以得到需求曲线。在最左侧，价格趋近于无限高，那么需求也会趋近于零。例如猪肉涨到1万元1公斤，需求虽然不至于完全消失，但也趋近于零。在需求曲线的最右侧，价格趋近零，人们的需求会增长到近乎无限。例如，猪肉白送，那么人们会有多少要多少。

A点5元的价格市场有200份的成交量，全市场成交金额为1000元。B点10元的价格有100份的成交量，全市场成交金额仍旧为1000元。两个价格变化会使成交量发生变化，但该商品的产值并不会变化。这意味着企业的总收入没有增加，但消费者持有商品的总量增加了，显然对生产者不利，对消费者有利。

不过，需求曲线的角度若发生变化，带来的效果会大为不同。

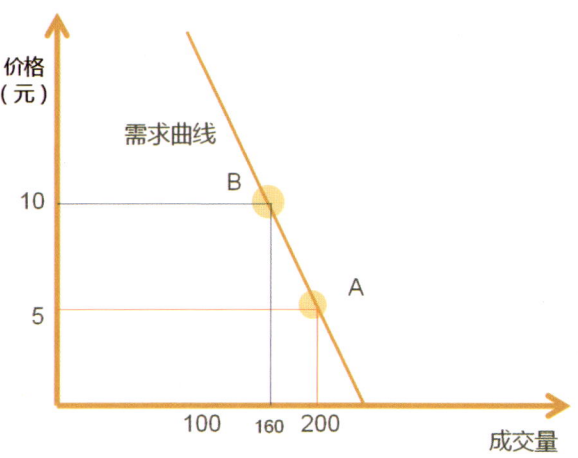

图1.3 弹性较弱的需求曲线

在图1.3中，价格上涨到10元，但需求量仅仅降低到160份而不是100份，蓝线的区域比价格在5元的红线区域面积明显大很多。这意味着价格上涨并不会带来明显的需求减少，涨价会让消费者多花钱，生产者多获利。

需求弹性弱的商品，价格变动对企业的利润影响很大，价格上涨能给企业带来丰厚的利润，价格下跌则会让企业利润快速减少。不过需求弹性弱的行业多为刚需性的行业，产量和价格都较为稳定，较少大幅变动，例如，猪肉、奶粉、药物。

需求和供给有交互作用，一般价格上涨都由供给减少引起，如果供应能很快恢复，那么增加的利润十分有限。若价格上涨而供给增加缓慢或无法增加，那么企业的获益可能颇为可观。除了受资源限制的农牧业具备这种特征，还有一些垄断型企业会因价格上涨受益。

股市中的绩优股，多数需求弹性较弱，股价的波动对成交量的影响不大，比较其他股票，成交量表现并不突出。同时，这类股票价格也较为稳定，较少出现动辄翻倍的情况。

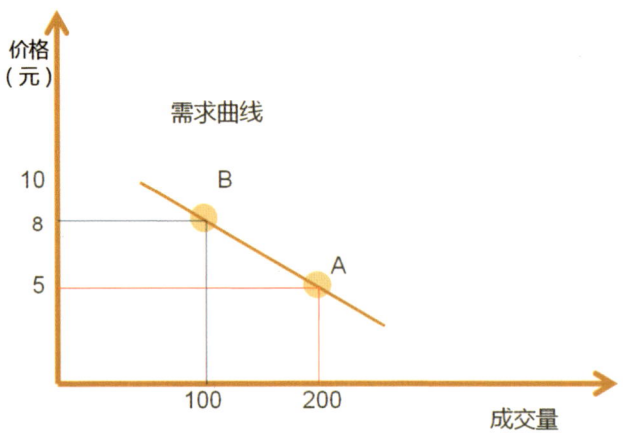

图1.4 弹性较强的需求曲线

需求弹性弱的商品相对较少，多数商品需求弹性中性或者较强。如图1.4，此类商品价格上涨使需求量快速减少。反之，价格下跌也会使需求量快速增长。这类商品多不是必需品，或者有较多的替代商品。例如，很多家庭装修青睐实木地板，但由于价格较高，手头拮据的居民会选择瓷砖，如果实木地板价格下跌，会使很多家庭转而选择实木地板。需求弹性强的行业更容易受到经济周期的影响，汽车、数码产品等双十一旺销的商品都有这种属性。

生产此类商品的上市公司的股价通常熊市时很熊，牛市时很牛，波动性较大。除一些品牌、性能等上乘的企业，或者实现了技术突破的公司，很少企业能穿越牛熊市。

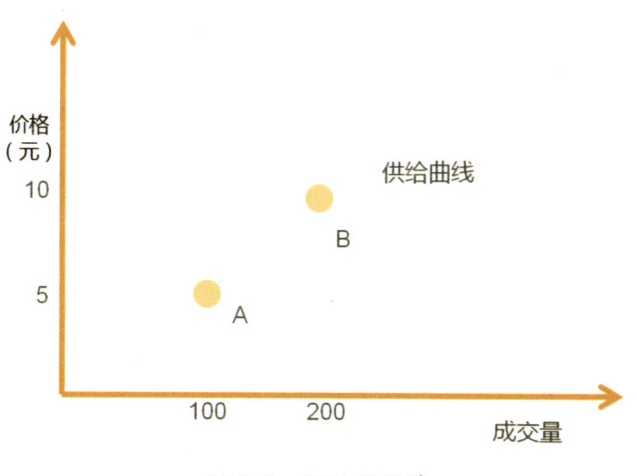

第一章 宏观分析并不难——买卖才是硬道理

图 1.5 供给的规律

供给量的方向与需求量相反，价格在 5 元的时候，生产者利润有限，没有增加产量的动力。所谓无利不起早，如果价格上升到 10 元，生产者可是会鼓足了干劲玩命生产。所以价格越高，生产者的供给也就越多。

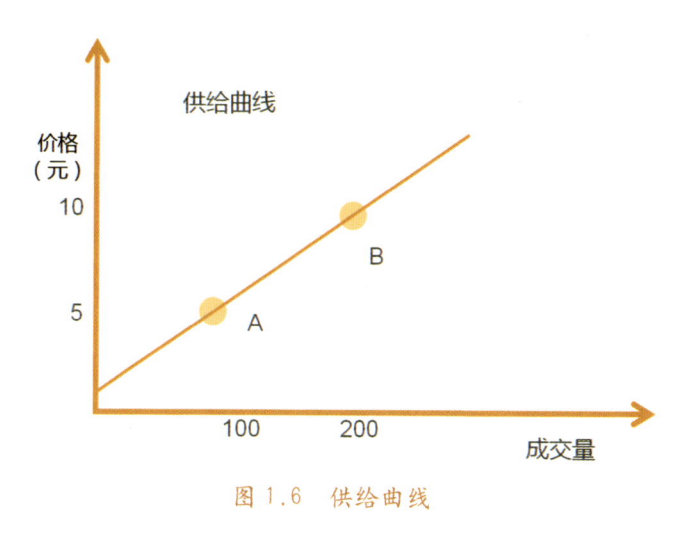

图 1.6 供给曲线

21

供给曲线与需求曲线相反，价格越高，产量越高。商品价格若从 5 元涨到 10 元，企业产量翻倍，产值则会增至之前的 300%。反之，如果价格下跌，企业就会减少供给，当然，天下没有这么便宜的事儿，工业社会商品的价格整体趋势下降（扣除通胀影响），想涨价难上加难。要注意，供给曲线最左侧受到成本限制不会为零。

另外，供给的弹性也有强弱，行业的生产周期长，弹性偏弱；生产周期短，弹性偏强。例如，生猪的成长周期大约半年，而肉鸡的生长周期只有约一个半月。相比较，猪肉的供给弹性较弱。

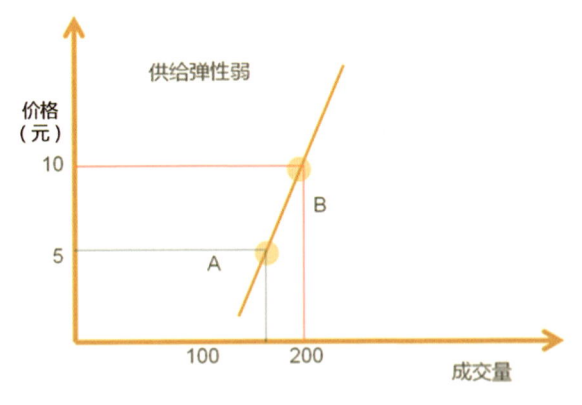

图 1.7 弹性弱的供给曲线

供给弹性跟生产能力有相关性，供给弹性弱的行业通常为规模化的行业，虽然价格上升，但供给者无法在短期内快速提高供给量。例如，汽车行业在价格开始上涨时很难快速增加产量，但新生产线投入生产，供给量会快速增加。另外，有技术壁垒的行业变化更为复杂，近年芯片需求很旺盛，虽然一直在谋求国产替代，但由于技术限制，价格变动几乎无法增加国产高端芯片的供给。但一旦突破技术瓶颈，供给就会出现非常迅速的增长，弹性变强。这也是为何芯片企业普遍不盈利，但股价却大涨的原因，很多投资者都在赌芯片突破的预期。

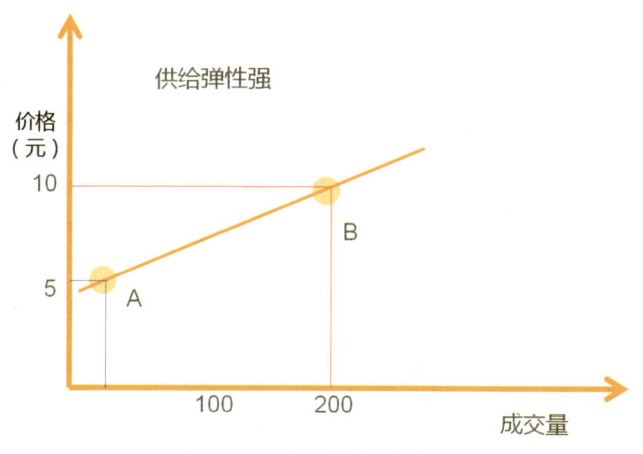

图1.8 弹性强的供给曲线

供给弹性强的企业价格上涨后能快速增加产能，从而使需求得到满足，在短时间内利润也会出现突飞猛进的增长。在股市中，生产这类产品的企业适合短炒，不适合长期投资。这类产品通常属于规模小、生产周期短的行业，价格一旦上升，生产商可以快速提高供给量。例如，服装、口罩。

## 1.5 供需关系如何形成价格

了解供需曲线就理解了价格对消费和生产的影响，实际上，并非是价格决定了需求或供给，而是需求或供给决定了价格。

有5个人打算出售5件同样的瓷器，恰巧有5个人打算购买这种瓷器。5个卖者打算卖出的价格分别是100元、200元、300元、400元、500元；5个买者打算购买的价格也是100元、200元、300元、400元、500元。他们会100元对100元，500元对500元地成为5笔交易吗？如果信息封闭的私下交易，确实可能会成为5笔相对的交易，但买卖双方见面，结果将大为不同。

先由卖家报价，第一个卖家报出100元的价格后，5个买家都表示要购买，于是只能竞价。有4个买家会报出200元的价格，只出100元的买家出局，剩下4个买家。由于报价到了200元，打算200元出手的卖主出现，认为这个价格可以接受。但是，买主仍然有4人，仍得竞价，于是报出了300元的价格。第二个出价200元的买主出局，而出价300元的卖主入局。这时，场上只剩下3个买主，他们能接受的价格是300元、400元、500元。但现在有3个肯在300元价格出手的卖主，于是皆大欢喜，3个买主和3个卖主成交，成交价是300元。至于打算400元、500元卖出的人，根本没有报价的机会。

再开一轮由买主出价的竞价，结果一样。如果由出价500元的买主先开价，那么5个卖主都会同意卖出，5人必然竞价。假设另外4位买主恰好不在场，那么4位卖家都会同意400元可以卖出，而4件瓷器还得竞价，4人会继续把价格压到300元，剩下3位卖家。当然，价格还会继续下降到200元，只剩两个卖家，那最终成交价是不是只有100元呢？错了，当剩下两位卖家时，认为100元成交即可的卖家只要出价比200元低一点点就可以淘汰第四位卖家，最终成交价不是100元，而是非常靠近200元的数字。

然而，这位原本打算花500元的买家并不会占到这么大的便宜，毕竟还有其他4位买主。当10人面对面时，最终仍然是以300元的价格成交3件瓷器。

如图1.9所示，价格为400元时，需求就会减到2；价格为200元时，供给就会减到2。只要指定价格，成交量都会减少。只要买卖双方信息公开，最终价格一定遵循最大成交量原则，为300元，这个价格就是自由交易的均衡价格。

不仅是商品市场，股票的集合竞价也遵循这个原理。不过现实并没有均衡价格，商品的价格每年总会有几次变动。股价更不得了，除了集合竞价，一天可以出现成百上千的价格。

图 1.9　价格的形成

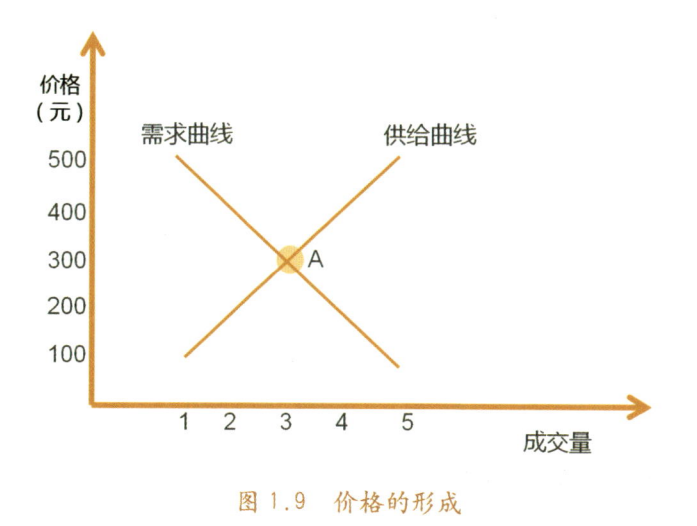

这是因为供给和需求经常会发生变化，二者变化价格就会变化。例如，2001年后，中国居民收入不断增长，增加的收入产生了新的需求，于是部分商品价格开始上涨。价格上涨促使生产者增加供给，于是商品的价格又开始下降（去除通胀影响），而降价则又催生了新的需求。在其后十数年中，由于供需关系的相互影响，商品价格小幅波动向下，但产量大幅增长，曾经的奢侈品：彩电、冰箱、电脑、手机、汽车，渐渐走进了大多数家庭，极大地丰富了社会的物质生活。

林园在采访中无数次地提过，他关注的股票都具备需求增长的特点，道理非常简单，需求就是企业的利润，不管价格上涨还是产量增加，都可以增加收入。而一家利润不断增长的企业，愿意买入持有的投资者也会越来越多，这种股票长期必然上涨。

图1.10中，所有买者的收入都增加了100元，这样他们就愿意多出100元购买瓷器。在卖者没有增加的前提下，竞价的结果变成了400元，于是需求曲线从A点上移到了B点，同时，成交量横移到了4的位置。就这样，需求增长带来了价格和产值同时增长。

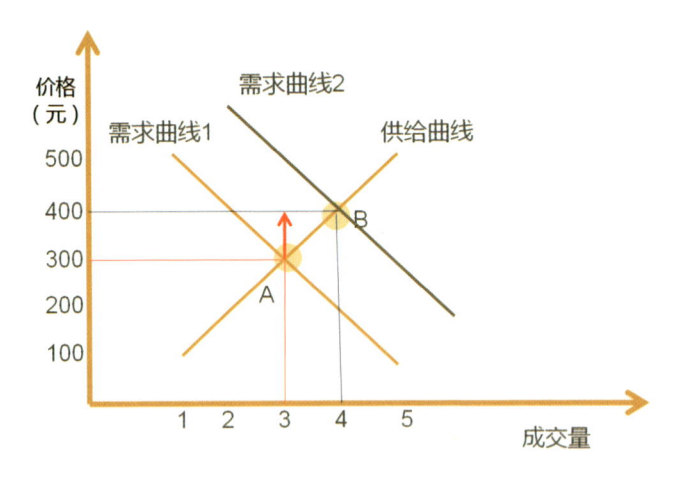

图1.10 需求曲线上移

但商品特性不同,有些商品产量很难增长,需求会带来价格大涨,例如,旅游景点以及限量生产的茅台酒;有些商品增产难度不大,企业为了多占市场份额,更倾向于增加产量,笔记本电脑、智能手机具有增加产量的属性。

同理,一只股票的需求增加,而卖出并不踊跃,股价就会大幅上涨。如果股票套牢盘过多,买盘增加会引发卖盘增加,则会出现成交量大幅放大,但股价上涨有限。不过卖盘释放得差不多,股价仍有余力上涨,涨幅则会扩大。

要注意需求曲线的下移,一般需求减少是由于人们收入减少或者商品达到饱和。由于企业产量相对固定,难以短时间内下调,只能采取降价的方式增加销量,往往会导致价格快速下跌。例如,2020年新冠疫情导致出行需求下滑,原油价格暴跌至成本线下。不过多数企业会考虑成本,价格跌至成本线附近时,跌势会趋缓,而且政府也会给出扶持政策。如果继续不计代价地下跌,会导致一系列企业破产,进而引发危机。

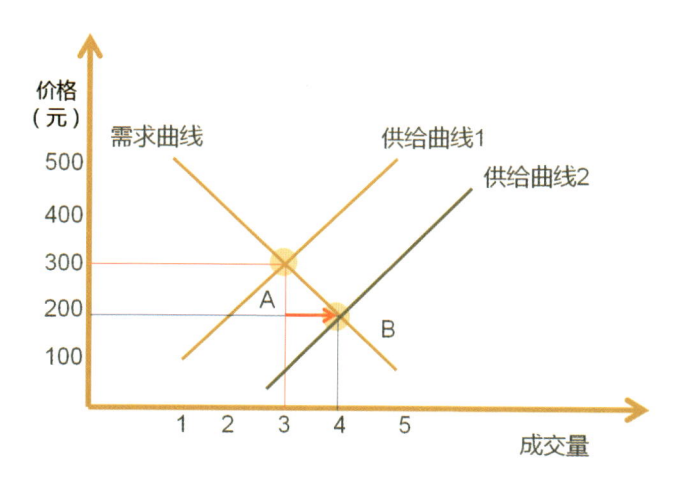

图 1.11　供给曲线下移

很多商品的需求与日俱增，但价格却一路下滑，这是由于随着国家经济的高速发展，企业的产量越来越大，高于人们的需求所导致。在工业化国家，供给增加才是常态，也因此导致商品的价格总是下跌。

可能很多人不认同，通胀年年有，商品价格怎会下跌呢？首先，产能受限的商品很难增加供给，例如，农产品、稀有金属、部分大宗商品。但这些商品的需求也基本稳定，价格一般会随着通胀波动，因此被视为有抗通胀的特性。但是，产能不受限的商品则会降价，例如电子产品。近30年来，电子产品价格下降得非常厉害，20世纪90年代，大哥大要上万元钱，而现在最便宜的低端智能手机性能也把大哥大甩出十几条街，考虑到通胀，价格下降了几十倍。

服装是一个产能过剩的行业，但服装的市场价格并未明显下降。30年前，一套体面的套装要四五百元，而现在体面的衣服要数千元起。但服装实质上还是降价了，30年前的四五百元是一个家庭一到两个月的收入，而现在的数千元，是一个白领半个月的收入。价格必须考虑通胀，经济学中的价格核算，排除了通胀影响，因为通胀本身就是货币和商品的供需关系。在考虑服装类商品时，要参考购买力，也要参考商品价格和家庭收入的比例。所以，服装没有电子产品降价那么剧烈，但也确实下降了很多。

回到前面的案例，如果瓷器的供给多起来，且价格参与市场博弈，假设买主是固定的，最大成交量仍是3份，但价格会跌到200元。在真正的市场中，有数以亿万计的交易者，最终的价格是200~300元之间，而成交量会增长到4份。如果第四个卖者就是300元一口价，一分都不减，他并不会成交。

生产就是为了销售，理论上，所有产品都可以卖出去，只是价格是否合理。对于企业而言，无论有多不情愿，也得降价把库存清理掉。所以，供给增长超过需求增长，价格必然下跌；需求增长超过供给增长速度，价格则必然上涨。不仅是上市公司生产的商品，期货、股市、货币、房地产，甚至是国家经济都符合这个规则。

## 小结

供需关系的理论略显深奥，本书的主题是财务报表，所以只讲一些基础知识。知识虽然浅显，但却十分重要。供需关系是公司分析的基础，搞清楚了各行业的供需关系，公司分析会变得轻而易举。而选择公司是财务报表分析的基础，一家公司面临产能过剩的可能，当期财务报表再好看，也要打个折。如果公司产品的需求会大幅度增长，那财务数据不太好看也无妨。

林园在第十二届私募基金峰会论坛上做了《需求才是硬道理》的主题演讲。在这次演讲中，他连续提到了六次需求。有记者对林园提到的医药有些困惑，认为目前中国医药医疗和国外有很大差距，没有竞争实力。

林园坚定地回答：

> 不需要实力，就凭国内这4亿老龄化人口——实际上全世界都在老龄化。至于说科研实力，我不关心这个。就是目前所处这个位置，只要有需求在那儿就行。为什么中国的房地产能做到全世界第一？中国人多地少嘛，这就是最基本的概念。我管他研不研究，我个人认为也不是一下子能研究出来的，但是需求决定了国内医药公司一定会做大。

从林园进入股市的1989年至今，林园选择的介入时机，均是市场资金增长、股票需求上升的阶段。而他选择的上市公司，皆提供社会需求不断增长的产品，且替代品很少。林园对供需关系的详细阐述不多，这是因为公开场合不适合深入阐述，但他对供需理论的理解和应用毋庸置疑。

供需关系涵盖面非常广，限于篇幅，也限于本书主题，这里的内容压缩到极限，有机会我们将通过线上线下的交流活动，与大家一起详细探讨。不谦虚地说，学通供需关系的分析者，就如同出了炼丹炉的孙悟空，一双火眼金睛可以轻易洞悉新闻、资讯背后掩藏的真相。

有了供需关系的铺垫，不用发愁要读4000余家上市公司的财报。梳理宏观经济，把握时代节奏，轻易就可以淘汰掉九成的上市公司。在商品经济社会中，商品价格总是下降，利润能持续增加的行业、企业真是凤毛麟角。林园30余年炒股生涯，操作过的也不过十数只股票。找到股中龙凤才是本书真正想帮助读者实现的目的，并不希望读者被真假消息驱动，追涨杀跌得不亦乐乎。

## ◎ 第三节　经济周期与股票热点

### 1.6 经济周期的形成

投资者对"经济周期"这个名词不陌生，经济周期是指经济的循环往复。经济周期之所以存在，是因为经济活动中供给与需求的力量转换所导致。就好像股市永远是牛熊循环，经济也总是从景气走向衰退，再从衰退走向复苏。经济周期不以人的意志为转移，只要是工商经济，经济周期必然存在。人的力量只能是减轻或者加大周期的影响力，或者短暂地影响时间。

经济周期分为4个阶段，分别是复苏、繁荣、衰退、萧条。按照幅度可分为大周期和小周期，小周期10年左右会出现一次，50年到80年会出现一次大周期。小周期不会陷入经济萧条，而大周期会出现长达10年左右的萧条。

有人觉得周期转换是由某些事件刺激导致，比如，美国2008年的金融危机。实际不然，经济周期是个十分缓慢的过程，衰退或者复苏的因素不断积累，突发事件只是导火索，而且避免了这次事件，也会因为下次某个事件引爆。很多时候，经济转换无形无迹，多数人并未察觉，生活便已出现了很大变化。

有很多种理论解释并预测经济周期，但周期转换最本质的原因还是供需关系。景气期往往供需两旺，在衰退期供给和需求都会减少。不过衰退期，人工、租金都会大幅下降，创业创新成本降低，渐渐会有一些新产业出现，新产业产生新需求，进而带动生产、提升就业。人们有了工作，收入增加，会产生更多的消费，在消费带动下，更多的企业投产，带动了更多就业，于是经济逐渐走向繁荣。

但人们对新商品的需求也不是无穷无尽的，当多数需求被满足时，消费就会下滑。消费减少会打破原有的供需均衡，企业的产能开始过剩，只能通过降价增加销量。降价意味着利润减少，企业开始裁员，造成失业率上升。失业者没有了收入，就得减少消费，使更多企业面临困境，只能裁员，经济从景气开始走向衰退。

经济衰退引发的失业潮会使更多企业破产，破产的企业会产生许多坏账，坏账全部沉积在银行，银行无法再通过投放货币挽救经济，政策也无法刺激经济，于是社会陷入长期的萧条。萧条比较罕见，一旦进入萧条很难摆脱困境，萧条期面临着货币失灵和政策失灵的双重打击，即使是货币、财政政策也无法刺激经济增长。

不过这并不一定是坏事，衰退中企业困难大小由需求决定，人们不再需要的商品在下行期会逐渐消失，企业若不能及时转型就必然被淘汰。比如，被汽车和电动车淘汰的飞鸽、永久牌自行车，被数码相机淘汰的传统相机和胶卷。

落后产能出局，腾出了土地、能源、资本、劳动力，为新产业创

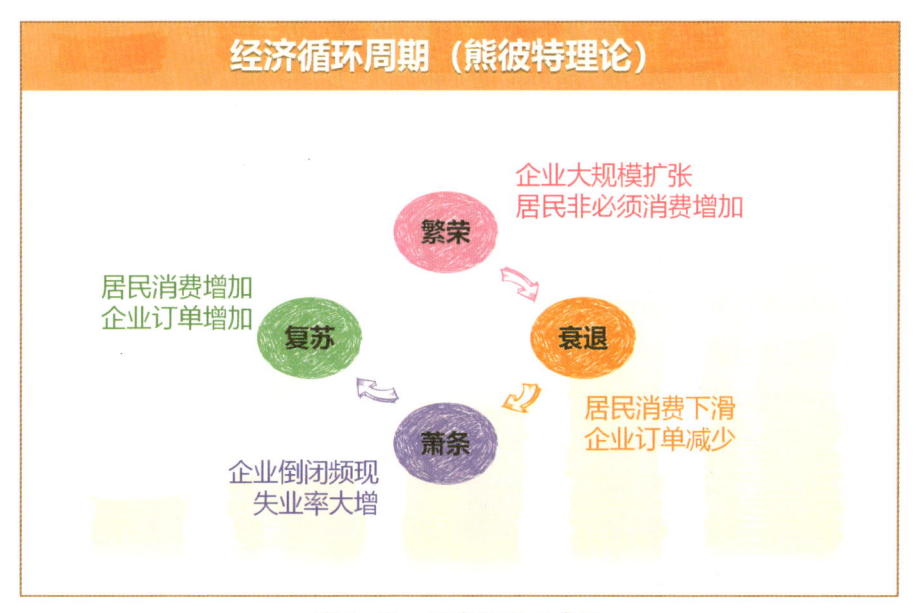

**经济循环周期（熊彼特理论）**

- 繁荣：企业大规模扩张 居民非必须消费增加
- 衰退：居民消费下滑 企业订单减少
- 萧条：企业倒闭频现 失业率大增
- 复苏：居民消费增加 企业订单增加

图 1.12 经济周期示意图

造了机会。不知不觉中,新出现的需求不断增长,供给也借成本低廉的机会不断扩大,经济又开始走向了景气。

## 1.7 金融周期

在中国古代,想发财就得攒钱,攒一笔钱买一块地,有地可以攒更多钱买更多地,经过很多年的积累就能成为财主。进入工业时代后,金融改变了这种原始状态。现代金融让人们可以在今天花明天的钱,居民通过房贷、车贷提前消费,企业家通过贷款建立企业。以前需要几十年积蓄才能做到的事情,今天可以通过借贷提前实现。

金融业加速了经济发展,创造了繁荣,但福兮祸所伏,虽然预支未来使得经济发展更快,但也使其不够稳定。

在经济复苏期,新产业的利润非常丰厚,同时也需要扩大投资规模。资本是逐利的,有获利的机会,金融行业绝不会坐视不理。银行、证券会加大投资以获取更多回报,新产业规模不断扩大,良好的回报刺激更多人投资,金融活动变得越发活跃。

随着经济进入繁荣,人们对投资回报的期望值越来越高,也变得敢于冒险,股权、股票投资成为投资市场的热门。不过,由于人们的期望值很高,资金成本也水涨船高。商品的高利润率让企业主更敢于借钱扩大供应,他们认为生产多少都能卖得出去。

供给增速超过需求增速,价格就会下降。产能扩大将利润不断摊薄,几年便能收回投资的美好岁月不复存在,企业主忙活一年的利润可能仅够偿还利息。不过市场的热情仍在,后知后觉者还在积极地把积蓄变成各种投资,企业融资借贷不困难,但还钱却愈发困难。

就这样,投资热情不减,但实业的利润却越来越少,部分企业不但还不起本金,连利息都无力偿还。胆大的企业主寄希望于坚持到经济回暖,开始铤而走险借新钱还旧债,庞氏借贷出现。经济下行会产生连锁反应,陷入庞氏借贷的企业越来越多,社会上能投资的闲余资金越来越少。

庞氏借贷不可能无限持续，每一轮拆东墙补西墙都会增加债务人的利息负担，而且钱也不可能取之不尽。也许是一次事件，也许是一场风暴，债务链瞬间被打破，再也没有新钱投入，旧账一概还不起。企业倒闭，连带投资人破产，银行出现挤兑。由于银行是最终债务人，大量坏账集中在银行，如果找不到解决危机的办法，金融系统将崩溃。

**金融循环周期（明斯基理论）**

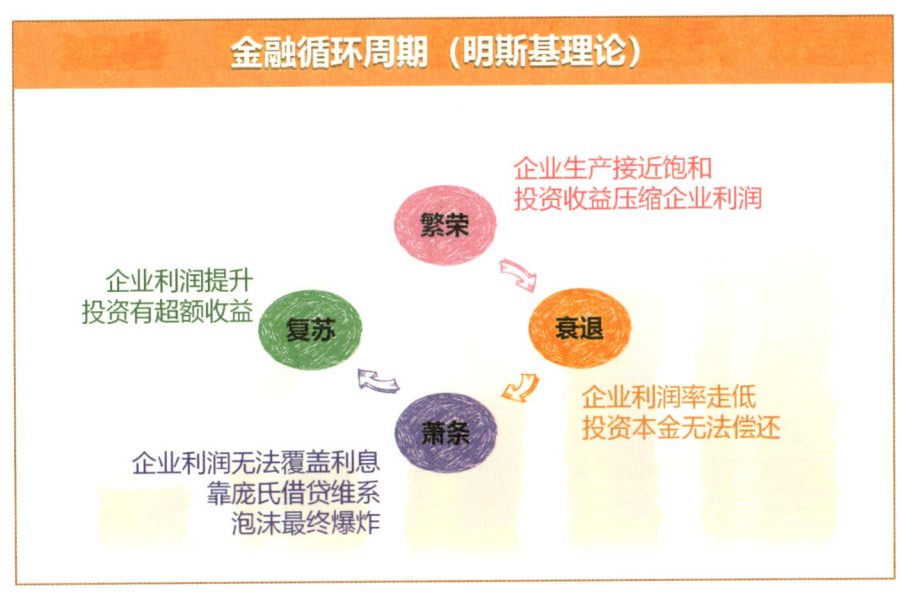

繁荣：企业生产接近饱和 投资收益压缩企业利润

衰退：企业利润率走低 投资本金无法偿还

萧条：企业利润无法覆盖利息 靠庞氏借贷维系 泡沫最终爆炸

复苏：企业利润提升 投资有超额收益

图 1.13　金融循环周期

2008年次贷危机就是这样一场金融风暴，许多中小银行倒闭，如果不是各国政府出手挽救银行，欧美金融体系可能会彻底崩溃。

金融危机和经济衰退是两件事情，但彼此相互影响，如果金融危机不可挽救，叠加经济衰退就会变成经济萧条。历史上全球性的大萧条出现过两次，欧美国家失业率超过20%，无数家庭和企业破产，各国政府用尽一切手段也无法提振经济。

萧条期一般在10年以上，除非出现极为关键的产业革命，否则很难扭转颓势。近100年来，几次大的产业革命分别为：汽车革命；计算机革命；互联网革命。在这几次技术革命前期都经历过或大或小的经济衰退，但革命性的产业出现会带来消费升级，其后都保持了较长时间的繁荣。

### 1.8 经济周期中的选股

当资本成为经济的推动力之后，经济周期就不可避免。人们喜爱复苏、繁荣，厌恶衰退、萧条，殊不知机会无处不在，但不同阶段的机会不同。

林园反复说过：

> 我的方法就是在什么时候做什么事，要根据不同的情况来做，它是变化的。大家都把这个市场分成熊市或者牛市。这两种不同的市场，投资的方法是不一样的，熊市和牛市买入的股票也是不一样的。方法对了，我们就可以做到在熊市里面也能赚钱。

20世纪90年代初，因为民营经济放开，国内经济发展开始增速，随着民营企业发展壮大，国民收入不断增长，中国经济进入上行期。

真正的股神是中国丈母娘，丈母娘要求姑爷买齐四大件："彩电、冰箱、洗衣机、收录机。"这四大件是人们最期望拥有的商品，也就是新生的需求。那时的林园对经济周期还没有太多的研究，但他天生的直觉捕捉到了机会：人们最想要的商品，就是市场中的机会。

1996年，林园重新杀回A股市场，他发现，四川长虹、康佳这样的彩电上市企业每股价格几块钱，每股盈利也有几块钱，算算账怎么都不会亏，而且周围人都有替换家电的想法。他毫不犹豫地全仓进了四川长虹，至1997年，四川长虹给他带来了将近9倍的盈利。

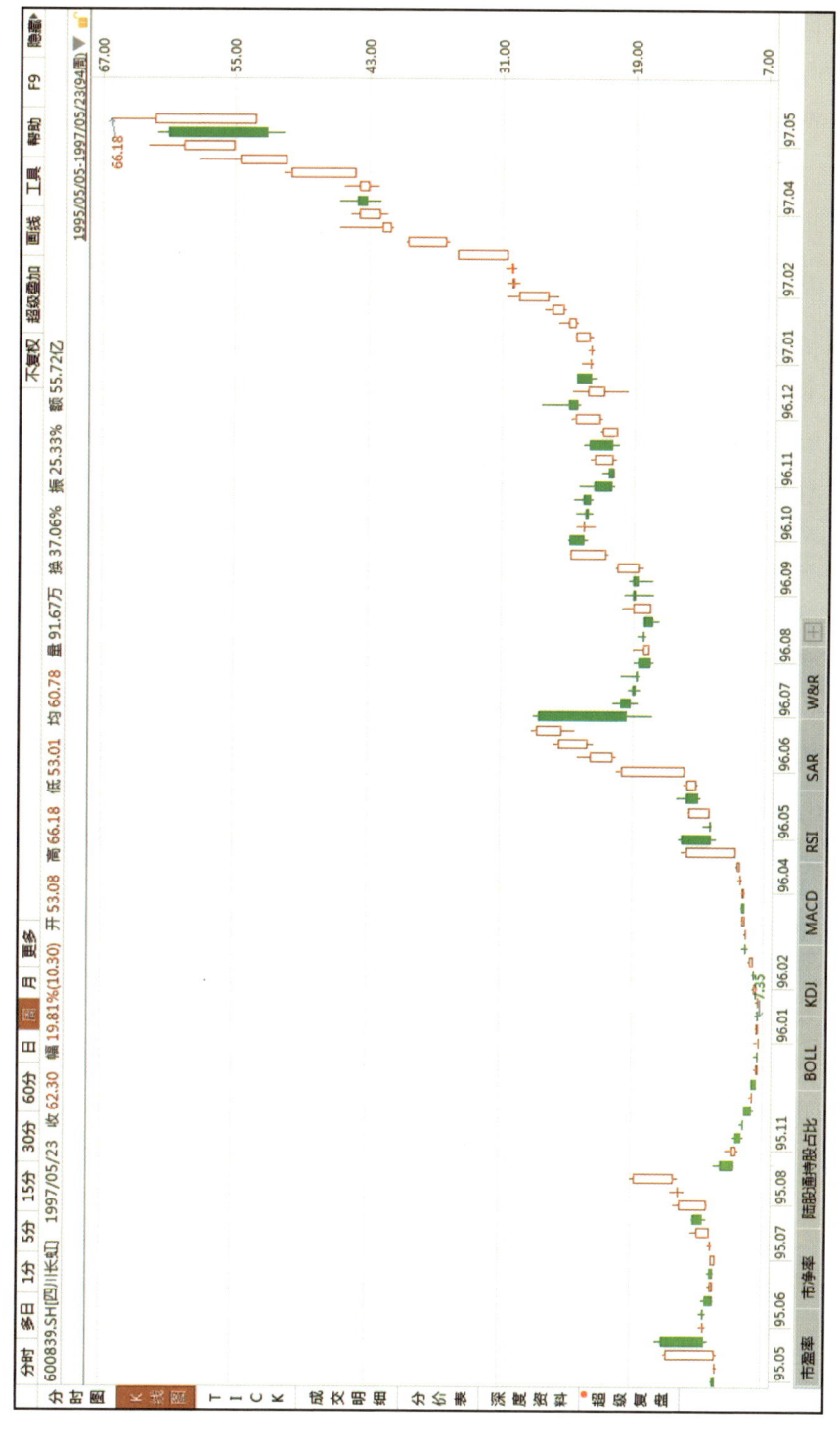

第一章 宏观分析并不难——买卖才是硬道理

图1.14 四川长虹（600839）周线图

随后经济复苏，进入了经济繁荣期，但社会问题已经突显。当时解决就业主要还是依靠国企和集体企业，这些企业在民企的冲击下效益急剧下滑，导致失业率不断攀升。这让供给从不足变为过剩，许多商品滞销，企业的货款无法及时收回，三角债规模不断扩大。

1999年，民生类商品开始走下坡路，和基建相关的水泥、化工、煤炭等拉开了一轮新的牛市。经济繁荣期大宗商品一般都表现不错，但林园权衡再三，再次离开A股，将资金投向周边市场。

2000年，基建投资对消费挤压的后果浮现，民间投资走弱，居民消费增长乏力，就业率回升缓慢，下岗工人只能保证最基本的生活。股市也开始显示出疲态，大盘股带着指数攀升，赚钱效应不断减弱，A股进入赚指数不赚钱的阶段。

在繁荣期的末端，所有资产均产生泡沫，投资机会非常少。2001年5月，上证在2245点戛然而止，标志着散户赚钱效应的深证综指，勉勉强强创了新高后开始了断崖式下跌。不过，林园早已撤出A股，再一次躲开了繁荣结束后的暴跌。

2001年，中国加入WTO，这是中国改革开放后一次重大的历史机遇，不过国企改革仍在行进中，整体经济还处于失衡状态。受美日经济下滑的影响，中国虽然加入了世贸组织，但受益较为有限。叠加国内经济结构调整的影响，中国经济增速虽然领先全球，但仍被全球经济衰退的阴影所笼罩。

从2002年到2005年，中国经济增速不断创出新高。但出于对世界经济的担忧，中国股市走出了一波跌幅深达55%的熊市。在这一轮熊市中，中小盘股票跌得惨不忍睹，相当一部分股票跌幅超过70%。而估值偏低，收益率稳定的股票非常抗跌，甚至还有一部分涨幅。当时，人称"五朵金花"的钢铁、石化、汽车、电力、银行版块，在2003年止跌企稳率先走出了熊市。

林园 2003 年回归 A 股，他预言，这些流通盘大、价值低估的股票最有前景。在这一年中，林园选择了十几只仅凭分红配送就不会亏钱的优质股，并开始逐步建仓。在随后两年的动态调查中，他不断本着优中择优的原则调整仓位，渐渐将主要仓位集中在贵州茅台、招商银行、铜陵有色、上海机场、黄山旅游等不多的几只股票中静待牛市。

　　他的逻辑很简单，中国经济领先世界回暖，全球经济也有复苏迹象。从安全角度考虑，首选"和嘴巴有关"的股票，这是因为收入渐增的中国人对吃喝越来越讲究，其中，高端白酒需求一定会增长。此外，林园看到中国的社会投资、基础建设如火如荼地展开，大型原材料企业始终保持着高增长率，这让他对与投资和基建相关的产业保持了关注。同时，随着中国出口的不断增长，国际往来也愈发频繁，作为第一国际港的上海机场业绩必然增长。

　　唯一例外的就是招商银行，虽然林园的收益相当大一部分来自银行股，但那时他并不觉得银行股会特别突出。在熊市气氛最浓的时候，招商银行发行了可转债，市场价是 102.5 元。可转债具有债权属性，如果一直未能转股，到期后企业会按照面值赎回。但股票价格超过转股价，持有者把可转债转股后，在市场中卖出，将会获得比债券高得多的收益。

　　没有人知道熊市在哪里止步，林园也不例外。但林园盘算后得出结论，只要 4 年内招行不倒闭，买入招行转债本金不会有任何损失，最多少赚些利息。即使招商银行倒闭，还有十大专业银行担保，于是林园不惜借钱重仓招商银行可转债。

　　2006 年，招行股改，可转债都要转成股票，林园仔细研究招行的财务报表，发现招行的利润增长率保持在 20%～30% 之间。

**财报掘金**
林园选股的核心财务指标

表1.1　招行2002—2006年利润简表（单位：亿元）

|  | 2006年年报 | 2005年年报 | 2004年年报 | 2003年年报 | 2002年年报 |
|---|---|---|---|---|---|
| 营业收入 | 250.84 | 201.94 | 153.79 | 110.46 | 80.00 |
| 利润总额 | 103.97 | 66.34 | 50.12 | 34.45 | 25.70 |
| 净利润 | 71.08 | 39.30 | 31.44 | 22.30 | 17.34 |

招行的表现超过林园的预期。通过招行的财务报表，林园认为招行有可能是未来银行股中的龙头，虽然转股有一些利润，但他下决心继续持有，甚至还继续加仓。至2007年，招商银行股最高上涨至46.33元，给林园和他的伙伴们带来了丰厚的利润。

林园早已洞察经济周期的规律，但是，他无法预测股市到底哪一天启动。林园觉察到牛市的蛛丝马迹后，就会坚定不移地持有符合周期特征的股票，从不妄想能在最低点买到股票。

林园告诉所有股民：

> 股市的规律，就是95%的时间让你感觉到不能赚钱，那5%的时间来了就来了……因为那个时间很难把握，只有5%，真正让你感觉到能赚钱的只有5%，5%指的是牛市吹泡泡的时候，95%是下跌或者休眠状态。
>
> 时间很重要，但我们一定要选对大方向，在一个正确的道路上走，就是走慢一点也不要紧，一直往前走。还有一种风险，就是别人涨的时候我们不涨。这种情况经常碰到，比如说，跟着大盘同步的时候，有些人觉得跟我们涨得慢了，他要去搞别的，结果几个月就搞偏了，一年半时间把身家搞没了。大多数人都追求赚快钱，许多人别说一个月不赚钱，就是一周甚至一天不赚钱，他都觉得受不了，更何况三年五载不赚钱。横向攀比也是许多人频繁交易、频繁换股的原因，这山望见那山高的后果就是一买就跌，一卖就涨。

一个人一生只能经历一轮大的经济周期，去掉没有积蓄的童年、青少年阶段，小的经济周期也不过经历两三轮。经济周期的转折点是改变命运的时机，抓住一次就可以实现生活水平跃升，抓住两次就足以实现财富自由。

擅长学习、观察的人不难发现转折的机会，但如果没有定力，只想求快，有可能就像掰棒子的狗熊，掰一个丢一个，到头来只能是一场空。

## 小结

经济周期分为复苏期、繁荣期、下行期、萧条期，和金融周期相互影响。如果经济衰退遭遇金融崩溃，就会进入萧条期。

复苏期的最佳投资方向是需求会快速增长的新兴行业，其次是需求不会减少的成熟行业，但要注意企业的业绩；繁荣期投资成长股和蓝筹股，但前提是要低估，繁荣后期要特别注意风险，市场一旦走熊就会出现令人恐怖的杀跌；衰退期前半场尽量离场。后半场

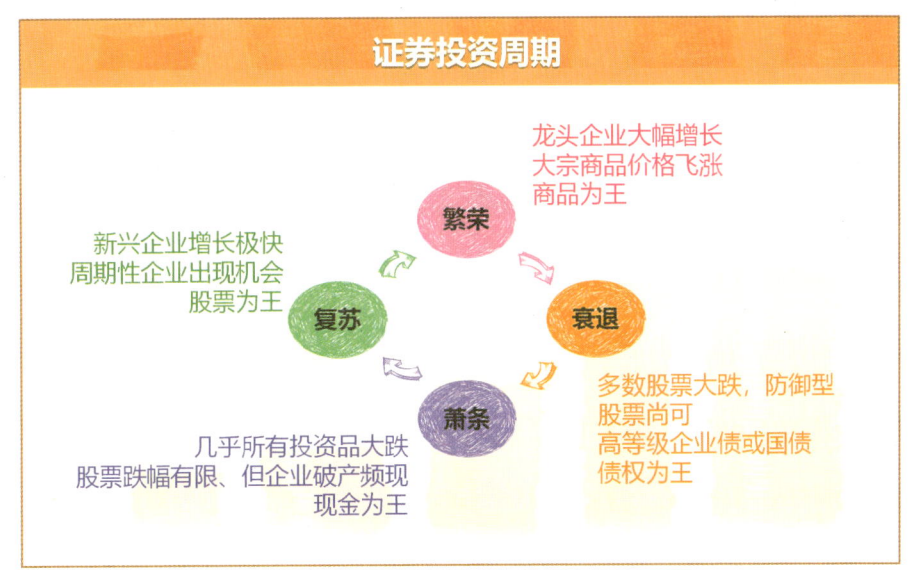

图 1.15　证券投资的周期

可以选择防御型行业，主要是公用事业以及分红率很高的低市盈率企业。下行期即将结束是掘金的最好时机，挖掘社会的潜在需求，投资相应的优质企业会有惊喜。如果熊市和下行期同步，开始阶段必须要规避风险，这是林园两次暂别市场的原因。

一般情况下，股市会走在经济之前。因为股市是预期，而经济是现实。中国股市不够成熟，和经济发展的同步性不太强。但A股和中国社会的供需关系却是密切关联的，在每个熊市中，总有个别需求强烈的个股会逆势上行。切记，选股很难，必须做足功课。

# 第二章

## 行业掘金——增长为王

微信扫码
观看本章导读视频

## 财报掘金
### 林园选股的核心财务指标

**林**园在一次访谈节目中说：

我对行业的宏观判断，全球第一。早期，年轻人最大的理想就是买个音响，买个电视机，电视机厂赚了很多钱，培养了康佳、长虹这些企业；到1996年以后，又开始了房地产行情；2000年以后的银行板块；2004年开始的白酒；还有贯穿于整个行情的医药板块。我每轮行情都参与了，这不是马后炮。以前我说了的都是牛股。

2004年，我就说上海机场是大牛股，那时候同行还笑话我。从2016年开始，我就一直在说医药，你看看现在。常识、常识，我们赚钱不说什么价值投资，不说做什么研究，就是通过常识。有人跟我说军工股市值加一起相当于一个什么。我就说你们这些小伙子呀，就非要去赌什么世界大战。现在都是核武器国家，谁敢打仗？！大国之间都得掂量掂量。即使世界大战爆发，你军工股都不一定能挣着钱。

你说现在要赌5G、高科技，我也知道那个好。一定会出好公司的，但是很难赌的。确定性不够，没有办法确定，连他自己都搞不清楚。记得2001年，中国移动刚上市我就买了，9元涨到12元卖的，但是之后上了100元，第一个上100元的中国公司。我们都卖了，就一个人拿着，他是我们圈子里面第一个资产过1亿元的。但是前两天我一不小心又看了眼中国移动，还是70元、80元，而且我们全国人民都用上移动了，这互联网这么发达，它都还没发财。

而我们在20世纪90年代就决定"科"字、"码"字的都不碰。我买的股票都有这样、那样的问题，要么就是贵。以前有人跟我说贵州茅台大跌了，我都说老林不卖，贵州茅台跌不了。你看这没一个月呢，又创新高了。有人说美股就要走熊了，我说概率不大，它还要继续创新高，其实倒是不一

> 定。大家都觉得没风险，那可能它就要下跌了。依我的理解，风险就是你没看到的才叫风险。

林园曾被华尔街犹太银行家称为"中国宏观行业分析第一人"，他对"股神"之类的美称从不在意，但这个称号让他感到自豪。中国股市分析者多聚焦于个股，于小处殚精竭虑，林园之所以和他们拉开距离，就在于高瞻远瞩的宏观分析以及脚踏实地的行业分析。

了解行业分析的股民比较罕见，不少股民买入一只股票，对这家公司属于哪个行业、行业有什么特征、行业前景如何都不清楚，自然谈不上确定性，更不可能做到长期持有。这是由于早期股票数量少，涉及行业不多，公司造假、编故事又比较常见，让股民养成了无视行业的惯性思维。

对于林园而言，行业分析重于公司分析。仅看一家企业的财务报表，无法了解行业的全貌，更无从对比。从20世纪90年代末，林园不断加深对行业的研究，几乎对市场所有行业了如指掌。从2007年牛市开始，A股IPO速度不断加快，上市企业数量激增，行业远较之前更复杂，行业分析的工作量也不断加大。

林园说：

> 对行业的把握力是我们的强项。行业的景气度是我们投资的首选。如果行业没有变差，一家好公司要变差的概率比较低。一个行业如果是个夕阳行业，正在走下坡路，我们是能逃掉的。

在林园的投资理念里，选行业是最重要的，选对了最有爆发力的行业，哪怕没选对龙头股，也能获得行业爆发的平均利润，取得远超大盘的利润。

在外人看来，林园注重财务报表研究，常态工作是对上市公司进行调研。但人们并未意识到，这些看起来忙碌的工作背后，还有更加繁重的行业分析工作。行业分析是定位的工作，如果没有准确客观的行业分析，对数千家上市企业全部进行财报分析与实地调研是根本不可能完成的任务。

不过行业分析的工作量虽然大，但一个周期只需要分析一次，分析结果在三五年内都是有效的，只需要根据新政策作出微小调整。

林园表示：

> 行业分析的首要任务，并不是找到哪个更好，而是排除所有不行的行业。无论在什么经济周期，不管企业的财务报表如何靓丽，行业不行就决不能碰。避开这些问题行业，剩下的行业总有机会。

行业分析远比宏观分析简单，因为行业有标准。了解行业分析的几个维度，做好行业分类，定期采集数据即可。行业分类主要有三种方式：按照行业的周期分类；按照行业的市场特性分类；按照行业标准分类。

## ◎ 第一节　行业的周期分类

任何行业都不可能永葆兴旺。在科技日新月异的今天，行业循环周期比历史上任何时代都要快。成功的投资者能在行业崛起之时发现，在行业衰退之前出局；失败的投资者则是人云亦云，在行业发展到顶峰时才能下决心参与。所以，必须要把行业分析落到实处，才有可能抓住先机。

根据行业发展的不同阶段可分为："幼稚期""成长期""成熟期""下行期"四个行业周期。

20世纪80年代初，中国社会商品匮乏，自行车是可以提高生活效率的工具，社会需求巨大。国内自行车的产能根本无法满足需求。国家允许企业自主经营时，自行车行业进入成长期，企业规模、销售快速增长。到了90年代初，自行车市场趋近饱和，利润开始下降，企业需要凭借质量、品牌、口碑才能获取竞争优势，行业从此进入成熟期，优质企业仍有增长空间，技术水平不足的企业逐渐被淘汰。

20世纪90年代末期，人们的收入水平进一步提升，人们对代步工具有了更高的要求。摩托车行业逐渐兴起，自行车行业进入下行期，大量产品滞销，名牌自行车企出现亏损。10年过去，曾经如日中天的飞鸽、永久、凤凰三大名牌自行车企亏损累累，濒临倒闭。而摩托车行业开始进入成熟期，小轿车开始自主生产，进入了幼稚期。

### 2.1 幼稚期行业

幼稚期多为一些新兴行业，产品设计尚未成熟，市场几乎一片空白，如果能够得到市场认可，产品的需求增长会很快。同时，幼稚期行业的产品有很大的技术改进空间，相关的企业对创新改进充满热情，因为新产品只有不断完善才能得到更多消费者的认可。

幼稚期行业生产的多是人们从未使用过的商品，人们是否能够认可存在很大不确定性。如果人们不认可，企业就会半路夭折；如果人们乐于接受，行业就会打开一片蓝海。

开心农场和人人网曾经火爆一时，人人都忙着偷菜、挪车。类似的网站纷纷兴起，但是这些网站都没找到盈利方式，同时，由于缺乏更高效的互动交流模式，火爆一年后便偃旗息鼓，不是转型便是勉强维持，始终未能形成新的产业。

幼稚期行业在产品、市场、服务和盈利模式上都有很大的不确定性，失败率非常高。开心农场、团购网等失败的商业模式还算是广为人知，更多的幼稚期企业还没来得及引起市场反应，就烟消云散，彻底消失。

不稳定、不确定是林园炒股最忌讳的事情，幼稚期行业不具备稳定性，所以林园很少会关注幼稚期行业。但这不代表林园没有做过幼稚期行业的投资，20世纪80年代末，林园进入股市的时候，国家处于改革开放初期，在摸着石头过河，上市企业都处于幼稚期，前景并不明朗。首批上市的老五股除了林园深耕过的深发展与深万科，其他三家企业退市的退市，重组的重组，均被市场淘汰。

历史上A股几乎没有幼稚期企业，这是由于A股发行较为保守，几乎不会批准没有得到公众认可的企业上市。虽然帮助股民避开了一定风险，但也使阿里巴巴、腾讯等企业在幼稚期阶段只能在海外上市，中国股民错过了互联网行业成长的机会。

为了补充资本市场结构，A股增设了科创板，主要是一些不成熟的高科技企业。2019年，科创板打新成为当季资本市场最热闹的风口，林园全力参与。其中，中国通号网下配售结果显示，林园投资旗下30只产品全部顶格申购2亿股，报价均为6.05元/股，获得2536.49万股新股筹码，获配市值1.48亿元。

2020年7月27日，新三板精选层正式开市交易，林园动用旗下57只私募基金参与新三板精选层打新申购，共计获配1791万股，中签金额达1.72亿元。林园参与网下打新是理性的，特别看重企业的质量和价格。

幼稚期企业很难用财务报表来判断优劣。例如，香港上市的信达生物，业绩连年亏损，仅看财务报表，这种企业碰都不要碰。但是，2020年下半年，信达生物股价仍旧冲上60多元。这是由于信达生物属于国内刚刚起步的生物制药行业，企业以研发新药为主。研发就是烧钱，在新药没研发成功之前，企业亏损是常态；可一旦有新药研发成功，就意味着滚滚而来的利润，所以资本市场给了这家公司一个很高的定价。

切记，对不同行业的企业，不可以用相同的财务标准衡量。幼稚期企业财报可以不好看，但成长期的行业必须要有漂亮的财报。

## 2.2 成长期行业

成长期行业是指已经得到一定市场认可的行业。这些行业有一定的市场占有率，但未得到普遍认可，利润率很高，技术细节还有改进的空间。成长期行业有一定壁垒，普通创业者很难进入，新的竞争者要有足够资本才能入局。

成长期行业一般都有高额的利润。按照供需理论，利润来自不断增长的需求，成长期行业的市场在不断扩张，利润总额也在不断增长。但是，高利润也吸引着新的竞争者，于是行业持续扩张。竞争使产品更加完善，商品的成本也在不断下降。

成长期的行业夭折的风险并不大，但处于成长期的企业仍旧充满着风险。一次错误的判断就足以断送优势，被后来者迎头赶上。

HTC是3G时代的行业巨头，安享了多年成熟期红利。2013年前后，4G网兴起，人们对手机提出了更高性能的要求，在苹果和三星不断加大设备升级时，HTC仍在努力开发低端市场。除了定位错误，

HTC还陷入和苹果的专利之争，在三星掀起的营销大战中毫无还手之力。一步错步步错，曾经的机皇变成了无人问津的手机，HTC高管哀叹同业围剿。但HTC真正衰亡的原因是智能手机换代之际，长期没有明确定位，面对市场竞争不但没有研发出核心优势产品，还放弃了市场营销，最终被市场遗忘。在智能手机的三国乱战中，华为悄无声息地崛起，替代HTC成了手机市场的新贵。

充足的市场空间，足够的利润使成长期行业蕴含着大量机会，但投资的风险和机遇总是相伴相随。精明的投资者绝不会放弃成长期企业，但投资的结果会有很大差别。一般来说，失败的投资者更多看到成长期行业丰厚的利润，而忽略了风险。林园则不然，他非常喜欢投资成长期行业，但会把风险识别放在首位。他认为，只要控制住风险，收益兑现只是时间问题。

2003年，林园认为中国经济将会换挡提速，人们收入增长曲线非常清晰。白酒行业虽然属于成熟型行业，但由于人们的消费升级，高端白酒将进入一个稳定的成长期。要注意，林园抓住了一个很重要的关键点，成熟期行业发生重要转折，一部分企业会进入新的成长期，这是很多专业分析者很容易忽略的一点。

行业分析有了结论才需要进行财务报表分析，林园最初瞄准白酒行业的时候，所有上市白酒企业皆进入视线。对行业深入分析后，确定了贵州茅台和五粮液，随后又通过深入挖掘以及实地调研，最终确定了贵州茅台。他的分析逻辑非常清晰，首先是宏观供需转换，其次是行业定位，随后解析财务报表，最终走访企业验证分析结论，经过全面的研判，才肯做出投资决策。

## 2.3 成熟期行业

与成长期行业对比，成熟期行业趋于稳定，龙头企业的营业收入和利润额变动不大，竞争格局基本确定，小企业只能在市场边缘生存，大型企业通过品牌、独特技术等优势各占一部分用户。

成熟期行业市场需求增长趋缓，技术改进的空间不大，行业竞争状况及用户都趋于稳定。成熟期行业确定性很高，但股票上涨空间也比较有限。白色家电业早已进入成熟期，以空调为代表的美的、格力等少数几家企业更新换代缓慢，产品销量增长也不快。几家大牌企业争夺存量市场，小型企业只能在边缘游走转型。

家电行业存在智能化转型的可能，家电物联网或许能让家电业再次进入成长期，否则，未来可能会进入一段时间的下行期。

成熟型行业比较容易分析，各项数据变化很小，基本可以对未来收入有较为确定的预期。企业的投资不同于成长风格的投资，重点要考虑企业的收益。如果企业收入稳定，财务状况良好，在价格被市场低估的时候可以考虑长期持有，但必须要考虑行业会不会进入下行期。

给林园带来最丰厚利润的股票多在成熟行业中，最神奇的是他经常能抓住企业重新发育，再上台阶的机会。买贵州茅台股是因白酒行业向高端化转型；买招行股是因处于商业银行政策放宽，业务创新蓬勃发展的阶段。比较下，他投资的蒙牛、伊利，并没有发生质变，但仍为他带来了丰厚利润。在媒体采访时，林园透露了投资成熟型企业的要诀：

> 我的投资组合中所选公司，都是在其所处的行业中的"龙头老大"。如果有老大，就不选择老二，若老大与老二分不清楚时，我会根据情况做适量的配比。
>
> 一个企业已经做到全行业的老大，本身已经说明问题了。它在行业中的竞争优势非常明显，掌握其产品的定价权，随时可能由于产品提价、盈利提升，而使得股东获得意外收益。这样的企业多数已经把命运掌握在自己手中。
>
> 当然，我说的行业龙头，不光是指该企业的营业额、利润总额等财务指标，而是结合其品牌形象、成长性等综合分

*析做出的判断。也可以简单地认为，它们都是该行业最好的公司（最能赚钱的公司），如招商银行，它并不是行业中赚钱最多的公司，但它的财务指标，如盈利能力、坏账率等又是行业中最好的，若买银行股，我会选择招商银行。若买牛奶类股，我也只会选择伊利和蒙牛。若选择中药股，我会在云南白药、同仁堂中去选。*

行业从成长期向成熟期发展，必然要经历向头部集中的过程，经过激烈竞争，龙头企业会占有大部分市场份额。观察财务报表，这些头部企业的毛利率、利润都相对稳定，负债率、现金流波动也不大。这样的企业在市场中被称为"白马股"，虽然大幅暴涨的概率不大，但由于利润增长率、市场份额都很明确，会获得很多机构的青睐，股价因此比较坚挺。

## 2.4 下行期行业

某种商品被替代品所替代，市场需求不断减少，该行业就会进入下行期。如果没有革命性的技术革新，多数参与者将退出这个行业，竞争逐渐消失，生产企业只能维持最低限度的生产。通常情况下，一个行业的复合增长率低于15%，就要考察其是否进入下行期。

行业衰退有四种主要原因：

1. 资源型衰退。这种衰退主要是地域限制引起的，例如采矿业，当某地区的矿产开采殆尽时，相关企业将不可避免地进入衰退。

2. 效率型衰退。这是由于替代行业效率大幅提升引起的，例如，传统出租车行业由于滴滴打车的竞争，失去了一部分市场，同时，也失去了增长空间。如果不是政府对网约车的限制，传统出租车消失只是时间问题。

3. 收入消减型衰退。这是指行业利润不断下滑，甚至行业内企业不断倒闭也无法改善盈利引发的衰退，家用自行车业、胶片相机业的衰退都属于此类型的衰退。

4. 聚集过度性衰退。这是由于产业过度投资引发了产能过剩导致的衰退。对于这类衰退，林园总是有预见性，例如，近年的风电投资热、光伏投资热，热点出现之时人们趋之若鹜。但无论朋友如何描述美好画卷，林园都不为所动，他的理由很简单，这么一窝蜂地上马，必然会出现产能过剩，大部分投资砸进去连个水花都不会起，没有办法预测最终哪家能够胜出。但就算胜出的企业，利润空间也被压到极限，根本不具备投资价值。

下行期的企业，不具备投资价值，但有重组的可能性。不过，重组消息公开时，股价可能已经很高，一旦重组失败，很可能遭受较大损失。林园从来不考虑下行期企业，他在做行业分析时，首先就是把下行期行业剔除，避免浪费时间。

## 小结

行业周期和经济周期有一定关联，但经济周期不能决定行业周期，只会造成一定影响。投资者喜欢在经济的繁荣期加大投资，那是因为繁荣期多数行业都表现得欣欣向荣。而在经济下行期投资者会十分悲观，觉得所有行业都前景黯淡。

林园和多数投资者反向而行，他认为，经济的繁荣会掩盖很多问题，也会放大行业的优点。在繁荣期，多数成长型行业进入成熟期，但人们很难发现利润已经停止增长，一味地乐观会使股票价格高估，企业失去投资价值。还有一部分成熟型企业会走向衰退，继续持有意味着将迎来风险。

但令人绝望的经济下行期，恰恰是新的成长型行业崛起的时刻。每次经济陷入衰退，林园就会加大研究力度，努力挖掘出未来最具潜力的行业，并在衰退后期持续观察、调研，以保证投资的准确性。

林园也有苦恼，他每次成功的起点都在经济下行期，可在这个阶段他劝说投资者入市，却总是不被重视。当市场火爆，林园开始减仓时，这些当年不敢投入的人，又转头来请求林园帮忙。而更多的投资者，哪怕林园发出警告，仍会义无反顾地去追逐那些走下坡路的企业。

## ◎ 第二节　行业市场特性分类

在第一章的时候简单解读过市场，市场是商品社会配套的经济制度，与市场经济相对立的是计划经济。从 20 世纪 80 年代开始，中国市场经济占比越来越高，时至今日，多数计划经济模式已经消失，中国企业也因此具备了市场特性。

市场特性的核心是竞争，所谓竞争，是指企业在同等规则下，各显其能、各尽其力发挥自己的优势，获取更大的市场份额。

很多人将竞争理解为弱肉强食，这种看法并不正确。如果行业竞争可以不择手段、恃强凌弱，那就会变成丛林，而不是市场。竞争虽然不可避免会出现博弈，但更加重要的是比拼哪家企业更加优秀，被更多的投资者接受。基于竞争机制，企业需要不断完善商品，改善技术，降低成本，提升质量，因此促进了商品不断进步，技术不断升级。

与竞争相对应的是垄断，当行业的竞争性逐渐削弱，垄断就开始出现。极端的垄断是市场中只有一家企业，想卖什么价格就可以卖什么价格，想生产多少就生产多少。但极端的垄断极为罕见，多数行业处于竞争和垄断的中间状态。按照竞争程度不同进行划分，从最高到最低一般分为四种类型，分别为："完全竞争""垄断竞争""寡头垄断""完全垄断"。

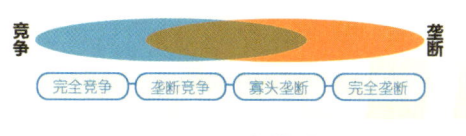

图 2.1　垄断竞争关系图

## 2.5 完全竞争行业

完全竞争可以理解为充分竞争，此类型行业参与的企业众多，任何企业都不可以控制价格。此类行业的门槛比较低，几乎没有技术壁垒，任何新进入的竞争者在很短时间就可生产出没有明显差异的商品。生产者的地位基本平等，竞争条件也基本一致，参与者很难通过外界干预获得优势。

完全竞争行业一般消费者较为分散，没有买主可以凭借购买量影响价格。商品的差异性也很小，某家企业的优势产品，其他企业也可以做到，这就导致没有企业会特意发展核心竞争力。劳动力和原材料没有壁垒，劳动力技术要求低，去其他企业获得的报酬没有太大区别，因此流动性很强。没有哪家企业可以垄断原材料，上游企业将原材料卖给谁都一样，供应量非常充足。

完全竞争行业有三个特性：

1. 价格透明，且比较稳定，波动性很低，没有企业或买主能影响价格。

2. 企业很难通过提升商品附加值来增加利润。

3. 商品的供给和需求量都比较大，单一卖者可在短时间内卖出所有存货，买者可以很容易买够自己所需要的量。

纯粹的完全竞争行业不多，在现实中，一些因素仍可轻微地影响价格，但时间短暂，且波动有限。

最典型的完全竞争行业是初级农产品行业，不管哪块地种出来的小麦都差不多，农民将小麦卖给谁，价格基本一样。就算是磨成面粉，只要级别一样，价格也不会有多大差别。非品牌类服装也有类似特性，充分的供给几乎把企业利润压到最低，企业很难通过自主设计、建立品牌来增加利润。

完全竞争行业在A股中占比不大，主要包括农业、传统商业和低端消费业。这些板块由于业绩变化小，大多时候波动性也比较小。但他们有抗周期的特点，在经济下行期有一定防御能力，比较抗跌。在经济遭受负面影响的时候，甚至还会走出独立行情。

林园对于竞争有自己的看法，他基本不会选择完全竞争行业的股票。从财务报表角度观察，完全竞争行业中的企业毛利率很低，周转率比较快，企业只能依靠高速周转才能盈利。仅依靠正常经营，这类企业的利润很容易预估，因此常年宽幅震荡，很少走出独立行情，不能长期增长的企业，对林园没有吸引力。

## 2.6 垄断竞争行业

与完全竞争行业相比，垄断竞争行业的竞争范围小一些，但竞垄断竞争仍旧属于高度竞争，这类行业存在门槛，并不是任何人都可以随便参与。例如，高端品牌服装，新加入者要树立自己的品牌，需要的投资不会太少。

垄断竞争市场存在很多差异较大的企业和消费者，消费者各有偏好，企业迎合某一类消费者设计自己的商品，企业和消费者形成了变化不大的圈子，新竞争者难以抢占市场。由于企业通过细节上的差别竞争，所以产品多具备个性化，因此每个企业都有一定的垄断性，使行业带有一定的垄断特征。另一方面，虽然产品存在差别，但彼此之间又可以替代，每个企业都存在竞争对手，行业又具有竞争性，因此称之为垄断竞争。

垄断的方式主要是品牌垄断、技术特性垄断、渠道垄断、地域垄断等，每一种垄断都不牢靠，随时有破局的可能，所以垄断竞争的企业无法使价格过高，只能将利润保持在合理范围内。

大多数中等规模行业都属于垄断竞争行业，基础农产品属于完全竞争行业，但是农产品加工业则属于垄断程度较轻的垄断竞争行业。

低端服装属于完全竞争行业，但高端品牌服装则是垄断竞争行业。其他还有日化行业、家具行业、软件行业、基础医疗医药行业，等等。

垄断竞争行业在股市中比较活跃，同行业中的股票走势分化也比较常见，这是因为公司垄断方式不同，致使成长性和利润不同。例如，家居行业的分化就比较典型，从 2018 年 3 月到 2020 年 7 月，帝欧家居上涨了 140%，同为地板地砖行业的德尔未来下跌 25%，而同业的知名品牌大亚圣象跌幅一度超过 50%，见图 2.2。

导致股价分化如此严重的原因比较复杂，但这正是垄断竞争行业的魅力所在。在经济结构转换时期，同业股票必然会出现分歧，如果买对了，会有超额收益，买错了就会浪费不少时间成本。

制冷行业就属于垄断竞争行业，有门槛，竞争者也不少。经过 20 年的激烈竞争，海尔、美的、格力等几家企业逐渐成为龙头，各自凭借品牌宣传和技术革新争夺市场。在近 20 年的市场争夺中，几家企业你方唱罢我登场，各领风骚一周期，股价也是此起彼伏，每波牛市各有龙头。

垄断竞争行业中个股的财务报表和市场调研分析极为重要，垄断竞争行业基本属于成熟期行业，增长速度较为稳定。从整个行业角度观察，行业的利润率变化不大，市场规模保持稳定或者缓慢扩大。行业内部的个股有分化趋势，同样的行业，有些公司销售额、净利润可以保持 20% 左右增速，但一些竞争优势不明显的公司，增长率在 5% 以下。

垄断竞争行业普遍对经济周期较为敏感，会随着经济周期波动上下波动。但是，近十几年来，由于中国房地产高速增长，和其关联的家装、家电行业也随之保持着向上增长的态势。未来如果房地产减速，其相关行业也会减速，这样就会出现内部的存量竞争。内部竞争远比常态竞争激烈，最好的企业也很难继续保持稳定增长，财务报表中的利润增长率不足为凭。企业的负债情况、研发能力、并购重组或将成为分析重点。

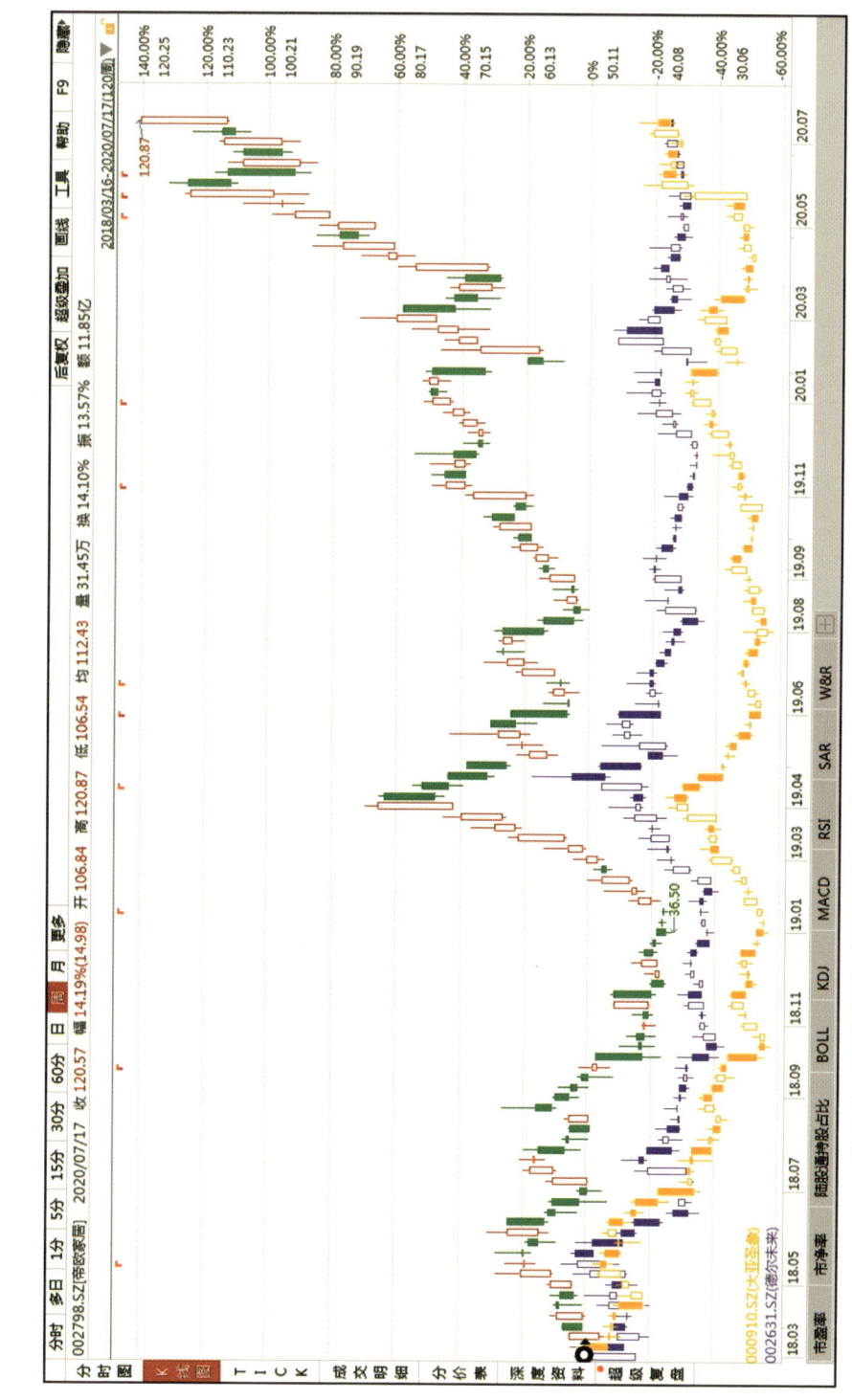

图 2.2 帝欧家居（002798）、与德尔未来（002631）、大亚圣象（000910）周线叠加

这个过程对行业而言非常重要，经济周期的转折点意味着大洗牌，每次洗牌都会让原本较为分散的行业变得更加集中，因而有使垄断竞争行业有向寡头垄断发展的可能。若投资者不能及时转变观念，很可能错失良机或者遭受风险。

## 2.7 寡头垄断行业

如今，茅台集团的市值已经超过中石油和中石化的总和，没有任何一家白酒企业可以与之匹敌。任何新入场的白酒竞争者绝不会想到挑战茅台集团，茅台酒和五粮液已经初步形成高端白酒行业的寡头垄断。

所谓寡头垄断是指行业壁垒变得很高，在汉语语境中，"寡头"是个贬义词，但在经济学中是个中性词，用来形容庞大的规模和市场占有率。寡头垄断行业由于企业规模大，杜绝了新竞争者入场，往往由少数几家企业垄断所有商品的生产。

寡头企业控制了所有供给，他们的意见会影响到商品价格。例如，欧佩克石油联盟就是典型的寡头联盟，通过内部协定控制石油供给与价格。但在现实中，寡头联盟的内部协议只能短暂控制价格，价格上涨过多，必然有盟友降价以获取更大的市场。

钢铁、有色金属、电信、石油、煤炭、电力、铁路等属于寡头垄断行业，寡头们基本都处于工业体系上游。

寡头具备一定垄断性，可以构成一个不太可以信赖的联盟。多数寡头企业的利润比较稳定，在股市中估值偏低。由于规模大、股本多，寡头企业的股票涨跌会影响到指数。

林园较少关注寡头垄断行业，茅台酒原本和山西汾酒、泸州老窖等中国名酒处于同一起跑线，同属垄断竞争行业。但其他几家的发展速度远远落后于贵州茅台和五粮液，最终两大名牌瓜分了高端酒市场，成为高端酒的双寡头。招商银行原本也非寡头，上市之初只是中小商业银行的代表，随着中国经济的高速发展，招商、民生、浦发等几家中小商业银行，成长为中大型商业银行，垄断了中高端银行业务，逐渐和工农中建交五大行靠拢，成为商业银行业中的寡头，这也是林园在 2016 年卖出招商银行的重要原因。垄断竞争行业发展到一定规模，会向寡头垄断发展，成功升级成寡头的企业，能够带来很丰厚的收益。

由于垄断性较强，这些企业的产品供给能力十足，因此销售额较为稳定。在不考虑经济周期的前提下，企业净利润的变化也不大，与此同时，企业的现金流也较为充足。寡头企业普遍市盈率较低，市净率也不高，分红较为慷慨（看盈利情况）。在熊市时，这类企业的分红率可超过银行定期存款利率，最极端时，只需要五六年就可以回本，因此是大型保守基金的首选，国字号基金、社保、保险经常会出现在股东列表中。这些高分红股票在熊市里也在林园的组合中占有一席之地，林园总强调自己是满仓的——即使在熊市，因为有这些高分红确定性的股票，他把它们当成现金钱包，以满足生活和新机会的现金流需求，这是他不怕套，比大多数人更能熬的策略。

## 2.8 完全垄断行业

完全垄断行业是指只有一个企业提供产品，却有无数需求者的行业。其他企业无法竞争，同时，也无法提供替代品，因为没有竞争，该企业可以控制产量和价格。

美国科幻大片中总是会虚拟一个完全垄断企业，给社会提供生活资料或者电子产品，逐渐控制了所有人。完全垄断是经济上的独裁，存在高度控制的可能。

目前还没有出现大片中威胁人类的企业，如，微软控制了大多数 PC 操作系统，但 linux、Mac OS 系统仍然在小范围内使用。假如微软威胁了社会安全，人们可以抛弃 Windows，选择并不太顺手的其他系统。

在现实社会中，存在两种类型的完全垄断行业。一种是公用事业，例如，供水公司、供气公司、高速公路。这些企业的产品具备地域独占性，一个城市要是有两家供水公司，就意味着要铺设两套供水管网，造成巨大的浪费。同理，同样的线路没必要建设两条高速公路，否则也是资源浪费。

因此，多数公用事业都由国家掌控，虽然存在垄断的威胁，但国家可以用行政制度约束价格，将其保持在人们可以接受的范围。在全世界，几乎所有的公用事业都具备地域内的完全垄断性，但并不能随意操控价格，政府的限价将这类公司的利润控制在微薄的范围内，以保障全民的基本生活需求。公用事业股价的波动比较弱，有一定抗风险能力。这类公司利润虽低，但旱涝保收，还不允许破产，如有亏损，政府会用税收弥补损失。

另外一种完全垄断则是技术垄断，例如，荷兰的AMSL公司生产的高端光刻机，就是完全垄断产品，全世界独此一家。没有这种光刻机就无法生产最先进的芯片，AMSL公司的利润率极高，一台先进的光刻机售价高达十数亿美元。

技术垄断的企业具备完全定价权以及供应权，但AMSL这样的公司并不多，多数技术垄断企业只能通过专利控制商品的某一零部件。尽管如此，这种类型的企业仍然具备很高的投资价值。

中国技术型的垄断公司数量不多，但在特殊行业或者某些行业的细分领域，仍然存在此类公司，主要集中在科技行业和医药医疗行业。科技企业如果有一项关键性专利，就可以占领全球市场，所有需要使用该技术的企业都需要支付高额的专利费。医药企业只要研发出一种特效药，就可以保持多年的高价格。

《我是药神》中的格列卫，就是瑞士生产的全球首款癌症的靶向药，专门治疗慢性粒细胞白血病。由于专利垄断，药价奇高，在国内售价高达4万元，就算去掉关税，药价也在2万元左右。格列卫需要常年服用，保守估计一年的药费也在30万元以上。格列卫为规模不大的公司带来极为丰厚的利润，数年之后，通过兼并成为医药行业巨头——诺华制药。

林园对科技股一直兴趣不大，他觉得科技股虽然潜力无限，但也有无限的泡沫。科技行业习惯用PPT粉饰一切，非内行人很难识别真伪。医疗医药行业专业度虽然也很高，但疗效总可以看得到，普通人就可识别真假。最喜欢"垄断"的林园在2016年将目光转向医药行业，从中筛选具备垄断性的股票。

他认为，中药在中国市场空间很大，又没有国外竞争者。他首批买入同仁堂、东阿阿胶、云南白药和片仔癀，在买入后不断跟踪调研并进行动态调整。在调研中他发现，同仁堂近年来扩张太快，药材质量出现了下滑，和其他药厂的中药效果差别越来越小。东阿阿胶出现了造假嫌疑，信誉大幅下滑。云南白药虽然有国家级保密药方，但市场需求量太小，发展空间受限。

片仔癀是一家不大的垄断型中药企业，天然麝香被国家批准使用。林园说："这就不仅是垄断，更是绝无仅有的定价权。"于是，他投入中药的仓位不断向片仔癀转移。最终，林园对垄断的分析和理解再次带来丰厚的利润，片仔癀成为2018—2020年涨幅最高的中药股。

林园在接受新浪财经采访时说：

> 垄断有多种形式，一个就是在激烈的竞争市场环境下出现的龙头企业；一个是它的产品垄断，是天然的护城河。再加上一个原因，"只做嘴巴"，比如医疗，人们每天或者每个星期都要在健康方面消费，只要人活着，他要吃、他要喝，所以"只做嘴巴"就不会犯错。

林园的选股思路早就不是秘密，排除公用事业，完全垄断是林园多年赖以常胜的法宝。垄断企业最典型的标志是毛利率超高，在科技和医药领域，毛利率通常超过50%。林园选中的一些企业，毛利率甚至常年超过80%。净利率也很重要，但这个指标是动态的，如果企业投入较多研发费用，可能会影响到净利率，但长期来看却是好事。企业的复合增长率至关重要，如果一家企业利润不错，但市场很小，营业收入增长不上去，那也没有多大想象空间。

## 小结

行业在市场中从竞争到垄断划分为四个象限，每个区域分布着不同数量的行业，但区域的界限并不是非常清晰。比如，贵州茅台、五粮液本属于垄断竞争行业，但在高端酒的细分领域，就成了寡头垄断行业。一些药厂也属于垄断竞争行业，但在某一种原创特效药市场属于完全垄断。这里要注意，完全垄断企业是特定领域的唯一生产者，因此，企业就是行业。

大体来说，竞争越充分的行业价格越低，对消费者有利，对企业无利。垄断性越强，企业的定价权就越大，对消费者不利，对投资者有利。作为消费者，我们希望竞争越激烈越好；作为投资者，我们却希望投资的企业垄断性越强越好。

财务报表是分辨垄断性强弱的好工具，企业产品的毛利率越高，就证明企业的定价权大，有宽阔的护城河。反之，一个行业毛利率普遍很低，证明这个行业的竞争就很激烈，企业经营发生剧烈变化的可能性就越大。

但物极必反，完全竞争行业的企业经营状况变化不大，因为完全竞争的企业商品多为刚性需求，不管世道如何变化，人们必须消费这些商品，商品的需求弹性很弱。因此，完全竞争行业具备抗经济周期的特性，繁荣期不会有惊喜，下行期也比较抗跌。

垄断竞争的行业受经济周期的影响比较大，繁荣期人们收入提高，很自然会增加消费。而下行期，人们首先会减少非必需类商品的消费。

此象限的股票是牛熊市的主力军,熊市来临大幅下跌,市场转牛,又会返身大幅上涨。

寡头垄断行业对经济周期更为敏感,当经济好转时,寡头企业的商品销量率先增加,有时会领先于经济复苏开始上涨。经济好转的过程中,寡头的收入很容易预期,因此涨速会落后于一般的股票。但是在经济繁荣末期,寡头公司的商品会随着社会投资大幅增长而旺销,经常会再次出现高速上涨。

在A股中,寡头企业多为大蓝筹,他们在牛市的开端和结尾有很好的表现,其他多数时间表现平平。由于寡头行业公司比较集中,经济下行对这些企业的影响也更加直接。比如,2008年的熊市,中国铝业、江西铜业这些行业巨头,股价下跌超过70%,个别寡头企业股价跌幅甚至超过90%。48元上市的中石油,几乎可以闭眼赚钱,但十几年来,股价除了"跌",找不到其他字形容。所有寡头行业中,对经济周期敏感性稍弱的,只有银行业。不过这也和中国的经济制度相关,有了银行不可倒闭的规则,投资者会忽略银行的风险,因此在寡头行业中股价较为稳定。

与完全竞争行业抗周期特性不同的是,技术垄断企业具备逆周期的特性。这是因为在经济下行期会淘汰过剩产能,为新产业打开空间,新产业、新技术多数都在经济下行期开始发育成长。另外,下行期的投资亮点极为稀缺,如果投资者发现投资机会,会蜂拥而至,这些实现技术垄断的企业格外被青睐,会成为熊市中不可多得能逆市上行的股票。

所有行业在这四种分类中呈枣核状分布,两头少中间多。完全竞争行业企业数量众多,但上市的少,涉及的行业也很少。不考虑公用事业,完全垄断的企业数量极为稀少,不过随着科技的发展,未来占比会逐渐增加。大多数行业都属于垄断竞争行业,正是因为竞争,消费者才能享受到价格更低廉的多样化商品,同时,竞争还推动了技术不断进步，经济不断增长。寡头垄断企业多集中在上游，他们的规模生产有效降低了原材料的价格，提升了工业体系的效率，但同时也由于垄断，技术发展速度缓慢。

四个象限的股票特点各不相同，适合不同风格的股民。喜欢短线操作的股民比较适合垄断竞争的行业，这类行业变动多，每次变动都有意外惊喜的可能。短线操作完全竞争行业会很郁闷，这类股票多数时间都没什么波动。

垄断竞争也适合趋势交易者，和寡头垄断行业一样，这两种类型的股票都遵循周期，不过运行轨迹不太一致。周期性股票在经济上行期会走出上行趋势，只要坚持持有，会有可观的收入。但福兮祸所伏，这一类型的股票同样服从熊市的下行趋势，如果没有避开牛熊转折，就会从哪儿来的回哪儿去。

但完全竞争行业并不是彻底的姥姥不疼舅舅不爱，策略型的机构投资者在市场表现不佳时需配置完全竞争的股票，这类企业抗周期性比较强，能在熊市中抚平净值。比如农业股，虽然八成以上的时间都没表现，但几乎每轮熊市中都会走出一波独立行情。

市场的王者是垄断行业，当然，这并不包括行政垄断的公用事业，公用事业具备波澜不惊的特性，是股市中涨跌空间最小的版块，振幅甚至弱于大盘。技术型垄断是逆周期的，在牛市的时候，由于经济繁荣，他们的表现泯然于众人。但熊市下半场峥嵘尽显，有机会逆势走强。林园选股的终极目标无非是"垄断"二字，因为这个要点，在每次的熊市后期，别人还在亏钱的时候他就已经赚钱。真正进入牛市时，林园积累的收益已经领先那些市场先行者好几个身位，所以每次牛市他的盈利都会超过一般的股市高手。

## ◎ 第三节　行业与行业细分

前两节按照周期和市场特性对行业进行了横向分类，但在实战中，还需要对行业进行更加准确的定位才行。一个合格的股市分析者，不但要能准确判断所属的行业，还需要对行业的特性、市场位置、行业的子行业、上下游行业以及特征有详尽的了解。这种分类方式属于纵向分类，是将产业链拆开、细分，并找到产业链中利润最为丰厚的子行业。

下面将对所有行业进行说明书式的阐述，读者可以简单浏览，后续我们会为有需要的读者进行线上线下的详细讲解。

中国将所有行业归为三大产业，分别是：

第一产业，包含农、林、牧、渔业（不含辅助性活动）。

第二产业，是指采矿业（不含辅助性活动）、制造业（不含金属制品、机械和设备修理业）、电力、热力、燃气及水生产和供应业，建筑业。

第三产业，即服务业，是指除第一产业、第二产业以外的其他行业。包括：批发和零售业，交通运输、装卸搬运和仓储业和邮政业，住宿和餐饮业，信息传输、软件和信息技术服务业，金融业，房地产业，租赁和商务服务业，科学研究和技术服务业，水利、环境和公共设施管理业，居民服务、修理和其他服务业，教育，卫生和社会工作，文化、体育和娱乐业，公共管理、社会保障和社会组织，国际组织，以及农、林、牧、渔专业及辅助性活动，开采专业及辅助性活动，制造业中的金属制品、机械和设备修理业。

第一产业是人类一切活动的基础物质需求；第二产业是所有产业发展、进步的核心，起到推动经济增长的作用；第三产业是辅助产业，主要是为一、二产业服务，提升一、二产业的生产效率以及流动性，另外就是提升人们的生活水平。

三大产业的分类对投资者的分析有一定意义。第一产业是人们生活刚需，不管经济好坏都要消费，预期比较稳定，波动性也低，极少会出现牛股；第二产业中的公用事业具有类似农业的特性；采矿业多为寡头垄断，具有强周期性；制造业相对复杂了许多，中国是目前的制造业大国，制造的门类繁多，有些行业走下坡路，有些行业则刚显示出勃勃生机；发达国家第三产业占GDP比例约在70%~80%之间，而中国第三产业占比只有52%左右，还有很大的空间，第三产业存在着更多机会。

美国的第三产业中，金融、法律、科技服务占比很高，附加值也高。中国更多集中于中低端服务业，附加值低，利润也比较低。近几年，互联网服务业有崛起的态势，金融创新、芯片、5G等概念在国家的政策推动下，周边服务型企业也在加速增长，可以预见未来数年有望涌现一批黑马股。

三大产业的分类显然不够用，还需要继续细分，证监会在《上市公司行业分类指引》中，将所有行业分为13个门类：

A. 农、林、牧、渔业；

B. 采矿业；

C. 制造业；

D. 电力、热力、燃气及水生产和供应业；

F. 批发和零售业；

G. 交通运输、仓储和邮政业；

I. 信息传输、软件和信息技术服务业；

J. 金融业；

K. 房地产业；

L. 租赁和商务服务业；

N．水利、环境和公共设施管理业；

P．教育；

Q．卫生和社会工作；

R．文化、体育和娱乐业。

在这13个门类下又分成了90个大类，大类下还可以进一步细分为288个中类，921个小类。

行业分类是个挺无趣的工作，你分与不分，它都在那里默默地存在着。但是，对于市场基本分析，这又是一个很重要的工作。三大产业，13个门类是基础常识，用很短时间就可以掌握。但是进一步深入到大类、中类、甚至是小类的研究就比较困难了。

证监会定期会出细分到中类的报表，在证监会网站下载即可，但进一步深入到小类，就需要自己下一些功夫了。

深入到小类很有必要，在上一节中曾经提过，垄断是投资的王者，现实中几乎没有完全垄断一个行业的企业，但是有很多企业实现了细分领域的垄断。因此，深入小类才可能找到真正的黑马。

近年来，中国制造业产能过剩问题凸显，中央的重点工作是供给侧改革，致力于去产能。去产能会淘汰一些企业，传统制造业的前景堪忧，制造业大类如下：

1．农副食品加工业；

2．食品制造业；

3．酒、饮料和精制茶制造业；

4．烟草制品业；

5．纺织业；

6．纺织服装、服饰业；

7．皮革、毛皮、羽毛及其制品和制鞋业；

8．木材加工和木、竹、藤、棕、草制品业；

9．家具制造业；

10. 造纸和纸制品业；

11. 印刷和记录媒介复制业；

12. 文教、工美、体育和娱乐用品制造业；

13. 石油加工、炼焦和核燃料加工业；

14. 化学原料和化学制品制造业；

15. 医药制造业；

16. 化学纤维制造业；

17. 橡胶和塑料制品业；

18. 非金属矿物制品业；

19. 黑色金属冶炼和压延加工业；

20. 有色金属冶炼和压延加工业；

21. 金属制品业；

22. 通用设备制造业；

23. 专用设备制造业；

24. 汽车制造业；

25. 铁路、船舶、航空航天和其他交通运输设备制造业；

26. 电气机械和器材制造业；

27. 计算机、通信和其他电子设备制造业；

28. 仪器仪表制造业；

29. 其他制造业；

30. 废弃资源综合利用业；

31. 金属制品、机械和设备修理业。

在31个大类中，大部分行业均存在不同程度的产能过剩，也就是有概率在去产能的政策背景下淘汰掉一部分企业。选股最基本的要求是需求增加，回避的则是供给大于需求，也就是说，制造业大多数行业都面临风险。在这个背景下，林园又是怎么看的呢？

在2018年的一次公开演讲中，林园分享了自己的观点：

全球市场的操作方法都是一样的。我们过去28年没有一次失误，我认为我们的水准是全球第一。怎么说没有一次失误呢？主要是我们买入的股票没有失败过，全部都是盈利的，到今天为止，只要我买入，12个月内都是盈利的。为什么能够做到这样呢？我也在想这个事。我们主要从行业的宏观和竞争方面去把握，这是我们的强项，行业宏观的把握，我们做到了100%精准的预测，这是我们对以往的总结。

讲过去没有意义，因为资本市场是看未来的，你要看到未来的投资方向是什么。

目前对宏观经济我是不看好的，因为从过去到今天，中国的制造业是过剩的，各行各业都产品过剩，竞争激烈，各行各业生产得太多了，产量再少 $2/3$，也不会出现短缺。产品太多了就一定要有竞争，而我们投资的敌人就是竞争。我们要做独家买卖，我们最喜欢垄断，惧怕竞争，因为有竞争就可能会失败。

现在还没到经济最差的时候，各行各业的企业都还在死撑，高呼活下去，最惨的时候是发生大规模倒闭潮。改革开放40年以后，土地成本、人力成本、社保税收等成本都变得很高，不再具有全世界竞争上的成本优势。

现在市场上有大量不能产生利润的生意项目，这些项目的生产成本和各种成本降不下来，最终都是亏钱的项目。股市里的上市公司都是各行各业最强的企业，很多利润下滑，更别说中小企业了。

这个时候，其实应该大胆买入，可以分批买入中国未来数年最有发展潜力的刚需行业，但是要注意，只有5%的行业和公司值得投资——全球股票市场都是这样，选股非常重要。

现在多数行业都是过剩的，我们的金融、地产，还有家电制造，这些方面都做到全球第一了，唯独大健康有关的行业，现在和世界的差距是100倍到500倍。据相关统计显示，过去

**财报掘金**
林园选股的核心财务指标

100年，全世界制造业上市公司产生的利润，近70%来源于跟健康有关的医疗领域，上市公司中大市值的公司，医药公司占了差不多半壁江山。那么接下来会怎么走？我们预测，未来30年，中国的医药产业也要和它的人口达到一个相匹配的地位。

医药制造业的子行业包括：化学药品原药制造业、化学药品制剂制造业、中药制造业、生物生化制品制造业、兽用药制造业、医疗器械制造业、卫生材料和医药用品制造业。其中，兽用药制造业、卫生材料和医药用品制造业的技术含量低，很难形成垄断；化学药品原药制造业、化学药品制剂制造业已经较为成熟，有饱和迹象；在医药制造子行业中，中药制造、生物生化制品制造业和医疗器械制造业较有前途，林园将目标锁定为中药制造业。

中药制造业仍可继续细分，不过并没有统一标准，大体包括中成药、中药饮片、中药流通、藏药、中药保健品等。中药没有专利，同质化较为严重，热门药物多由数家药厂生产，因此不具备垄断性。

没有垄断性就没有定价权，没有定价权就没有足够的利润，这也是不少中小型中药企业生存艰辛的原因，这种企业林园当然不会选择。

由于国家政策倾向于中医药，叠加社保资金压力，未来中药仍有稳定增长空间，但机会一定属于具备垄断性的企业。中药虽然少有专利，但有保密配方，云南白药、同仁堂、片仔癀等具备垄断性的企业被林园收入池中。

▶ ▶ ▶ ▶

微信扫码
**观看本章小结视频**

# 第三章

## 公司手术刀——剖析之法

微信扫码
观看本章导读视频

**宏**观分析的目标是为了分析方向，供需关系是宏观分析最为基础的方法。但只有方向仍然不够，还需要行业分析进行聚焦。但将分析结果落到实处，变成实实在在的利润，还是要靠公司分析。公司分析也有不同维度，首先是财务报表分析，不考虑造假，财务报表基本能表现一家公司的客观情况。但财务报表分析并不是看几个数据就够，财务数据之间的逻辑关系最为重要，解析数据与数据之间的关系，才能掌握一家公司的真实情况。另外，公司分析还包括了市场分析、行业地位分析、区域分析、产品分析等维度。

林园是一个财务报表的分析高手，他并不需要在财务报表上投入过多时间，这是由于他在 2000 年前几乎翻阅过所有上市公司的财务报表，熟能生巧，根据几个核心要点就能做出很准确的判断，这是多年历练出来的能力。对于新股民不建议简化财务报表，而是应该先掌握基础知识，再深入了解数据之间的关联，练习数年后便能拥有和林园一样的能力。

## 第一节　茅五大战的玄机

一般股民觉得财务报表里数字太多，看得头昏脑涨，主要存在几个问题：

1. 不知道这些数字是干吗的。
2. 数字之间有什么关系。
3. 报表的数字那么多，到底该看哪些？

林园在2002年初翻查贵州茅台的财务报表，发现贵州茅台的现金流非常充足，1999年的报表，茅台集团的应付账款是30919891.95元，而预收账款高达86012360.84元，二者之间相差2.5倍左右，这已经证明茅台酒是抢手货，经销商需要提前预付账款才能拿到货。到2001年底，茅台集团的应付账款降到10084988.04元，预收账款高达306147007.77元，二者相差了近30倍。

在当时，五粮液价格高于茅台酒，企业规模和利润都高于茅台集团。在1999年，五粮液集团的应付款是40926765.5元，预收账款高达666367419.4元，和茅台集团相差约16倍，五粮液的受欢迎程度远高于茅台酒。而到了2001年底，五粮液的应付款达到242014437.79元，预收款则为894549790.9元，和茅台集团相差收缩到了3.7倍。

应付款项和预收款并无直接关系，应付款项一方面反映信用度，一方面反映现金流。而预收款则主要表现为紧俏程度。三年间，茅台酒厂的信用度不断提升，现金流也表现良好，最重要的是茅台酒的市场需求量至少增加了3.56倍。五粮液的市场需求一直领先，但只扩大了1.34倍，随之现金流出现了一些压力。

不管从规模还是市占率分析，五粮液都领先于茅台集团。对于财务报表一知半解的人来说，五粮液肯定优于贵州茅台，五粮液一定是首选，但林园并不这么看。到了2001年底，贵州茅台仍然是市场老二，对比五粮液没有任何优势。但是3年间，茅台集团的经营状况超过了五粮液集团，更重要的是，茅台集团不显山不露水地扩大了许多市场份额。考虑到涨价因素，茅台集团的市场占有率至少增长了一倍，而五粮液集团基本在原地踏步。

按照传统市盈率、市净率的比较，五粮液更胜一筹。但林园觉得，两家酒厂要么增产，要么提价，必然会采取进一步措施增加利润。

产需的缺口可以通过预收款观察，理想中的产需平衡是钱到货发，只有很少的预收款或者干脆没有。但如果产能不足，需求旺盛，销售商必须要提前付款才能拿到货，这时就出现了预收款。虽然到2001年为止，五粮液的预收账款比茅台集团多出将近两倍，但3年间，茅台集团的预收账款增加了3.7倍，五粮液只增长了1.34倍。茅台集团预收账款的快速增长意味着拥有了比五粮液更主动的战略高地。

2002年，五粮液与茅台酒的市场博弈暗暗展开，林园也无法预测胜负，只能各押一半。2003年，两家酒厂的竞争达到了白热化。五粮液集团推出"1+9+8"品牌战略，计划尽快培育和打造1个世界品牌、9个全国品牌和8个大片区区域品牌作为支撑，并清理对五粮液发展造成阻碍的品牌。

"1"是重点培养1个国际品牌、经营好传统"五粮液"的龙头品牌。"9"是将现有品牌五粮春、五粮神、五粮醇、金六福等和即将诞生的新品牌共9个品牌打造成全国性品牌。"8"是把全中国分为8个白酒消费片区，根据这8个片区的特点打造8个区域性品牌。五粮液品牌形成一个金字塔品牌结构，即高端的五粮液品牌、中高端的五粮春、五粮神、五粮醇、金六福等9个全国品牌和中低端的8个片区品牌。

在供需关系中我们学过，商品需求增加时，企业可以通过维持价格，增加产量来提升利润。也可以通过保持产量、提升价格来增加利润。很显然，五粮液集团采用了增加产量的策略。

但茅台集团无法跟随五粮液，茅台酒的宣传口号是五年陈酿，当年上市必须是5年前的存酒。如果跟随五粮液集团增加产量，一定会被认为是造假。在五粮液集团的强大的市场攻势下，茅台集团选择了隐忍，2003年10月，茅台集团突然宣布每瓶提价40元，批发价涨幅高达23%。五粮液几乎与茅台同步宣布提价，六代、七代分别提价30%。

在多数分析人士眼中，在规模、利润高出一倍的五粮液集团疯狂攻势下，茅台集团一定溃不成军。但结果让所有人错愕，茅台酒提价并未降低销售量，仍旧是生产多少卖多少。而五粮液的快速提价导致市场供大于求，经销商不得不降价促销，出现了零售价低于批发价的现象，甚至还有批发商闹着要退货。

2003年的财务报告显示，五粮液集团的预收账款为800467461.41元，比2001年的894549790.9元降低了10%。而茅台集团2003年的预收账款升到745368392.5元，比2001年的306147007.77元增长了一倍还要多。到2005年，五粮液集团的预收账款剧降到296621379.51元，只有2003年前的30%左右。

提价并没有减少茅台集团的预收账款，茅台集团2004年的预收账款升到了1036893726.13元。成功提价给茅台集团带来了超额利润，2005年，茅台酒销售收入仅为39.31亿元，五粮液则为64.19亿元，超过茅台酒25亿元。但茅台集团的净利润达到11.19亿元，五粮液集团净利润只有7.91亿元。2003的茅五大战是茅台酒奔向行业老大的关键一战，以茅台完胜告终。

从林园发现茅台酒和五粮液财报中预收账款的秘密之时，他就不断地将仓位从五粮液向贵州茅台转移。提价大战开始的瞬间，林园就确定了贵州茅台会胜利。财报显示，茅台集团的现金流压力很小，预收账款的增速使茅台集团有充分的战略空间。而五粮液扩张太快，现金流有一定压力，预收账款的增速显示五粮液的需求增速不大，不管是增产还是提价，都不会有太大空间。如果五粮液只增产不提价，茅台酒仍然无法撼动五粮液的行业地位。但五粮液既要增产，又要提价，

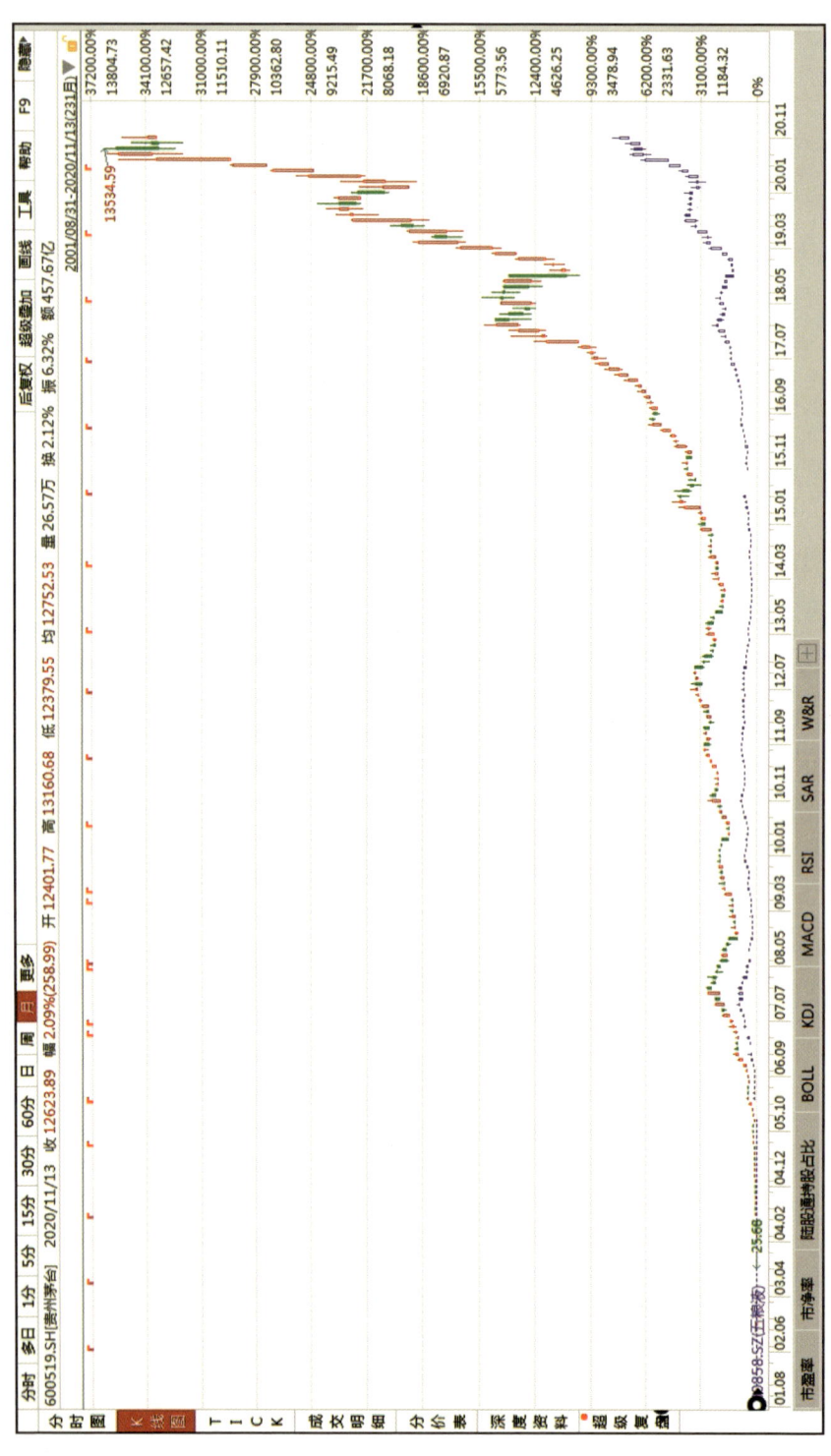

图 3.1 贵州茅台（600519）与五粮液（000858）月线叠加（后复权）

瞬间吃光了供需缺口，于是陷入困境。

提价大战之前，林园对贵州茅台和五粮液的配置已经达到70%∶30%，大战开始之际，林园不断调整仓位，最终配置比例锁定为90%∶10%。后来的故事大家可以在《林园炒股秘籍》系列之《激荡投资30年》《复合增长》中详细了解。在此后的10多年中，两股涨幅的差距越来越大，林园把握住好中更好的机会，实现了财富的惊人增长，所以说独特视觉的财报分析，是林园炒股秘籍中的核心技术之一。

林园如此笃定的原因有二：

其一，财务报表显示五粮液集团发展步子过大，导致财务紧张。全市场布局和充分的供给使五粮液集团的预收款增速缓慢。

其二，高端白酒弹性很大，根据供需原理，提高价格会过滤相当比例的潜在消费者。五粮液供需缺口小，提价瞬间丢失了大量消费者，必然造成产能过剩。当时，茅台酒价格比五粮液低，但二者的品牌价值相仿，放弃购买五粮液的消费者有很大比例会转向购买茅台

图3.2 贵州茅台、五粮液2001—2005年预收账款对比数据

酒。五粮液集团没有经过市场分析贸然提价，等于将用户拱手送给茅

台集团，茅台集团岂有不收之理？

当然，林园并不是仅凭一个预收账款就做出如此精确的判断，预收账款只是重要财务数据中的一个。财务报告分为三大表，上述案例的数据出自《资产负债表》，另外还有主要体现经营状况的《利润表》，表现企业资金状况的《现金流量表》。这三张表展现的内容不同，用途也不同，对于不同的公司，侧重点也不同。

## ◎ 第二节 财务报表是如何炼成的

财务报表有上百个数据,一个个孤立地记忆、理解,不但会消耗大量的脑力,也很难吃透财务报表。为了方便读者掌握,现在从零起步,模拟一家企业从成立到经营的过程,一步步带领读者学习财务报表是如何制作的。

林总计划成立一家酿酒公司,名称为林氏茅酒股份有限公司,简称林茅酒业。公司成立之际,财务总监就位,制出三张表格用来记账。三张表格分别为"资产负债表""利润表""现金流量表"。首先要使用的是资产负债表,其次是现金流量表。企业注入资金之时,这两张表就开始启用,利润表要稍微晚些。

三张空白表格如下:

**表 3.1 空白资产负债表**

| 林氏茅酒股份有限公司资产负债表(单位:万元) ||
|---|---|
| 报表日期 | 2017 年 12 月 31 日 |
| 资产总额 |  |
|  |  |
|  |  |
| 负债总额 |  |
|  |  |
|  |  |
| 股东权益 |  |
|  |  |
|  |  |

表 3.2　空白利润表

| 林氏茅酒股份有限公司利润表（单位：万元） ||
|---|---|
| 报表日期 | 2017 年 12 月 31 日 |
| 营业总收入 |  |
| 营业总成本 |  |
| 营业利润 |  |
| 利润总额 |  |
| 净利润 |  |
| 每股收益 |  |

表 3.3　空白现金流量表

| 林氏茅酒股份有限公司现金流量表（单位：万元） ||
|---|---|
| 报表日期 | 2017 年 12 月 31 日 |
| 经营活动产生的现金流量 |  |
| 投资活动产生的现金流量 |  |
| 筹资活动产生的现金流量 |  |
| 现金及现金等价物净增加额 |  |
| 期末现金及现金等价物余额 |  |

　　看到空白表读者可能有些诧异，在印象中，资产负债表最为冗长，但这三张空白表格，资产负债表最短，印象里最短的利润表却变得最长。

资产负债表的初始表格只有两大项：资产和负债，因此很短。但随着经营的步调，资产负债的细项会越来越多，表格也因此越来越长。而利润表基本固定，需要增加的细项不多。

另外，空白表和股票软件的财务报表也有所不同，股票软件的财务报表一般为简表，只列出了一些股民比较关注的内容。而我们要学的是全表，会罗列财务数据的一般要件，比股票软件的财务报表要复杂一些，但结构大体一致。

## 3.3 企业经营

林总成立股份公司的原因是想上市，公司资金以股份的方式筹集，共筹集1000万股，每股1元，筹集资金1000万元，林总出资500万元，占股50%。

公司成立，1000万元到位，这时，财务报表就不再空白，资产负债表有了内容。资产负债表应该是先列出资产项，最后合计资产总额。下面为负债项，最后列出负债总额，二者的差为股东权益。为了让新手读者一目了然资产和负债总额，把这两项挪到了最上方，敬请注意。

表3.4　林茅酒业入资后的资产负债表

| 林氏茅酒股份有限公司资产负债表（单位：万元） ||
|---|---|
| 报表日期 | 2017年12月31日 |
| 资产总额 | 1000 |
| 货币资金 | 1000 |
|  |  |
| 负债总额 | 0 |
|  |  |
|  |  |
| 股东权益 | 1000 |
|  |  |

资产负债表中，增加了 1000 万元的现金，总资产以及股东权益都是 1000 万元。这个过程没有经营，所以利润表未动，现金流量表增加了 1000 万元的现金。

**表 3.5　林茅酒业入资现金流量表**

| 林氏茅酒股份有限公司现金流量表（单位：万元） ||
|---|---|
| 报表日期 | 2017 年 12 月 31 日 |
| 经营活动产生的现金流量 |  |
|  |  |
| 投资活动产生的现金流量 |  |
|  |  |
| 筹资活动产生的现金流量 | 1000 |
| 股东入资吸收的现金 | 1000 |
| 现金及现金等价物净增加额 |  |
|  |  |
| 期末现金及现金等价物余额 |  |

企业不经营，三大表不会变化（忽略资金在银行账户中产生的活期存款利息）。但既然开酒厂，那就离不开厂房、设备、原材料以及人力。

林总出资 200 万元，在产业园购买了 100 万元的土地，出资 100 万建设厂房；同时，用 300 万元订购了酿酒生产线；雇用了 100 名员工开始培训并且生产，月均支出 100 万元；采购了够 3 个月用量 100 万元的原材料。

由于建设厂房、调试设备都需要时间，前 3 个月无法实现销售，所以第一季度只有支出没有收入，财务报表发生了如下变化：

### 表 3.6　林茅酒业一季度资产负债表

| 林氏茅酒股份有限公司资产负债表（单位：万元） ||
|---|---|
| 报表日期 | 2018 年 3 月 31 日 |
| **资产总额** | 1000 |
| 货币资金 | 100 |
| 存货 | 400 |
| 固定资产 | 400 |
| 在建工程 | 100 |
| **负债总额** | 0 |
|  |  |
|  |  |
| **股东权益** | 1000 |

购买的土地计入无形资产，应按报表周期进行减值，为了简明表述，将其计入固定资产，且不考虑减值。建设厂房的 100 万元要从货币资金计入在建工程，完工后转入固定资产；设备为固定资产，酿酒设备使用寿命为 10 年（案例不考虑折旧），因此计入固定资产，货币资金减扣 300 万元转入固定资产。初始的 1000 万元货币资金 − 100 万元在建工程 − 400 万元固定资产，还余 500 万元。

另外还需支付员工的工资、社保等费用约 300 万元，与 100 万的原材料共同计入存货，产生销售后计入营业成本。这些支出不在资产负债表中体现，可以在现金流量表中看到。本季度生产的支出为 100 万元原材料 +300 万职工薪酬 =400 万，企业只剩余了 100 万货币现金。资产负债表还应把全年应付职工薪酬计入负债，为了简明，先不考虑细项。

资产负债表发生了变化，现金流量表也随之产生变化。资产负债表属于时点报表，反应的是报告截止日期的资产状况。现金流量表和利润表则是期间报表，反应的是从年初开始到报表截止日期的经营状况，例如三季报就是从年初到三季度的经营状况。为了避免读者学习时被合计的数字搞晕，本章节的案例采用了单季度报表的方式表现，年报再做合计。股票软件大多数采用是期间报表，请读者注意区别。

表 3.7　林茅酒业一季度现金流量表

| 林氏茅酒股份有限公司现金流量表（单位：万元） ||
|---|---|
| 报表日期 | 2018 年 3 月 31 日 |
| **经营活动产生的现金流量** | |
| 购买商品、接受劳务支付的现金 | 100 |
| 支付给职工以及为职工支付的现金 | 300 |
| 经营活动现金流出小计 | 400 |
| 经营活动产生的现金流量净额 | −400 |
| **投资活动产生的现金流量** | |
| 购建固定资产、无形资产和其他长期资产所支付的现金 | 500 |
| 投资活动现金流出小计 | 500 |
| 投资活动产生的现金流量净额 | −500 |
| **筹资活动产生的现金流量** | |
| 股东入资吸收的现金 | |
| 现金及现金等价物净增加额 | −900 |
| 期初现金及现金等价物余额 | 1000 |
| 期末现金及现金等价物余额 | 100 |

一季度没有任何现金流入，所以未列现金流入的项目。100 万元原材料属于购买商品、接受劳务支付的现金。在建工程产生的现金流入计入投资产生的现金流出。工程完成后，这部分支出则转为固定资产。厂房、设备和土地的现金支出，计入"购建固定资产、无形资产和其他长期资产所支付的现金"项。共计 400 万元，全部属于投资活动的现金流出。由于目前没有投资回报，所以全部为流出。但流出并不意味着消失，而是转化成为资产。

这里要说一下有些财报分析者的误区，有些人特别关注上市公司的现金流，认为现金越多的企业越有钱。这个看法表面上看有道理，但深入思考却有问题。毋庸置疑，企业现金充足抵御风险的能力强，但企业不是为了防范风险建立的，而是为了经营获利。除了微薄的利息，现金不会产生利润，只有资产才能产生利润。就如林总的企业，如果不把现金变成资产，放10年也不会有多少收入。

现在林投资的现金一多半都变成了资产，利润表也就闪亮登场了，只是这个表格还是一片空白。

表3.8 林茅酒业一季度利润表

| 林氏茅酒股份有限公司利润表（单位：万元） ||
| --- | --- |
| 报表日期 | 2018年3月31日 |
| **营业总收入** | |
| | |
| **营业总成本** | 300 |
| 营业成本 | 300 |
| 销售费用 | |
| 管理费用 | |
| 财务费用 | |
| **营业利润** | −300 |
| | |
| 利润总额 | −300 |
| | |
| 净利润 | −300 |

一季度过去，林茅酒业的股本金只剩了100万元现金，500万元转为资产，而400万元员工工资和原材料则转化为存货。工资在利润表中比较复杂，生产工人的工资计入营业成本，业务员的工资计入销售成本，管理层的工资则计入管理费用，研发部门的工资计入研发费用。

这种计算方式太过复杂，目前仍存在一些争议。本着简明易懂的原则，现将全部人工支出计入存货。

一季度，林茅酒业只有支出没有收入，但并没有出现亏损，这是因为必须要产生销售才能产生亏损或利润。但尽管如此，仍会把不懂企业经营的吓一跳，按照这种现金流出速度，两个月企业破产，投资打水漂啊。林茅酒业账上只有100万元现金，刚够发工资而已，如果经营无变化，5月份会因发不出工资而倒闭。

企业若想经营下去，必须马上开展经营活动，有现金流入，才能挽救林茅酒业。

这是一个错误的直觉，企业经营需要一个周期，不是说生产出来马上就能卖出去变现。一个月内无论如何都不可能收回充足的资金，维持企业正常运行。林总得用另一种现代企业经营的方法来解决这个问题。

## 3.4 债务经营

现代企业经营都无法避免融资，如果完全用股东的钱开酒厂，1000万元的本金开个酿酒作坊绰绰有余，但根本支撑不起来林茅酒业。银行、证券市场、股权投资，都是为了解决实体企业发展的资金问题存在的，有了金融机构的资金支持，企业主不用和过去一样，攒几十年积蓄才能扩大规模。

林总深蕴此道，开创企业之初就已经做好准备，第二季度起，在建工程都已形成固定资产，他以所有固定资产为抵押，向银行贷款500万元，林茅酒业有了债务。同时，第二季度开始生产，100万元的原材料变成醇香的白酒，摆上了超市货架。这些白酒出厂价为300万元，库房又购入了300万元酿酒的原材料。

于是，二季度的财务报表出现了许多变化。

### 表 3.9　林茅酒业二季度资产负债表

| 林氏茅酒股份有限公司资产负债表（单位：万元） | | |
|---|---|---|
| 报表日期 | 2018 年 3 月 31 日 | 2018 年 6 月 30 日 |
| **资产总额** | 1000 | 1600 |
| 货币资金 | 100 | 200 |
| 存货 | 400 | 600 |
| 固定资产 | 400 | 500 |
| 应收账款 | | 300 |
| 在建工程 | 100 | 0 |
| **负债总额** | | 700 |
| 短期负债 | | 500 |
| 应付账款 | | 200 |
| **股东权益** | 1000 | 900 |

由于增加了 500 万元贷款，原有 1000 万元的资产增加了 500 万元。同时存货转成商品且全部销售，400 万的存货变成了 300 万元的营业收入，等于产生了 100 万的亏损。不考虑折旧，资产增加 500 万贷款，减少了 100 万亏损。营业收入是以销售合同为准，而不是现金。林茅酒业销售的第一批货是先货后款，销售商先提货，卖完之后结账，营业收入转为应收账款，货币资金并未增加。

林总又进了 300 万元的原材料，由于企业信誉度增加，采购原材料并未付全款，只支付了 100 万元现金，欠了供货商 200 万元的货款，资产负债表中增加了属于短期负债的 200 万元应付账款。

资产总额为：

200 万元（货币现金）+600 万元（存货）+500 万元（固定资产）+300 万元（应收账款）=1600 万元总资产

林茅酒业亏损了，但为何资产总额却在高速增长？这是由于债务可以转化为资产，资产虽然在增长，但股东的真实权益在缩水。

其中债务为：

500万元（贷款）+200万元（应付账款）=700万元（负债总额）

股东权益也就是净资产为：

1600万元（总资产）-700万元（负债总额）=900万元

第二季度结束，林茅酒业表面经营得红红火火，但到头来亏损了100万元，下季度要偿还原料商的应付账款，贷款缓解的资金压力，再次收紧。

表3.10 林茅酒业二季度现金流量表

| 林氏茅酒股份有限公司现金流量表（单位：万元） |||
|---|---|---|
| 报表日期 | 2018年3月31日 | 2018年6月30日 |
| **经营活动产生的现金流量** | | |
| 购买商品、接受劳务支付的现金 | 100 | 100 |
| 支付给职工以及为职工支付的现金 | 300 | 300 |
| 经营活动现金流出小计 | 400 | 400 |
| 经营活动产生的现金流量净额 | -400 | -400 |
| **投资活动产生的现金流量** | | |
| 购建固定资产、无形资产和其他长期资产所支付的现金 | 500 | |
| 投资活动现金流出小计 | 500 | |
| 投资活动产生的现金流量净额 | -500 | |
| **筹资活动产生的现金流量** | | |
| 股东入资吸收的现金 | | |
| 取得借款收到的现金 | | 500 |
| 现金及现金等价物净增加额 | -900 | 100 |
| 期初现金及现金等价物余额 | 1000 | 100 |
| 期末现金及现金等价物余额 | 100 | 200 |

林茅酒业目前的经营状况比较简单，假设为资产负债表中的货币资金等于期末现金及现金等价物余额，企业做大之后，这两项数据可能不再相等，本案例不展开叙述。

二季度现金流量表除了贷款外，仍无现金流入，而工资支出不可避免，支付了 300 万元现金。采购材料虽然不是全款，但仍有 100 万元的支出，致使期末现金只有 200 万元。第三季度至少需要支付 300 万元的工资与 200 万元原材料的欠款，200 万元的现金余额根本无法应付，企业仍处于破产边缘。

利润表与现金流量表不同，虽然亏损，但似乎已经出现曙光。

**表 3.11　林茅酒业二季度利润表**

| 林氏茅酒股份有限公司利润表（单位：万元） | |
| --- | --- |
| 报表日期 | 2018 年 3 月 31 日　　　　2018 年 6 月 30 日 |
| **营业总收入** | 300 |
| 营业收入 | 300 |
| **营业总成本** | 400 |
| 营业成本 | 400 |
| 销售费用 | |
| 管理费用 | |
| 财务费用 | |
| **营业利润** | −100 |
| | |
| 利润总额 | −100 |
| | |
| 净利润 | −100 |

与一季度不同，林茅酒业有了 300 万元的营业收入，只是营业成本有点高，这是因为前期投产需要调试设备、做员工培训，所以工资

支出高企，但无法生产足够所导致。营业成本对应的是铺货殆尽一季度的400万存货，两项相抵，有-100万元的亏损。

同时固定资产已经尽数抵押，无法再向银行贷款。如果三季度情况不能改变，那么企业将因资金链断裂而破产。

## 3.5 现金回流

心中有数的林总自然不会让企业因资金链断裂而破产，他对自己的酿酒技术非常有信心。不出所料，二季度林茅酒在市场全面铺开后，很短时间便打开销路，消费者赞不绝口。首批价值300万元的林茅酒售罄。

经销商信心大增，纷纷来林茅酒业要货。和二季度不同，现在不是企业完全垫资铺货，经销商至少要支付一半货款才能提货。

三季度共销售了价值900万元（出厂价）的林茅酒，收到450万元的货款。一季度300万元的货款也全部回笼。

而三季度的支出并不多，除了雷打不动300万元的工资款外，清偿上季度200万元的欠款，又赊购了500万元的原材料，但三季度财务报表出现了新的面貌。

表3.12 林茅酒业三季度资产负债表

| 林氏茅酒股份有限公司资产负债表（单位：万元） |||| 
|---|---|---|---|
| 报表日期 | 2018年3月31日 | 2018年6月30日 | 2018年9月30日 |
| **资产总额** | 1000 | 1600 | 2200 |
| 货币资金 | 100 | 200 | 450 |
| 存货 | 100 | 600 | 800 |
| 固定资产 | 400 | 500 | 500 |
| 应收账款 |  | 300 | 450 |
| 在建工程 | 100 | 0 |  |

续表

| 负债总额 |  | 700 | 1000 |
|---|---|---|---|
| 短期负债 |  | 500 | 500 |
| 应付账款 |  | 200 | 500 |
| 股东权益 | 1000 | 900 | 1200 |

资产负债表显示，三季度林茅酒业的资产总额增加了600万元，其中利润增加了300万元，应付账款增加了300万元。

资产总额为：

450万元（货币资金）+800万元（存货）+500万元（固定资产）+450万元（应收账款）=2200万元总资产

其中债务为：

500万元（贷款）+500万元（应付账款）=1000万元（负债总额）

股东权益：

2200万元（总资产）-1000万元（负债总额）=1200万元

三季度资产负债表形势一片大好，300万元的利润不但挽回了前期亏损，还给股东增加了200万的权益。货币资金增长到450万元，资金链断裂的危险不复存在。

### 表3.13 林茅酒业三季度现金流量表

| 林氏茅酒股份有限公司现金流量表（单位：万元） | | | |
|---|---|---|---|
| 报表日期 | 2018年3月31日 | 2018年6月30日 | 2018年9月30日 |
| **经营活动产生的现金流量** | | | |
| 销售商品、提供劳务收到的现金 | | | 750 |
| 购买商品、接受劳务支付的现金 | 200 | 200 | 200 |
| 支付给职工以及为职工支付的现金 | 300 | 300 | 300 |
| 经营活动现金流出小计 | 400 | 400 | 500 |
| 经营活动产生的现金流量净额 | −400 | −400 | 250 |
| **投资活动产生的现金流量** | | | |
| 购建固定资产、无形资产和其他长期资产所支付的现金 | 500 | | |
| 投资活动现金流出小计 | 500 | | |
| 投资活动产生的现金流量净额 | −500 | | |
| **筹资活动产生的现金流量** | | | |
| 股东入资吸收的现金 | | | |
| 取得借款收到的现金 | | 500 | |
| 现金及现金等价物净增加额 | −900 | 100 | 250 |
| 期初现金及现金等价物余额 | 1000 | 100 | 200 |
| 期末现金及现金等价物余额 | 100 | 200 | 450 |

林茅酒业三季度收到的现金全部是经营所得，本季度营业收入中450万元为现金，上季度的300万元应收账款收回转为现金收入，共计750万元。现金支出是300万元工资和偿还应付账款的200万元，合计500万元，本季度现金收入是250万元，林茅酒业的账户上终于有了450万元的现金。但现金不等于利润，红红火火的三季度到底有多少利润呢？

## 表 3.14　林茅酒业三季度利润表

| 林氏茅酒股份有限公司利润表（单位：万元） |  |  |  |
| --- | --- | --- | --- |
| 报表日期 | 2018年3月31日 | 2018年6月30日 | 2018年9月30日 |
| **营业总收入** |  | 300 | 900 |
| 营业收入 |  | 300 | 900 |
| **营业总成本** |  | 400 | 600 |
| 营业成本 |  | 400 | 600 |
| 销售费用 |  |  |  |
| 管理费用 |  |  |  |
| 财务费用 |  |  |  |
| **营业利润** |  | −100 | 300 |
| 营业外收入 |  |  |  |
| 利润总额 |  | −100 | 300 |
| 减：所得税费用 |  |  |  |
| 净利润 |  | −100 | 300 |

三季度销货900万元，也就是900万元的营收。这些酒是用二季度600万元存货生产的，三季度存货是材料成本是300万元，再加人工成本300万元。如果没有其他费用，营业利润则为300万元。利润总额还要包括营业外收入，如，投资收益、出售资产收益等等。目前林茅酒业专注于主营业务，并无营业外收益。净利润则是利润总额减去所得税之后的利润，为了方便学习，所得税年底一次性扣除，营业利润、利润总额相等，净利润在四季报和年报中产生差异。

因为是虚拟案例，一些细节并未计入，例如，林茅酒旺销，销售费用必然增加，为了方便计算，销售费用都计入了营业成本，并且没有增加。但真实的财务报表如果出现了销量大增，销售费用与工资没有明显增加则极为反常，必须警惕。

林茅酒业凭借超群的品质快速打开了市场，化风险于无形。但林总并不就此满足，林茅酒业的首批经商中，有一家名为酒通天下的商贸公司非常突出，几乎消化了林茅酒业一半的产能。而且这家公司在省外也有销售渠道，摩拳擦掌等待林总扩大产能，计划让林茅酒走向全国。

但林总却另有打算……

## 3.6 扩大经营

林总非常重视这家销售公司的渠道和能力，他不满足双方仅仅是上下游关系，向对方提出双方深度合作，携手共同开发市场的计划。

双方达成这样一份协议：

> 1. 酒通天下资产价值为500万元，但由于经营多年，创造利润能力突出，溢价估值为1000万元。
> 2. 林茅酒业仍按1000万元估值。
> 3. 林总出让林茅酒业10%股份，与酒通天下董事长巴总置换10%股份。
> 4. 林茅酒业出资100万元收购酒通天下10%股份。

按照协议，林茅酒业溢价100%收购了酒通天下10%的股份，同时，林总和巴总进行了交叉持股，林总持有林茅酒业股份变成了40%。股权变更并不在财务报表中显示，但会在公司年报中说明。

第四季度恰逢年底，白酒销售相当火爆。林茅酒业800万元的存货，变成了1500万元的白酒，仍旧是付款50%提货。由于旺销，经销商不敢拖欠货款，三季度450万元货款全部到账。为应对春节假期，不少经销商提前支付定金预订了2019年一季度的白酒。销售科要求支付20%的定金，四季度一共收到400万元的预付货款。为了配合销售，林茅酒业大手笔拿出了200万元做广告、准备礼品，用以激励销售商。与此同时，为了满足春节需求，林茅酒业直接采购了800万元的原材料，同时，结清了上季度欠的 500 万元账款，但本季度采购只支付了 200 万元。

经过一系列折腾，林茅酒业的三大表扩充不少。由于需要将全年利润进行合并才能算出所得税，所以首先制作利润表。

表 3.15 林茅酒业四季度利润表

| 林氏茅酒股份有限公司利润表（单位：万元） | | | | | |
|---|---|---|---|---|---|
| 报表日期 | 2018年3月31日 | 2018年6月30日 | 2018年9月30日 | 2018年12月31日 | 2018全年 |
| **营业总收入** | | 300 | 900 | 1500 | 2700 |
| 营业收入 | | 300 | 900 | 1500 | 2700 |
| **营业总成本** | | 400 | 600 | 1000 | 2000 |
| 营业成本 | | 400 | 600 | 800 | 1800 |
| 销售费用 | | | | 200 | 200 |
| 管理费用 | | | | | |
| 财务费用 | | | | | |
| **营业利润** | | −100 | 300 | 500 | 700 |
| 营业外收入 | | | | | |
| 利润总额 | | −100 | 300 | 500 | 700 |
| 所得税费用 | | | | 100 | 100 |
| 净利润 | | −100 | 300 | 400 | 600 |

上市公司一般不披露四季报，而是直接披露年报，本章案例采用的是单季报，所以仍旧四季度利润表列出来，第六列则是年报。

第四季度营业收入 1500 万元，全年合计是 2700 万元。第四季度营业成本包括 800 万的存货和 200 万元的销售费用，虽然有些钱要下季度才会花出去，但仍可计入本年度成本，营业总成本是 1000 万元，全年合计 2000 万元。第四季度的营业利润很好计算，1500 万元 −800 万

元 −200 万元 =500 万元，全年营业利润和利润总额为 700 万元。酒企所得税计算比较复杂，假设缴纳 100 万元的所得税，全年净利润为 600 万元。

所得税是按月或者按季预缴，因为林茅酒业上半年亏损，第三季度盈利覆盖了亏损，应该缴纳所得税，但会使数字比较琐碎，所以全年合并计算。当年所得税一般在次年 5 月前清缴，年底时，所得税仍属于负债，计入资产负债表中的负债项。

在前三季度中，林茅酒业除了主营业务没有其他经济活动，现金流量表比较简单清晰，但第四季度有了主营业务之外的经济活动，所以现金流量表也变得更加复杂了一些。

表 3.16　林茅酒业四季度现金流量表

| 林氏茅酒股份有限公司现金流量表（单位：万元） |||||
|---|---|---|---|---|---|
| 报表日期 | 2018 年 3 月 31 日 | 2018 年 6 月 30 日 | 2018 年 9 月 30 日 | 2018 年 12 月 31 日 | 2018 全年 |
| 经营活动产生的现金流量 | | | | | |
| 销售商品、提供劳务收到的现金 | | | 750 | 1600 | 2350 |
| 购买商品、接受劳务支付的现金 | 100 | 100 | 200 | 900 | 1300 |
| 支付给职工以及为职工支付的现金 | 300 | 300 | 300 | 300 | 1200 |
| 经营活动现金流出小计 | 400 | 400 | 500 | 1200 | 2500 |
| 经营活动产生的现金流量净额 | −400 | −400 | 250 | 400 | −150 |
| 投资活动产生的现金流量 | | | | | |

续表

| 购建固定资产、购买无形资产和其他长期资产所支付的现金 | 500 | | | | 500 |
|---|---|---|---|---|---|
| 投资支付的现金 | | | | 100 | 100 |
| 投资活动现金流出小计 | 500 | | | 100 | 600 |
| 投资活动产生的现金流量净额 | −500 | | | −100 | −600 |
| **筹资活动产生的现金流量** | | | | | |
| 股东入资吸收的现金 | | | | | |
| 取得借款收到的现金 | | 500 | | | 500 |
| 现金及现金等价物净增加额 | −900 | 100 | 250 | 300 | −250 |
| 期初现金及现金等价物余额 | 1000 | 100 | 200 | 450 | 1000 |
| 期末现金及现金等价物余额 | 100 | 200 | 450 | 750 | 750 |

林茅酒业1月份启动时，有1000万元现金，到12月31日，账面有750万元现金。其中，经营活动全年产生了150万元的现金流出净额，固定资产和股权收购产生了600万元的现金流出净额，贷款产生了500万元的现金流入净额。计算过程是：

1000万元（期初现金）−150万元（经营活动流出净额）−600万元（资产投资）+500万元（贷款）=750万元（期末现金余额）

目前，林茅酒业的现金流可谓充裕，但实际并不宽裕，100万元的所得税过年就需清缴，银行贷款还有500万元，欠上游供应商600万元货款。假如，白酒销售不畅，销售商停止提货，无法缴纳欠的货款，林茅酒业仍然面临破产威胁。但现实不会如此残酷，毕竟林茅酒的品牌已经得到了市场认可，除非出现丑闻，否则销量不会断崖式下跌。

可有时候意外确实会发生，例如，疫情期间，有些行业的外贸停了，外贸企业的贷款、税款、货款都要支付，可销售收入突然消失，尽管资产大于负债，现金不充足的企业仍旧可能破产。所以疫情期间国家出台政策，企业的贷款可以延期，中小企业可以获得新的贷款，目的就是为了补充企业的流动资金。

现金是把双刃剑，过多的现金代表企业扩张空间小，无法将货币转化成可以赚钱的资产。有些企业甚至因为现金实在太多，只能去买理财产品。现金可以减少风险，但也会降低企业资产的盈利能力。过少的现金则需要多角度观察，有些企业是产能过剩，只能靠赊销铺货，利润压得菲薄，现金回笼慢。而产品畅销、毛利率很高的企业现金流紧张，有可能是用现金投资扩张，也有可能是加速资产周转率。选股自然是最后一种企业最佳，前提是排除财务报表做假。

有了利润表，应缴所得税就计算了出来，现金流量也可以给出货币资金，接下来看最重要的资产负债表。资产负债表不需要合并四个季度报表，终值即是年度报表。

表3.17　林茅酒业四季度资产负债表

| 林氏茅酒股份有限公司资产负债表（单位：万元） ||||||
|---|---|---|---|---|
| 报表日期 | 2018年3月31日 | 2018年6月30日 | 2018年9月30日 | 2018年12月31日 |
| **资产总额** | 1000 | 1600 | 2200 | 3200 |
| 货币资金 | 100 | 200 | 450 | 750 |
| 存货 | 400 | 600 | 800 | 1100 |
| 固定资产 | 400 | 500 | 500 | 500 |
| 应收账款 |  | 300 | 450 | 750 |
| 在建工程 | 100 |  |  |  |

续表

| | | | | |
|---|---|---|---|---|
| 长期股权投资 | | | | 100 |
| 商誉 | | | | 50 |
| 负债总额 | | 700 | 1000 | 1600 |
| 短期负债 | | 500 | 500 | 500 |
| 应付账款 | | 200 | 500 | 600 |
| 预收账款 | | | | 400 |
| 应缴税费 | | | | 100 |
| 股东权益 | 1000 | 900 | 1200 | 1600 |

本季度资产负债表中增加了好几项：收购酒通天下 10% 的股份，构成长期股权投资，但是因为本次收购是溢价收购，等于用 100 万元买了价值 50 万元的资产，50 万元高估的资产转成了商誉，算是对酒通天下价值的认可。资产负债表中 100 万元的长期股权投资计入资产总额，但商誉并没有产生实质资产注入，单独记录商誉只是标记长期股权投资中有多少溢价收购的金额。

和酒通天下的合作构成资产重组，不过林茅酒业尚未上市，否则还需要谈判、公告、股东大会等一系列动作。非上市企业的重组，一般董事会通过即可。

资产重组是中性的，尤其高商誉的重组是福是祸很难说。如果重组确实能够产生 1+1＞2 的效果，那么重组就是成功的。也有上市公司溢价收购关联的空壳公司，构成一种变相的造假，导致股东利益受损。林茅酒业和酒通天下的重组程度较轻，同时也是优势互补，对双方都有一定好处，一般低于 50% 股份的重组不会导致本质性的变化。

酒通天下股份转让的确权日期非常重要，如果是 12 月 31 日之前，股权带来的收入要计入现金流量表"投资收益所收到的现金"项中，属于利润表的"营业外收入"。如果在 12 月 31 日之后，则会对下一年度财务报表产生影响。

到目前为止，林茅酒业的固定资产、银行贷款都未发生变化。但现实中，固定资产存在折旧，银行贷款需要支付利息，两项都会引起资产负债表的变动。目前两项变动资金额比较小，会让数字变得杂乱，本案例暂时忽略，但读者需要知道所有经济活动都会对三张表产生不同程度的影响。

现金流量表显示，林茅酒业一年到头资金比期初减少了250万元。而利润表则显示，林茅酒业全年的净利润只有300万元，似乎不是很多。实际林茅酒业的发展速度已经超快，经过一年的经营，林茅酒业向前大大地迈出了一步。林茅酒业的资产总额已经达到了3200万元，资产规模扩大了近3倍，其组成如下：

资产总额为：

750万元（货币资金）+1100万元（存货）+500万元（固定资产）+750万元（应收账款）+100万元（长期股权投资）=3200万元

其中债务为：

500万元（贷款）+600万元（应付账款）+400万元（预收账款）+100万元（应缴税费）=1600万元（负债总额）

股东权益：

3200万元（总资产）-1600万元（负债总额）=1600万元

林茅酒业的规模虽然增长了220%，但真实归属于股东的权益只有1600万元，也就是增长了60%，总资产中有一半是债务，资产债务率达50%。但债务并不可怕，只要企业有足够的毛利率，债务高意味着创造财富的速度快，所以林园在他的六大财务指标中，首先提出来的就是"毛利率"。

真实的财务报表远比案例复杂，本案例只把主要框架梳理出来，帮助读者理解三大表的逻辑结构。限于篇幅，更多细项不再展开，部分细节会在后面的章节中出现。但是，案例中出现的主要项目，是大部分财务指标的基础，在下一个章节，将利用案例，讲解主要财务指标，分析上市公司。

## ◎ 第三节 财务报表的相关指标和名词

多数股民在分析股票时会看一些诸如市盈率、市净率的数据，这些数据并不是财务报表的组成部分，而是根据财务数据计算出，反应财务状况的指标。这些指标可以比较直接地了解上市公司的概况，但不足以触及核心。

假设林茅酒业是上市公司，股价是10元，第一、二季度没有利润，无法计算市盈率，显然是垃圾公司。虽然第三季度盈利300万元，与第一、二季度合计，盈利状况仍旧不佳。但是，如果对林茅酒业深入调研，结论将完全不同，这家企业亏损的背后隐藏着高速增长和丰厚的毛利润。

一般年报会在次年的二三月份公布，年报中林茅酒业全年净利润是600万元，市盈率缩到了10元÷0.6≈16.6倍，仿佛是一家不错的公司。但这仍是表面数据，年报的净利润是一个财年的成绩，林茅酒业的真实潜力远超表象。然而，一般散户很难洞悉企业的真实价值，多半会在林茅酒业潜力被揭示后，股价炒到几十、上百才急不可耐地追进去。

市盈率可以作为一种直接参考的指标，但仅靠市盈率是不够的。2020年，由于疫情来袭，相当比例的上市公司收益转负，市盈率随之消失。但绝不能因为利润转负就认为这些公司不好，疫情导致的亏损是暂时的，这些企业中，有些可能会一直负下去，直至退市。也有些企业可能会与林茅酒业一样，在第三、四季度业绩回升，把上半年的亏损全赚回来。而这样的企业如果因上半年亏损出现大跌，恰好是最佳买入时机。

所以，财务指标可以帮我们在短时间内筛选股票，但仅靠财务指标很容易出现误判。财务报表分析，必须进入内核，通过财务数据的转换掌握企业的真实经营情况，依据真实数据判断企业是在增长还是在衰退。长线投资的核心就是增长，没有其他。

## 3.7 年度报告与财务报表

新手很容易把年度报告和财务报表搞混，年度报告是上市公司的公示，包括企业经营的主要情况，其中，包括重要的财务数据。例如，林茅酒业的年度报告就要说明白企业经营情况；企业的战略规划是什么；上年度的股权收购的细节等等。财务报表只是其中一个章节，且没有没有详细说明，完全是表格与数据，具体细节一般在附注中呈现。

下面看一下贵州茅台2019年度报告的目录。

公司代码：600519　　　　　　公司简称：贵州茅台

贵州茅台酒股份有限公司2019年度报告

目　录

| 第一节 | 释义 ………………………………………… 4 |
| --- | --- |
| 第二节 | 公司简介和主要财务指标 ………………… 4 |
| 第三节 | 公司业务概要 ……………………………… 7 |
| 第四节 | 经营情况讨论与分析 ……………………… 7 |
| 第五节 | 重要事项 …………………………………… 19 |
| 第六节 | 普通股股份变动及股东情况 ……………… 34 |
| 第七节 | 优先股相关情况 …………………………… 38 |
| 第八节 | 董事、监事、高级管理人员和员工情况 … 39 |
| 第九节 | 公司治理 …………………………………… 46 |
| 第十节 | 公司债券相关情况 ………………………… 48 |
| 第十一节 | 财务报告 ………………………………… 49 |
| 第十二节 | 备查文件目录 …………………………… 122 |

可以看到全部报告洋洋洒洒100多页，财务报告中只有几页财务报表，更多内容是财报数据的附注。

财务报表是上市公司的动态分析，分析的目标首先是有没有造假，其次是公司的盈利与增长情况。年度报告属于静态分析，可以补充财务分析中数据变化的原因。而经营情况部分，则与行业分析相关，分析者可以先掌握上市公司所属的行业的基本情况，再去判断企业在行业中的地位、影响力、市场占比。

林园对分析者的建议是，先不要看年报，首先要把财务报表理解透，掌握企业财务变化的方向。发现问题后，再在年度报告的附注中看有没有解释。

## 3.8 货币与资产

这是一个人人似乎都懂、但又难以说清楚的概念。在通常的认知中，货币才是财富，企业当然是越有钱越好。但是在林茅酒业的案例中，货币似乎没什么用。年底时，企业账户上有750万元的现金，可欠银行和供货商的钱远超现金，现金似乎无法消弭风险。但最重要的，账上的现金并没有创造任何价值，林茅酒业的收益全部由固定资产、原材料、企业员工所贡献。

林园曾经说过，选企业，就是选资产，那些能够用资产创造利润的企业才是好企业。除了金融业，没有哪个行业能用货币创造利润。资产可分为流动资产、长期投资、固定资产、无形资产、递延资产等类别。一家企业能够创造利润的资产越多，就意味着经营能力越强。强调资产的重要性并不是为了否定货币现金，货币现金是维持企业资产流转的基础，同时，也是流动资产中最灵活的一部分，可以随时转化为其他资产创造利润。不过在公司分析时，资产质量的分析应优先于现金。

## 3.9 流动资产

在一年内会消耗或者变现的资产是流动资产，按照流动性排序可分为：货币、活期存款，交易性金融资产、应收票据、应收账款、预付款项、存货、其他应收款等。马上可以变现的都可以归类为现金类资产，需要做一些处理才能变现包括了债权类资产和存货。其中存货包括原材料、加工中的产品和未售产品，性质最为复杂。快销企业的存货变现周期很短，房地产企业的存货变现可能需要几年的时间。

在对流动资产做分析时，要注意年报中存货的附注，企业存货过多，有可能是销售乏力，存货有贬值的风险。

表 3.18 流动资产表示例（单位：元）

| 流动资产 | |
| --- | --- |
| 货币资金 | 13251817238 |
| 交易性金融资产 | 0 |
| 衍生金融资产 | 0 |
| 应收票据及应收账款 | 1463000645 |
| 应收票据 | 1463000645 |
| 应收账款 | 0 |
| 应收款项融资 | 0 |
| 预付款项 | 1549477339 |
| 其他应收款（合计） | 76540490.99 |
| 应收利息 | 0 |
| 应收股利 | 0 |
| 其他应收款 | 76540490.99 |
| 买入返售金融资产 | 0 |
| 存货 | 25284920806 |
| 划分为持有待售的资产 | 0 |
| 一年内到期的非流动资产 | 0 |
| 待摊费用 | 0 |
| 待处理流动资产损益 | 0 |
| 其他流动资产 | 20904926.15 |
| 流动资产合计 | 15902411002.24 |

## 3.10 非流动资产

一般认为非流动资产是房产、设备一类比较难以变现的资产。近年财务报表已经有所更改，一些变现周期较长的资产，也被称为非流动资产，比如，长期投资的金融资产、股权类投资，另外，无形资产现在也被归类为非流动性资产。这类资产是企业生产、盈利的根基，在公司分析中非常重要。

有一些老企业经营困难，由于老厂区位于市区，为了避免退市，会卖出一些房产使利润由负转正。这种资产在账面上挺值钱，但无法创造利润，对于需要经营获利的企业来说，谈不上是好资产。

表 3.19 非流动资产示例（单位：元）

| 非流动资产 | |
|---|---|
| 发放贷款及垫款 | 48750000 |
| 可供出售金融资产 | 0 |
| 持有至到期投资 | 0 |
| 长期应收款 | 0 |
| 长期股权投资 | 0 |
| 投资性房地产 | 0 |
| 在建工程（合计） | 2518938272 |
| 在建工程 | 2518938272 |
| 工程物资 | 0 |
| 固定资产（合计） | 15144182726 |
| 固定资产净额 | 15144182726 |
| 固定资产清理 | 0 |
| 生产性生物资产 | 0 |
| 公益性生物资产 | 0 |

续表

| | |
|---|---|
| 油气资产 | 0 |
| 使用权资产 | 0 |
| 无形资产 | 4728027346 |
| 开发支出 | 0 |
| 商誉 | 0 |
| 长期待摊费用 | 158284338.2 |
| 递延所得税资产 | 1099946948 |
| 其他非流动资产 | 0 |
| 非流动资产合计 | 24017900033 |

## 3.11 负债

企业的资产分别归属于债权人和股东，持有股票的都是股东，股权不需要还本付息，所以不是负债。归属于债权人的资产都是负债，企业需要承担还本付息的责任。

负债也分为流动负债和非流动负债两种，流动负债一般指短期债务，包括：短期借款、应付票据、应付账款、预收账款、应付工资、应付福利费、应付股利、应付利息、应缴税金、其他暂收应付款项、预提费用和一年内到期的短期借款等。非流动负债主要是指一年以上的债务，主要包括：长期借款、应付债券和长期应付款等。

林茅酒业的负债成分中，贷款如果是一年以上，可归为非流动负债，其他全部都是流动负债。其中，欠供应商的应付账款以季度结算，而预收账款也要在下一季度以实物商品的方式偿还。仔细观察林茅酒业的案例，会发现资产和负债保持着微妙的平衡，善于经营的企业，在保持平衡的同时，让负债充分发挥作用，创造出超过利息的收益。

表 3.20 负债表示例（单位：元）

| 流动负债 ||
|---|---|
| 短期借款 | 0 |
| 交易性金融负债 | 0 |
| 应付票据及应付账款 | 1513676611 |
| 应付票据 | 0 |
| 应付账款 | 1513676611 |
| 预收款项 | 13740329699 |
| 应付手续费及佣金 | 0 |
| 应付职工薪酬 | 2445071027 |
| 应缴税费 | 8755949267 |
| 其他应付款（合计） | 3589516599 |
| 应付利息 | 11081.87 |
| 应付股利 | 446880000 |
| 其他应付款 | 3142625517 |
| 其他流动负债 | 0 |
| 流动负债合计 | 41093299213 |
| 非流动负债 ||
| 长期借款 | 0 |
| 应付债券 | 0 |
| 租赁负债 | 0 |
| 长期应付职工薪酬 | 0 |
| 长期应付款（合计） | 0 |
| 长期应付款 | 0 |
| 专项应付款 | 0 |
| 预计非流动负债 | 0 |
| 递延所得税负债 | 72692601.01 |
| 长期递延收益 | 0 |
| 其他非流动负债 | 0 |
| 非流动负债合计 | 72692601.01 |
| 负债合计 | 41165991814 |

## 3.12 股东权益

除了负债之外，上市公司的所有权益都归属于股东。其中，包括股本、资本公积、盈余公积和未分配利润。股东权益也可称为净资产，是简单衡量公司价值的指标。

虽然简单，但其构成仍然有分析价值，有些企业把折旧率调低，几年之后设备的折旧已经比较严重，但账面上显示不出来，利润也就相应变高。有些企业成立时买了很多地产，但只要不卖，增值部分就不会计入资本公积，账面没变化，但真实的股东权益增加了很多。2018年，不少企业卖房救市，几套房子的增值部分超过了几年的利润。

表 3.21 股东权益示例（单位：元）

| 所有者权益 | |
|---|---|
| 实收资本（或股本） | 1256197800 |
| 资本公积 | 1374964416 |
| 减：库存股 | 0 |
| 其他综合收益 | −7198721.79 |
| 专项储备 | 0 |
| 盈余公积 | 16595699037 |
| 一般风险准备 | 898349936.8 |
| 未分配利润 | 1.15892E+11 |
| 归属于母公司股东权益合计 | 1.3601E+11 |
| 少数股东权益 | 5866030354 |
| 所有者权益（或股东权益）合计 | 1.41876E+11 |

## 3.13 毛利率

毛利率以毛利润作为基础：

**财报掘金**
林园选股的核心财务指标

毛利润＝营业收入－营业成本

营业成本，中不包括销售费用、管理费用、财务费用和研发费用，毛利润涉及的成本仅包括原材料成本、人工成本、生产成本和经营成本。简单理解，是营业收入和生产成本之差，或是零售价格和批发价加人工成本之差。要注意，非营业成本，比如，理财的收入，不计入营业收入，这里的营业收入和营业成本只和主营业务有关。

在林茅酒业的年报中，营业收入是 2700 万元，营业成本是 1800 万元，毛利润是 900 万元。按照林茅酒业的利润表计算：

900 万元（毛利润）÷2700 万元（营业收入）×100%＝33%

如果只计算林茅酒业第四季度的毛利率，则是：

【1500 万元（营业收入）－800 万元（营业成本）】÷1500 万元（营业收入）×100%≈47%

一般企业 47% 的毛利率非常高，不过，现实中的贵州茅台、五粮液、泸州老窖等知名白酒企业的毛利率都比林茅酒业更高，在白酒行业中，林茅酒业算不上多么突出。

毛利率能衡量一家企业制造财富的能力，毛利率越高，企业的获利空间就越大。虽然还有其他几大成本挤压企业的利润，但毛利率更高的企业，辗转腾移的空间也会更大。林园在很多次采访时回答记者："毛利率很重要，毛利率低于 20% 的企业我看也不会看。"

如果林茅酒业的利润空间低于 20%，恐怕连第三季度都挺不过去。

## 3.14 利润总额

利润总额由营业利润和营业外净收支（营业外支出抵减利润）两部分构成，营业利润是在毛利润的基础上扣除销售费用、管理费用、财务费用、研发费用等主营相关费用，计算所得税时，以利润总额为准。

林园认为利润总额很重要，因为利润总额代表了企业真正的赚钱能力。有些企业主营业务盈利有限，但其子公司盈利能力很强，若子公司没有并表，带来的利润不会计入营业利润，但会计入利润总额。对于以投资为导向的企业，利润总额才是凸显其真正实力的指标。

## 3.15 净利率

净利率和净利润相关联，净利润是利润总额扣除所得税后的余额，代表企业真正的收入，说通俗点就是能装进股东口袋的钱。林茅酒业的净利润是 300 万元，总营业收入额为 2700 万元，净利率就是：

$$600 \text{万元} \div 2700 \text{万元} \times 100\% \approx 22\%$$

林园数次声明，他并非巴菲特所谓的纯粹的价值投资者，但他非常认可巴菲特对好公司的评价：毛利率不能小于40%，净利率不能低于5%。巴菲特的评价标准主要针对成熟期的龙头企业，中国经济仍在高速发展期，这样的成熟型公司不多，更多企业处于成长期。因此，林园的标准比巴菲特略低，不过他看的不是净利率，而是净资产回报率。他认为，成长型企业净资产回报率至少应超过10%。林茅酒业的净资产回报率是：

$$300 \text{万元（净利润）} \div 1600 \text{万元（净资产）} \approx 19\%$$

这样的回报率高于林园的选股条件。

## 3.16 净资产周转率

所谓周转率，是指一年可以运转的次数，周转率必须加上分母，用以分析不同资产的创利能力。

净资产周转率就是评价资产创利能力的指标，公式是：

$$净资产周转率 = 销售收入 \div 【(期初净资产总额 + 期末净资产总额) \div 2】$$

林茅酒业的净资产周转率为：

$$2700万元 \div 【(1000万元 + 1600万元) \div 2】 \approx 2.08（次）$$

林茅酒业的净资产周转率非常惊人，白酒企业不太可能有这么高的净资产周转率，普遍在 0.6（次）左右，大多行业很少能达到如此高的周转率。

净资产收益率和负债有关，负债高、净资产低的行业净资产周转率偏高。而负债低、净资产高的行业资产周转率偏低。所以，净资产收益率要与总资产收益率同时比较，而且不能跨行业比较。白酒行业和房地产行业比较毫无意义，只能在行业内比较。

对应的总资产收益率，则是将股东权益和债务合并到一起计算，考量的是企业资产的获利能力。

另外，还有存货周转率、应收账款周转率、流动资金周转率等不同指标，分别反映企业一种特质。因篇幅限制，不再展开一一解读，有兴趣的读者可以参加我们的线上线下交流活动。

# 第四章

## 不败秘籍——林园的六大财报指标

微信扫码
观看本章导读视频

完整的财务报表涉及上百个财务数据，全部掌握当然是好事，但普通投资者学习这么多意义不是很大。初学者首先要掌握最基础的财务数据，随后要了解财务报表各项数据的内在联系，以及不同行业财务数据的差别。

从20世纪90年代就致力于研究财务报告的林园早已化繁为简，在他看来，只要盯紧六大指标就不会有大错。但这并非是仅靠六个指标打天下，其他数据也要看，但核心是这六个指标。林园之所以如此笃定，是因为他深刻理解财务报表之间的关联，凭借六大指标，参考其他数据，他很容易就能发觉一家上市企业的真实情况以及潜力。

第四章 不败秘籍——林园的六大财报指标

## ◎ 第一节 林园的六大财报指标简述

巴菲特非常重视投资收益率这种指标，他认为，一家公司能够依靠获利给股东带来持续的回报，才是值得投资的股票。林园和巴菲特不谋而合，他曾经对记者说，A股的制度不够完善，有许多企业表面盈利情况很好，但是很少会给股东分钱。这样的企业如果处于高速发展期还容易理解，但如果是一家扩张速度有限的成熟期企业，这样的表现就不够正常，漂亮的报表后面可能藏着不为人知的一面。因此，在A股中选择企业，要选择一些乐意给股东分红，并不靠股市融资来收钱的公司，这样的企业只要不被高估，至少比银行存款强许多。

### 4.1 利润总额——先看绝对数

利润总额是林园重仓股的首要指标，利润总额足够高的企业，才有足够的经营运转空间。而那些利润总额逼仄的企业，多半经营也是步履维艰。

林园说：

> 利润总额能直接反映企业的"赚钱能力"，它和企业的"每股收益"同样重要，我要求我买入的企业年利润总额至少都要赚1个亿。若一家上市公司1年只赚几百万元，那这种公司是不值得我去投资的，还不如一个个体户赚得多呢。比如，武钢、宝钢每年都能赚上百亿元，招商银行也能每年赚数十亿元，这样的企业和那些"干吆喝不赚钱"的企业不是一个级别的。它们才是真正的好公司。

上市公司披露财报比实际的会计周期有一定的滞后，很多短庄在获得内部消息时，可能会利用时间差大做文章。但企业的利润总额绝对值较大，业绩变化就会比较小，短庄很难做手脚。利润总额绝对值较大的企业确定性高，被钻空子的概率低，比较那些大起大落的庄股，这些股票涨跌不大。但长期看来却是涨幅最高的股票。

## 4.2 每股净资产——不要去关心

每股净资产是指每股内含的资产价值，简单理解就是每份股票值多少钱。理论上，股票价格和净资产越接近，买起来就越划算。如果破净（跌破净资产），就意味着股票打折了，买起来很划算。

但要注意，每股净资产是股票的现值，而不是未来值。林园说：

> 炒股炒的是未来，而不是现在。如果只考虑每股净资产，那还不如去存款，存款的净资产是100%的，绝不会吃亏。虽然说每股净资产高些更好，但要看这些资产能不能创造价值。对于上市公司而言，如果资产不能创造价值，就毫无意义，毕竟资产会折旧，不能创造价值的净资产必然越来越不值钱，这样的净资产是无效资产。

净资产也是比较容易被做手脚的指标，例如，折旧、商誉、无形资产等净资产中的组成，稍稍调整一下就会使财报变个样子。因此，过分重视净资产没有太大必要，分析者应该注意资产的组成，资产如果有猫腻，企业净资产再高也都是假的。

## 4.3 净资产收益率

净资产收益率是净资产是否有盈利能力的说明，每股盈利÷每股净资产就等于净资产收益率，净资产收益率能反映一家企业创造财富的能力。

# 第四章 不败秘籍——林园的六大财报指标

林园提醒说：

> 一些学财务的人会很重视净资产。但读报表要细心，我的看法是，没有创造实质价值的净资产实际上是无效的资产，是没有用的资产。比如一些机器设备、闲置土地，长期放着呢，还有这几年房子升值了，但是你看一些房子的资产项目是不能够给公司带来效益的，就是说它不能够为公司赚钱。我认为这些就是无效的净资产。要知道，不能够创造价值的资产就是无效资产。特别是A股上市公司，人工成本在急剧上升，从公司资产负债表上看，如果不能创造价值的话，就算有再多的净资产，每天要消耗，要发工资，总有一天要消耗掉。我们投资的时候要注意这个事。它是一环套一环的。
>
> 老实说，我根本不看净资产这个指标的。我看重的是它能盈利的资产，它是否是盈利的净资产，严格说就是净资产的收益率，净资产的收益率越高越好。

林园对净资产收益率极为重视，10%以下的看也不看，净资产收益率如果在10%以下，意味着企业创造财富的能力不足，很难给股东足额分红。微薄的盈利甚至会让企业在经济环境变坏的时候出现危机，这样的企业不仅是盈利能力不足，甚至还蕴含着很大风险。以稳为主的林园自然看也不看。

2006年夏天，林园在投资瑞贝卡之前做了大量工作，确定其净资产收益率等核心指标满足自己的确定性标准后，就放心地投入：

> 我和王洪去许昌实地调研了瑞贝卡公司。据瑞贝卡公司介绍，许昌市在过去100多年间已经形成了全国假发的集散地，也是世界假发的生产基地。其中，瑞贝卡公司是目前世界上最大的假发制品生产企业，其生产的假发制品供不应求，库存为零。

## 财报掘金
### 林园选股的核心财务指标

目前，他们的假发制品的主要消费对象是非裔美国女性。一套假发（真头发做的）使用周期只有半个月，可以说它是快速消费品。此外，非洲、欧洲市场也在高速增长。瑞贝卡公司的工人每天工作12小时也不能完全满足订单的需求。

从技术上讲，瑞贝卡公司已经完全掌握了目前最先进的假发生产技术，目前还没有发现较强的商业竞争对手。而且，瑞贝卡公司熟练工人的月工资也只有800元，这个价钱在欧洲也就只能吃上几碗面。便宜、低成本也是中国企业的竞争力，瑞贝卡公司的竞争力非常强，公司上上下下都觉得赚钱是比较容易轻松的，对未来5年企业实现复合增长20%有信心。

今年一季度，瑞贝卡产品销售量也几乎翻番，第二季度会更好。瑞贝卡公司过去三年的产品毛利率都非常稳定，该公司有较高的产品定价权，毛利率都在20%以上，净资产收益率也有近15%。基于这些关键性财务指标，我预计2006年、2007年、2008年，瑞贝卡公司的盈利能够有0.6元/股、0.78元/股、1元/股。该公司目前的销售主要是靠出口，在国内销售几乎是空白，该公司表示会加大化纤假发的开发和生产，以提高其盈利，国内市场、欧洲市场、非洲市场将成为该公司的利润增长点。

只要买入符合我的标准的行业龙头企业股票，在基本面没有发生变化的情况下坚决地持有它，作为股东随着这些龙头企业的同步发展，我们就会有好的收益。我的基本思路是，直到中国的消费水平提高了，工人工资水平也提高了，那时候可能才是我卖出这些股票的时机。

2003年林园开始加码买入贵州茅台时，贵州茅台的净资产收益率高达30%左右，这意味着贵州茅台每100元的资产一年能创造30元的财富，这样的企业就是股价贵点也无妨，三两年内，资产赚到的钱足以弥补股价高出来的部分。

买入净资产收益率高的股票后，作为股东，林园会毫不客气地争取自己的资产收益：

> 我买入股票"猫着"后，也不希望它老是不涨，我会主动要求我"猫着"的公司多分红，要知道，提这样的要求也是我们股东的合法权益。如果我的组合中有高派息公司，我就会建议"现金分红"，这样对一些低PE的股票非常有效，如G铸管、G铜都等；如果组合中有成长型的企业，我就会建议以送"红股"的方式分红，这样可以通过反复"除权""填权"来达到收益，如云南白药、五粮液、招商银行等。

## 4.4 产品毛利率

产品毛利率是指扣除制造成本后产生的利润和销售收入的比率，毛利率越高，证明企业产品能够产生的利润越高，还意味着企业具备一定的定价权。毛利率过低的企业，通常产品的附加值低，市场竞争饱和，还意味着企业的获利空间狭窄，风险大。

产品毛利率一方面可以显示一个行业所处的发展阶段，另一方面在行业内部进行比较，也可以很容易选出最具备竞争力的企业。

20世纪90年代中国需求大爆炸，彩电供不应求，为数不多的几个彩电企业都保持着很高的毛利率。林园通过彩电行业内部的毛利率比较，最终选定了四川长虹。这只股票给林园带来丰厚的收益，但随后，林园发现四川长虹的营业收入虽然没有变少，但毛利率逐渐下降。这是一种非常不好的信号，意味着彩电的竞争非常激烈，市场的需求在减少。

随着牛市落幕，林园清掉了毛利率不够理想的四川长虹，将目光转移到毛利率保持在70%以上的白酒行业，从中选择了毛利率超过

80%的五粮液和贵州茅台，最终定格在贵州茅台上。迄今为止，贵州茅台仍是A股中毛利率最高的股票之一，林园也一直没有卖出。

对于自己投资过的行业的毛利率变化，林园总是如数家珍：

> 在2006年前后，我们做过一次对比。彩电行业产品毛利率一直在逐年下降，持续了近10年；而白酒行业的产品毛利率却一直都比较稳定，例如，山西汾酒连续5年毛利率保持上升，从2001年的59.7%到2005年的72.1%。另外，其中端产品的平均价位在50元以上，毛利率超过70%，高端产品的毛利率超过80%。但由于高端产品在公司产品销售中所占比例仅为3%至4%，因此业绩并不是最好的。

## 4.5 应收账款

众所周知，企业的购销往来很少有现货现款，不管是产品还是劳务，款项总有提前或滞后结算的。所谓应收账款，一般就是指提前提供产品或者劳务、滞后结算的款项。略大些的企业都无法避免存在应收账款，这是其他企业的债权，但如果应收账款过多，则很容易出现问题。

例如一些外贸企业，理论上产品发货时，商品就已全部支付，应该得到货款。但实际上，按照外贸的规则，至少要到对方收到货才会全额付款，这就形成了一笔账期较长的应收账款。企业会按全额将其合并入财务报表，但实际上，企业要承担这笔款项的利息损失。如果因此带来资金链紧张，难以购买原材料，还会导致其他风险出现。

林园认为对应收账款应予以足够警惕，尤其是同行业中应收账款居高不下的企业，风险很大，必须注意回避。另外，因为这个收入项并不需要马上支付现金，财务造假者最喜欢在应收账款中动手脚。

## 4.6 预收账款

预收账款和应收账款正好相反，是指企业提前收到的预付款。一家企业的预付款项越高，证明这家企业的产品越是供不应求，购买者必须提前支付货款才能提到货。企业不仅可以获得足够利润，还可以获得预收账款的利息收入。更重要的，如果市场发生剧烈变化，风险将转移至下游采购商，企业自身的风险会降低。

林园认为预收账款越多越好，正是因为预收账款的变化，林园在五粮液和贵州茅台的双雄竞争中，毅然选择了预收账款比例更高的贵州茅台。事实证明，两家企业在提价大战中，茅台集团凭借供需缺口，彻底战胜了五粮液集团。

## ◎ 第二节　利润总额与利润表

利润总额是企业在一定时期内通过生产经营实现的最终财务成果。相比较，利润总额越大的上市公司出现突然变化的概率也越小，尤其是同一行业中规模相仿的企业，利润总额越大，企业经营得也就越好。利润总额由四部分构成：

> 营业利润（主营业务利润＋投资净收益）＋补贴收入＋营业外净收支

根据利润表的构成，上市公司分成三类，一种企业专注自己的主业，利润总额基本由主营利润构成，这类企业的利润变动大致可以推算，相对确定性更高一些。

另一种企业主营业务利润有限，有大笔对外投资，投资收益成为营业利润的主要部分。因为投资的不确定性比较强，所以这类企业的利润表经常大起大落，确定性较弱。

还有一种企业居于二者之间，主营业务比较稳定，投资收益虽然不占主导位置，但也对利润表有一定影响。这类企业分析起来有些难度，如果营业利润稳定且增长，可以视为较有确定性。涉及投资，则要深入查验企业的投资方式、投资项目，以分析风险与收益。

近年来，部分中国企业还涉及政府补贴收入，不少企业的营业利润为负值，但加上国家补贴就神奇地变正了，甚至看起来还很漂亮。林园对这类企业一向敬而远之，也不建议朋友过度参与政府大额补贴的企业。

下面用千红制药、雅戈尔和贵州茅台的部分财务报表剖析不同类型企业的报表特点，以及在分析过程中应该关注的要点。

表 4.1　千红制药（002550）利润表摘要（单位：亿元）

|  | 2019 年年报 | 2018 年年报 | 2017 年年报 |
| --- | --- | --- | --- |
| 一、营业总收入 | 16.75 | 13.22 | 10.65 |
| 营业收入 | 16.75 | 13.22 | 10.65 |
| 二、营业总成本 | 14.51 | 10.80 | 8.56 |
| 营业成本 | 8.73 | 6.75 | 5.14 |
| 税金及附加 | 0.19 | 0.17 | 0.17 |
| 销售费用 | 3.60 | 3.21 | 2.48 |
| 管理费用 | 1.22 | 1.13 | 1.63 |
| 研发费用 | 0.65 | 0.67 |  |
| 财务费用 | 0.12 | −1.21 | −0.89 |
| 三、其他经营收益 |  |  |  |
| 投资收益 | 1.05 | 0.50 |  |
| 四、营业利润 | 3.00 | 2.52 | 2.13 |
| 加：营业外收入 | 0.01 | 0.03 | 0.02 |
| 减：营业外支出 | 0.01 | 0.01 | 0.01 |
| 五、利润总额 | 3.01 | 2.54 | 2.14 |
| 减：所得税费用 | 0.44 | 0.43 | 0.39 |
| 六、净利润 | 2.57 | 2.11 | 1.75 |

表 4.1 是千红制药的利润摘要表，可以看到，在 2019 年年底，该企业的营业利润是 3 亿元，投资收益高达 1.05 亿元，投资收益占到营业利润的 30%，可以说占比相当高，主营业务利润上年度比较还在减少。企业如果投资收益不及预期，对利润总额的影响较大。

该企业对外投资主要是信托、理财类的投资，虽然表明企业的现金状况不错，但也能推测出企业并无扩张的意愿。考虑到利润总额构成不稳定，企业发展动力不足，该企业的股票风险虽然不大，但上涨预期偏弱，并不是一个理想的、具备成长性的企业。

千红制药主营业务为生物制药，2019年生物制药板块表现都不错。但由于年底该企业在安信信托投资的信托产品暴雷，对非主营业务的投资收入造成了巨大打击，结果让股价在生物制药大火的时候表现非常疲软。不过整体看来，企业理财带来的收益有限，主营业务占比较高，仍能保持较为稳定的收入。

在上市公司中，千红制药2018年的主营收入与营业外收入的比例处于偏高的位置，但其他年份占比不高。而雅戈尔则处于一个极端，营业外收入占比较高。

表4.2 雅戈尔（600177）利润表摘要（单位：亿元）

|  | 2019年年报 | 2018年年报 | 2017年年报 |
| --- | --- | --- | --- |
| 一、营业总收入 | 124.21 | 96.35 | 98.40 |
| 营业收入 | 124.21 | 96.35 | 98.40 |
| 二、营业总成本 | 109.78 | 89.04 | 123.49 |
| 营业成本 | 56.02 | 43.51 | 47.09 |
| 税金及附加 | 9.60 | 4.68 | 5.84 |
| 销售费用 | 23.99 | 22.00 | 20.21 |
| 管理费用 | 7.77 | 6.93 | 6.77 |
| 研发费用 | 0.85 | 0.46 |  |
| 财务费用 | 11.55 | 8.76 | 11.68 |
| 三、其他经营收益 |  |  |  |
| 投资收益 | 28.13 | 34.84 | 31.97 |
| 四、营业利润 | 45.32 | 42.94 | 6.98 |
| 加：营业外收入 | 1.46 | 1.06 | 1.22 |

续表

| 减：营业外支出 | 1.77 | 0.51 | 0.11 |
| --- | --- | --- | --- |
| 五、利润总额 | 45.01 | 43.49 | 8.09 |
| 减：所得税费用 | 5.49 | 6.70 | 5.15 |
| 六、净利润 | 39.52 | 36.78 | 2.94 |

在雅戈尔的利润表中可以发现，2017年雅戈尔的营业利润为6.98亿元，其中投资收益高达31.97亿元，而当年净利润为2.94亿元。如果没有投资收益，当年营业利润是相当不好看。2018年，雅戈尔高调宣称回归主业，至2019年年底，投资收益仍高达28.13亿元，为净利润39.52亿元的72%。

雅戈尔主要投资方向是房地产，在当时的宏观环境下较为稳妥，但仍可看到从2017年至2019年投资收益大幅波动。雅戈尔的财务数据整体不错，但缺乏确定性，因此机构并不青睐。除了2007年、2015年大牛市有不错的涨幅，其他时间都在一个区间内波动，没有白马股应有的特征。

以投资收益为主导的企业，投机性较强，投资赚到了，股票会大涨，但存在很大的不确定性。而投资收益不理想，股票的走势可能很疲软。雅戈尔投资算是较为成功的，但仍然使分析师们为难，雅戈尔到底算是房地产企业还是服装企业呢？

专注于主营业务的企业，分析起来简单清晰，不会让机构作难，最为典型的就是贵州茅台，如表4.3。

表 4.3　贵州茅台（600519）利润表摘要（单位：亿元）

|  | 2019年年报 | 2018年年报 | 2017年年报 |
| --- | --- | --- | --- |
| 一、营业总收入 | 888.54 | 771.99 | 610.63 |
| 营业收入 | 854.30 | 736.39 | 582.18 |
| 二、营业总成本 | 298.12 | 258.66 | 221.23 |
| 营业成本 | 74.30 | 65.23 | 59.40 |
| 税金及附加 | 127.33 | 112.89 | 84.04 |
| 销售费用 | 32.79 | 25.72 | 29.86 |
| 管理费用 | 61.68 | 53.26 | 47.21 |
| 研发费用 | 0.49 | 0.22 |  |
| 财务费用 | 0.07 | −0.04 | −0.56 |
| 三、其他经营收益 |  |  |  |
| 投资收益 |  |  |  |
| 四、营业利润 | 590.41 | 513.43 | 389.40 |
| 加：营业外收入 | 0.09 | 0.12 | 0.12 |
| 减：营业外支出 | 2.68 | 5.27 | 2.12 |
| 五、利润总额 | 587.83 | 508.28 | 387.40 |
| 减：所得税费用 | 148.13 | 129.98 | 97.34 |
| 六、净利润 | 439.70 | 378.30 | 290.06 |

贵州茅台几乎所有利润均来自营业利润，投资收益为零。营业外收支净额虽然为负值，但对比利润总额微不足道。营业外收支主要是企业正常经营之外的一些收支，跟主营业务无关，所以计入营业外收支，收支的内容一般可以在企业的年度报告中看到。规模较大的企业这项收支必不可免，但如果占比较高，就有必要一探究竟了。

了解利润总额后，还需要关注一下净利润：

*净利润 = 利润总额 - 企业所得税*

国家有税收减免政策的行业，利润总额和净利润相差较少，正常企业的所得税为25%，扣除所得税的净利润即可计算出每股收益率。

*净利润 ÷ 总股本 = 每股收益*
*股价 ÷ 每股收益 = 市盈率*

市盈率是市场上通用的指标，又称为PE，对PE只需大眼一扫，不去深入研究利润总额的构成，只看PE很容易误判。

林园说："茅台估值60倍以上，不奇怪。即便市场给予了70倍，只要能等一年半载，就又是60倍了。"企业的利润是变动的，好企业利润不断增长，PE高些很快也能降下来。一般的企业利润波动小，PE就是标准。还有一些企业利润上蹿下跳，尤其是投资收益占比较高的企业，发一笔横财后，PE会变得很低，结果第二年就被打回原形。投资者只是简单看PE，不小心买到这样的股票，后果堪忧。

2019年12月，广州浪奇发布公告，企业协议拆迁，将获得25.87亿的拆迁款。这笔款子是广州浪奇2018年利润的78倍。公告发出后，股价连续涨停。涨停结束时，广州浪奇的市值约为43亿。如果拆迁款尽数到位，并计入利润，那市盈率只有一倍多，是全A股市盈率最低的企业，没有之一。按照常规，广州浪奇股价翻个几倍也不奇怪。但实际上，该股创下短暂新高后，便跌跌不休，至2020年下半年，股价已被腰斩了两次。2021年5月，企业终于挂上了*ST的帽子，面临着退市的风险。

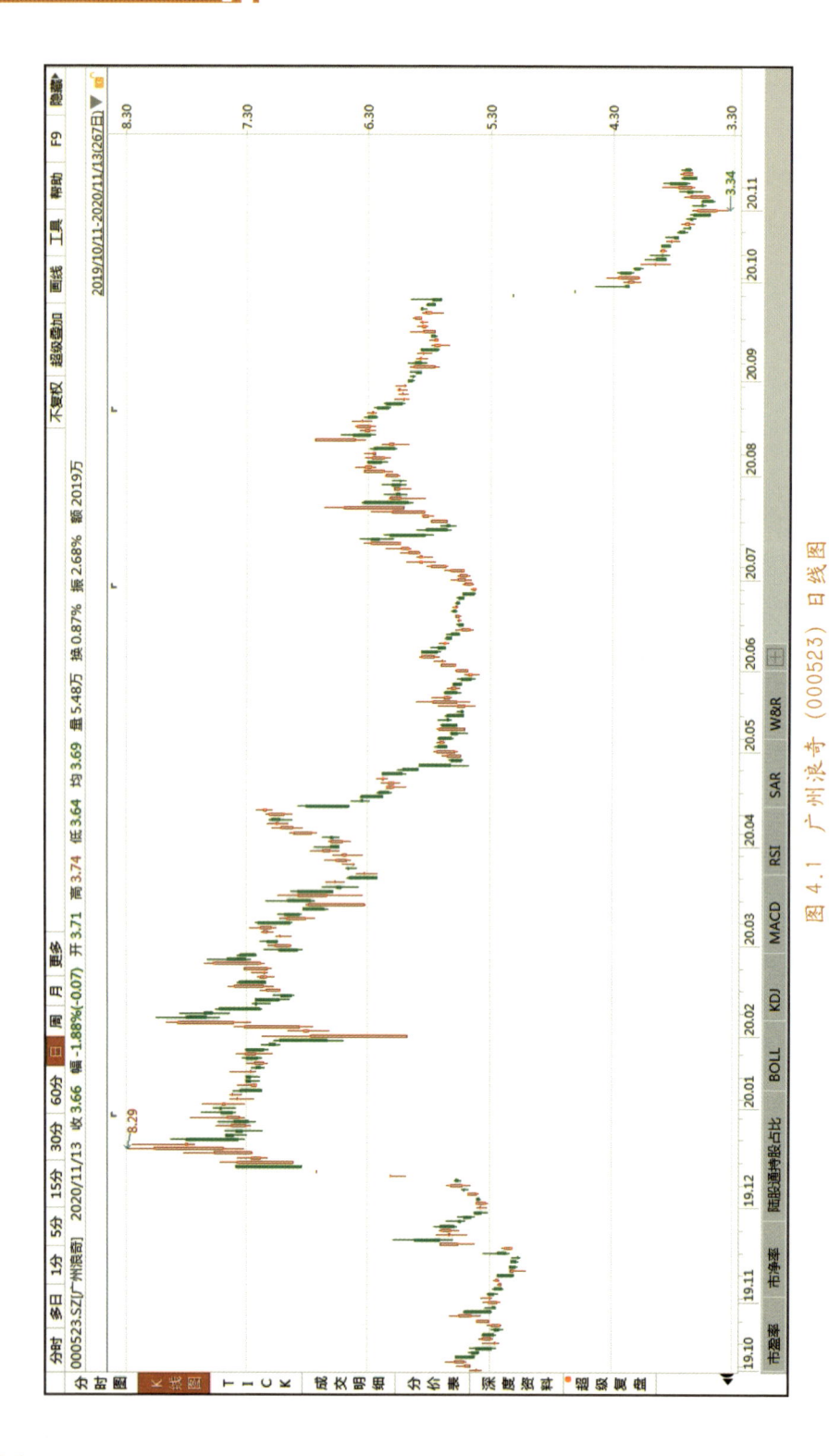

图 4.1 广州浪奇 (000523) 日线图

128

所以，表面的利润不一定是财富，也有可能是陷阱。虽然利润总额很重要，但林园对利润总额的构成更为重视。与其说重视利润总额，不如说林园最为重视利润质量，他选择的每一只股票，企业利润的构成都非常健康。

分析一家企业的利润质量，要考虑三个重要问题：生产什么；卖给谁；凭什么。不过这三个问题的分析，超出了财务报表范围。

**生产什么**

企业产品直接体现了竞争优势，竞争优势则是利润的来源。另外，企业的竞争优势是否可以保持，对企业利润的稳定性也非常重要。完整的财务报表中，还包含经营报告，里面会按照产品结构、区域结构报告企业收入情况。再结合企业的治理能力、技术、市场、服务等要素，汇总成综合竞争优势。

还需要关注企业的利润依赖主营业务还是投资业务，企业最重要的利润来源也意味着风险，如果相关业务受环境、竞争对手影响较大，企业的未来就会存在较大不确定性。

**卖给谁**

企业需要销售产品，产品的销售地区也会对企业产生影响。商品销售无非是国内与国外，但一些内销产品可能只在几个地区旺销。众所周知，国内不同省份消费力不同，竞争型企业占领的地域对其发展会起到决定性作用。

一家上市公司能够长足发展，必然有其原因，这些原因可能会构成企业的核心竞争力。例如，国企如果进入竞争环境，政府给予的优惠政策消失，经营可能会遭遇一些困难。

现在全球产业链很长，有些产品的产业链涉及上百家企业，采购与销售无法避免与上下游打交道。有些企业可能就依靠一家下游企业生产，例如，富士康最大的采购商为苹果，如果苹果出现风险，势必会波及富士康。

在年度报告和股票软件的F10中,有企业经营状况的简表,这张简表给出的地区、行业,也是重要的参考依据。先看一下表4.4千红制药的经营状况简表。

### 表4.4 千红制药(002550)主营构成分析
(单位:亿元 日期:2019年12月31日)

| 报告日期2019年年报 ||||
| --- | --- | --- | --- |
| 项目分类 | 营业收入 | 毛利率(%) | 收入构成(%) |
| 原料药系列 | 7.51 | 20.51 | 44.82 |
| 制剂药品系列 | 9.24 | 70.50 | 55.08 |
| 合计 | 16.75 | | 100 |
| 生物制药行业 | 16.73 | 48.07 | 99.90 |
| 其他 | 0.02 | −155.37 | 0.10 |
| 合计 | 16.75 | | 100 |
| 国内 | 10.15 | 60.58 | 86.15 |
| 国外 | 6.60 | 39.42 | 13.85 |
| 合计 | 16.75 | | 100 |

千红制药的主营业务是原料药和制剂药品,经营项目并不复杂,业务收入尚可,产品约有40%出口。2019年的国际贸易争端并未影响到该企业的出口业务,但2020年因疫情出口停止了增长,尤其2020年上半年业绩出现了明显下滑。但由于企业产品属于豁免关税的商品,制剂和疫情相关,于是全球贸易恢正常后,业绩很快回升到正常水平。

企业资料中显示,该企业为民营企业,并无国家特殊政策支持,主打产品"肝素"在市场中存在竞争品种,该企业行业地位重要,但没有市场定价权。据上述情况可以分析出,千红制药主营业务较为清晰，但核心竞争力不强，业绩快速增长的概率很低。

千红制药的主打产品肝素原材料为猪小肠，2019年，猪瘟事件致使该企业原材料上涨，企业对上游几无掌控力。下游出口已通过了欧盟COS认证，德国、澳大利亚、巴西、韩国GMP认证，美国FDA认证，可向全球出口，但受制于贸易停滞，出口出现了困难。该企业对上下游的控制力较弱，利润很容易受到环境变化影响，利润质量不高。

多数上市公司的经营状况简表和千红制药的简报类似，与贵州茅台比较反差较大。

### 表4.5 贵州茅台（600519）主营构成分析
（单位：亿元　日期：2019年12月31日）

| 报告日期2019年年报 | | | |
|---|---|---|---|
| | 营业收入 | 毛利率(%) | 收入构成(%) |
| 酒类 | 853.45 | 91.37 | 100.00 |
| 合计 | 853.45 | | 100.00 |
| 茅台酒 | 758.02 | 93.78 | 88.82 |
| 其他 | 95.42 | 72.20 | 11.18 |
| 合计 | 853.44 | | 100.00 |
| 国内 | 824.24 | 91.35 | 96.58 |
| 国外 | 29.20 | 91.83 | 3.42 |
| 合计 | 853.44 | | 100.00 |

对比贵州茅台的利润质量，二者出现了巨大差别。贵州茅台主业清晰，99%以上的业务都聚焦于白酒业务，88%以上为高端的茅台酒系列。茅台酒在国内市场的销售约96.48%，境外销售的比例很小，2019年国际贸易争端对贵州茅台几无影响。

## 财报掘金
### 林园选股的核心财务指标

茅台酒厂为贵州省的支柱企业，地方政府对其呵护有加，各方面政策都无障碍，不过财大气粗的茅台集团并不需要太多政府支持，仅凭顶级高端白酒的垄断权就足以保持超高的利润。

另外，茅台酒的产业链并不长，上游为酿酒原料，属于完全竞争行业，茅台酒厂绝不可能受到上游供给的困扰。其下游是经销商和消费者，且黏度很高，茅台集团在整个产业链中，处于绝对控制地位。

综上所述，贵州茅台的利润质量极高，利润总额加利润质量，是林园坚定持有贵州茅台的重要依据。

## ◎ 第三节　每股净资产和资产负债表

财务报告三大表中，资产负债表最为重要。既然是资产负债，那么这张表反映的就是资产状况，最终落于林园不太关注的"净资产"。但林园不止一次公开宣称，净资产不重要，既然不重要又怎能成为林园六大指标之一呢？

林园认为，净资产的表面数字不重要，重要的是资产质量。仅凭净资产数据判断企业的价值是盲目的，财务报表给出这么大一张资产负债表来反映净资产，那是因为需要反映资产的内在价值，只有准确分析企业资产价值，才是找到牛股的正确姿势。

净资产是指企业的资产总额减去负债以后的净额，均摊到每份股票上就是每股净资产，净资产由企业开办当初投入的资本和经营中创造的资本组成。

早期上市公司的总股本都不大，也就是净资产相对有限。经过十数年的发展，有些企业原地踏步，有些企业成长为巨无霸，这正是资产的力量。经营过程中，有些企业的资产可以源源不断地产生收益，利润不断变成资本再次投入，企业发展会越来越大。而有些企业的净资产产生的收益有限，无法积累更多的资本，就会裹足不前，发展迟缓。

资产负债表分成两大部分，从第一行资产总额起，下面是资产的构成；从负债总额起，下面的主要是负债；其余则是股东权益。

上海机场是林园长期持有过的一只股票，这家企业的资产负债表非常清晰简单。至 2019 年 12 月 31 日，上海机场的资产总额为 371.7122 亿元，流动资产为 124.6782 亿元，固定资产则为 197.689 亿元。固定资产占了大头，流动资产中货币资金为 103.5979 亿元，显示企业现金流非常充分。

资产负债表非常庞杂,为了看起来清晰一些,表4.6为节选的上海机场资产负债表,方便读者对资产负债表有个初步认识。

表4.6 上海机场(600009)资产负债简表(单位:亿元)

|  | 2019年年报 | 2018年年报 | 2017年年报 |
| --- | --- | --- | --- |
| 流动资产: | | | |
| 货币资金 | 103.60 | 87.66 | 87.64 |
| 应收票据及应收账款 | 16.62 | 13.14 | 11.89 |
| 预付款项 | 0.01 | 0.19 | 0.34 |
| 存货 | 0.14 | 0.20 | 0.19 |
| 其他流动资产 | 3.58 | 4.63 | 0.00 |
| **流动资产合计** | **124.68** | **106.37** | **100.80** |
| 非流动资产: | | | |
| 长期股权投资 | 39.30 | 32.45 | 27.37 |
| 固定资产 | 197.69 | 85.12 | 90.59 |
| 在建工程 | 4.65 | 81.56 | 53.10 |
| 无形资产 | 4.99 | 3.48 | 3.47 |
| **非流动资产合计** | **247.03** | **202.92** | **174.68** |
| **资产总计** | **371.71** | **309.29** | **275.47** |
| 流动负债: | | | |
| 短期借款 | | | |
| 应付票据及应付账款 | 5.75 | 4.54 | 2.87 |
| 预收款项 | 0.14 | 0.03 | 0.03 |
| 应付职工薪酬 | 4.37 | 5.05 | 4.99 |
| 应交税费 | 6.89 | 7.10 | 6.58 |
| 其他应付款合计 | 30.01 | 6.15 | 6.11 |
| 其他应付款 | 30.06 | 6.55 | 5.85 |
| **流动负债合计** | **47.15** | **22.87** | **20.58** |

续表

| 非流动负债： | | | |
|---|---|---|---|
| 长期借款 | | | |
| 应付债券 | | | |
| 非流动负债合计 | 0.07 | 0.08 | 0.09 |
| 负债合计 | 47.22 | 22.94 | 20.67 |
| 所有者权益（或股东权益）： | | | |
| 实收资本（或股本） | 19.27 | 19.27 | 19.27 |
| 资本公积 | 25.75 | 25.75 | 25.75 |
| 盈余公积 | 13.10 | 13.10 | 13.10 |
| 未分配利润 | 261.92 | 224.34 | 193.20 |
| 归属于母公司股东权益合计 | 320.04 | 282.46 | 251.32 |
| 少数股东权益 | 4.45 | 3.89 | 3.49 |
| 股东权益合计 | 324.50 | 286.35 | 254.81 |
| 负债和股东权益合计 | 371.71 | 309.29 | 275.47 |

在表4.6中，债务和股东权益组成了上海机场所有资产，但对企业而言，二者意义不同。债务是必须要偿还的投资，如果资产盈利能力低于债务应付的利息，那就意味着企业存在风险。而股东权益则不需要偿还，在企业经营困难的时候，股东只能共同进退承担风险。

如果企业经营良好，收益率较高，除去应偿的债务利息，多余的盈利都归属于股东权益。债务的本质是杠杆，可以放大股东的权益。

资产负债表中还有很多细项，上表中只列出了货币资金、应收账款与票据、存货、固定资产与无形资产等重要大项，并未把所有细节列出来，读者可自行查找资产负债表全表学习。资产是企业生产经营的必要条件，企业利润从资产中产生。

能够给上海机场带来收入的流动资产包括：预付账款、存货、应收利息、应收股利、交易性金融资产等。其中，应收账款、应收票据是已经成为收入的资产。在非流动资产中，能给上海机场带来利润的包括：长期股权投资、固定资产、在建工程、无形资产等。另外，发放的贷款和垫款、可出售金融资产、投资性房地产等非流动资产也能创造利润，但上海机场没有投资于这些资产。

一些负债也能给企业带来收入，例如，应付票据和应付账款、短期和长期贷款、债券、租赁负债、预付账款（合同负债）等。

2019年，上海机场的资产总额为345.6亿元，负债总额为47.2亿元，企业负债率只有13.68%，可见上海机场的利润来源主要还是靠自有资产。上海机场资产中最大的组成是固定资产，高达190.3亿元，由此可推导出上海机场依靠固定资产盈利。

上海机场的金融资产很少，但许多上市公司会通过投资盈利，所谓投资是指企业的债权、股权类投入。投资资产比较复杂，一般债权类的投资风险较小，但也不会给企业带来多少收益，股权类的投资更常见于对子公司的投资。

上市公司进行资产投资失败的案例并不罕见。2004年1月，TCL并购法国汤姆逊公司组建TTE公司，共同开发、生产及销售彩电及其相关产品和服务。

TCL2003年年度报告显示，公司主营业务销售比上年增长了28%，净利润比上年增长34%。其中家电一项的销售收入就增长了131%，海外家电销售收入20.4亿元，比上年增长了94%。但并购了汤姆逊公司之后，TCL集团宣布其2004年的净利润减少了一半，并告之2005年的情况也不太可能转变。

TCL与汤姆逊的合资公司全面亏损，造成了TCL集团的整体亏损，TCL的股票价格随之下跌。

上市公司资产集中在主营业务上，业绩相对比较好预测。但如果投资资产比例较大，则不确定性增大。在利润总额的分析中我们就已经得出这个结论，但利润总额是结果，资产负债表的变化则是过程。预测一家投资型企业的前景，还需要从资产负债表入手。

林园对算账极为重视，他说：

> 算不明白账的企业我不考虑。对我来说，排第一的是确定性，盈利的确定性，算不清预期盈利的企业就没有确定性，就不要参与。像我们给茅台集团算账，它的产量多大？销量多大？它的利润、费用是多大？我们都清清楚楚，甚至可以忽略不计它的费用。

上海机场的资产负债表挺复杂，但是账很好算，每笔利润来源都清清楚楚。TCL原本账目清晰，收购汤姆逊公司后，资产结构全部被打乱，再预测利润难度就大了，在林园眼中就成了账目算不明白的公司。

不过要注意一点，不同行业的资产负债情况不同，金融业通过借款产生利润，负债率会非常高，但应收、应付账款很少，存货基本为零，和其他行业的资产负债表完全不同。而一些重工业企业，例如，钢铁、装备制造业，会有大量的固定资产和存货。存货同样高企的房地产业，需要耗费很长时间才能将存货变现。具体到行业分析，必须要注意资产负债结构的不同，分析时更多是要比较同行业的其他企业。

不过也不能有投资就否定，企业投资是正常经营，只是必须要考虑投资占比。TCL的并购用尽企业全部现金，不成功便成仁。上海机场也有投资，但长期投资仅有39.3亿，仅占全部资产的10%左右，而且投向也很清晰，主要是和机场经营相关的餐饮、广告等行业。

表4.7 上海机场（600009）投资明细表

| 公司名称 | 参控股关系 | 参控比例(%) | 业务性质 |
| --- | --- | --- | --- |
| 上海国际机场候机楼餐饮有限公司 | 子公司 | 100 | 大型饭店 |
| 上海机场广告有限公司 | 子公司 | 51 | 广告服务 |
| 上海机场德高动量广告有限公司 | 合营或联营企业 | 50 | 国内外各类广告 |
| 上海浦东国际机场航空油料有限责任公司 | 合营或联营企业 | 40 | 供油及相关配套服务 |
| 候机楼餐饮 | 子公司 | 100 | 大型饭店 |

从资产负债表的资产分布可以分析出上海机场的战略规划：聚焦于主业，专营机场行业。所有的投资资产均属于和机场运营相关的行业，这些行业虽然预期利润不高，但上海机场可以完全掌控，还不至于分散精力。由此得出，上海机场的经营以稳定、专注为主，是一家很适合价值投资的企业。这样的企业会随着经济周期波动，并不会有无法预测的大起大落。

不同特性的行业侧重点不同，机场行业必须要专注于主营业务，围绕主营业务进行投资。而医药行业则不同，医药行业的可投资范围较广，较为成功的医药企业主营业务稳固，同时，也须保持一定规模的扩张型投资。前文中的千红制药，投资非常保守，虽然主业做得很稳，但除了理财型投资，几乎没有战略投资，股价也就只能原地踏步。

2016年林园开始对医药行业进行系统研究，在中药版块中选择了同仁堂、云南白药、片仔癀、东阿阿胶等企业。随着对企业的调研和财务变化，林园将仓位倾斜到云南白药和片仔癀两家药企。但从2018年开始，林园又逐渐将仓位向片仔癀调整，除了实地调研，他更多对两家企业的资产负债表进行调研，发现两家企业的资产质量和战略发展方向不同。显然，林园认为片仔癀的资产质量更好，他也认同片仔癀的战略发展方向，因此片仔癀成了林园的重仓股。

片仔癀的每股净资产是11.7元左右，云南白药的净资产是30.67元，仅看净资产和品牌度，云南白药应该更贵一些。但近几年来，片仔癀的涨幅远远领先于云南白药，正是因为两家公司的资产质量不同导致的。

**表4.8 云南白药（000538）资产负债表—资产部分（单位：亿元）**

| 报表日期 | 2019年年报 | 2018年年报 | 2017年年报 |
| --- | --- | --- | --- |
| 流动资产： | | | |
| 货币资金 | 129.94 | 30.17 | 26.66 |
| 交易性金融资产 | 88.21 | 72.6 | 67.5 |
| 应收票据及应收账款 | 38.46 | 50.27 | 55.27 |
| 预付款项 | 5.78 | 6.02 | 4.18 |
| 其他应收款合计 | 3.99 | 3.24 | 2.03 |
| 其他应收款 | 3.48 | 2.37 | 1.39 |
| 存货 | 117.47 | 99.94 | 86.63 |
| 其他流动资产 | 45.60 | 10.55 | 8.77 |
| 流动资产合计 | 447.01 | 272.84 | 251.04 |
| 非流动资产： | | | |
| 可供出售金融资产 | | 1.25 | 1.25 |
| 长期股权投资 | 3.17 | 0.01 | 0.01 |
| 其他非流动金融资产 | 5.60 | | |
| 投资性房地产 | 0.01 | 0.00 | 0.00 |
| 固定资产 | 20.09 | 17.15 | 17.45 |
| 在建工程 | 9.70 | 6.11 | 1.45 |
| 无形资产 | 5.38 | 3.12 | 3.19 |
| 商誉 | 0.33 | 0.14 | 0.14 |

续表

| | | | |
|---|---|---|---|
| 递延所得税资产 | 4.22 | 2.45 | 2.27 |
| 非流动资产合计 | 49.57 | 30.94 | 25.99 |
| 资产总计 | 496.58 | 303.78 | 277.03 |

企业的资产分成两大类，经营性资产和投资性资产，这两类资产都是能给企业带来收益的资产，经营性资产带来的回报越高，股票可预期的上涨就越高。投资性资产比较复杂，医药企业无法避免投资资产，投资的质量决定了企业的前途。

经营性资产包括货币资金、应收票据和应收账款、存货、固定资产、无形资产等。从云南白药的资产表中可以观察到，不计算存货的经营性资产大约在83亿元左右，而不能直接创造企业利润的可交易性金融资产就达到了约67.5亿元。云南白药的现金流富裕得无与伦比，但是这些现金并没有很好地利用，只能赚取一般理财产品的收益。

在林茅酒业的虚拟案例中可以看出，企业如果能把资产盘活，带来的利润非常可观。案例可能有些夸张，正常企业很难达到这么高的水平，但只要经营良好，资产回报率超过10%并不困难。而稳妥的理财投资收益率，不过6%左右，这个水平的资产回报率，会降低企业的利润质量。

云南白药的存货应该多是中药材、中药半成品或者未付款的成品，这一类存货有保质期，升值概率很低。这与贵州茅台迥然不同，茅台酒近乎无限保质期，而且越放越值钱。简单讲，茅台酒高存货对企业有利，而云南白药的存货则有贬值风险。而且高存货还表明云南白药商品销售的周期较长，如，云南白药牙膏，虽然认可度不错，但仍需要在双十一高折扣促销，以消化库存。

## 表4.9 片仔癀（600436）资产负债表—资产部分（单位：亿元）

| | 2019年年报 | 2018年年报 | 2017年年报 |
|---|---|---|---|
| 流动资产： | | | |
| 货币资金 | 42.63 | 27.87 | 21.17 |
| 交易性金融资产 | 0.00 | | |
| 应收票据及应收账款 | 4.80 | 5.13 | 4.85 |
| 预付款项 | 1.89 | 1.53 | 1.10 |
| 其他应收款合计 | 2.04 | 0.41 | 1.00 |
| 存货 | 20.97 | 16.67 | 12.43 |
| 其他流动资产 | 1.12 | 0.70 | 0.57 |
| 流动资产合计 | 73.52 | 52.30 | 42.18 |
| 非流动资产： | | | |
| 可供出售金融资产 | | 3.57 | 4.41 |
| 长期应收款 | | 0.09 | 0.14 |
| 长期股权投资 | 4.75 | 5.36 | 3.89 |
| 其他权益工具投资 | 4.22 | | |
| 投资性房地产 | 0.34 | 0.39 | 0.41 |
| 固定资产 | 2.30 | 2.31 | 2.44 |
| 在建工程 | 0.11 | 0.05 | 0.05 |
| 生产性生物资产 | 0.13 | 0.13 | 0.13 |
| 无形资产 | 1.56 | 1.21 | 1.74 |
| 商誉 | | 0.06 | 0.42 |
| 长期待摊费用 | 0.33 | 0.32 | 0.08 |
| 递延所得税资产 | 0.76 | 0.64 | 0.41 |
| 其他非流动资产 | 0.10 | 0.15 | 0.18 |
| 非流动资产合计 | 14.58 | 14.28 | 14.30 |
| 资产总计 | 88.11 | 66.58 | 56.48 |

## 财报掘金
### 林园选股的核心财务指标

片仔癀的企业属性和云南白药非常接近，可以视为对标企业。两家企业的财务报表整体结构也比较相仿，但资产表上仍有细微的差别。

观察流动资产的分布，除存货外，片仔癀约30亿元的资产都为经营性资产。云南白药的存货占流动资产的34.5%左右，但如果除掉交易性金融资产，存货则飙升到47.2%。而片仔癀的存货仅占流动资产的29.5%，可以认为片仔癀的大部分流动资产都投入进了经营活动。而且，与云南白药不同的是，片仔癀的中药材存货中包含麝香，这种材料是片仔癀的特许商品，增值概率非常大。

一般企业经营除了购买原材料、扩建生产线，还会成立一些子公司，或者并购其他企业以完善产业链，降低成本。截至2019年底，片仔癀的长期股权投资达到4.75亿元，这个规模谈不上大，但能看出是在积极进行扩展性战略投资。

要注意，投资的规模不是看绝对数值，而是看相对数值，云南白药的总资产是277亿元，而片仔癀的总资产只有约56.5亿元，云南白药的规模远超片仔癀。如果说片仔癀是匹骏马，那云南白药至少是只大象。而这只大象在2017年，长期股权投资只有76.8万元，只能说聊胜于无，商誉也只有1356万元，对比云南白药的总规模，基本可以无视。

资产表透露了两家企业的战略，片仔癀是积极扩张型的战略布局，而云南白药则是保守的稳固战略。2017年底，云南白药的股价在90元左右，片仔癀则在60元左右，片仔癀落后50%（股价均为复权价）。

到了2019年底，两种不同策略的财务管理方式会带来什么不同结果呢？

云南白药仍旧保持着很好的现金流，从交易性金融资产中获取收益，存货仍旧是居高不下。去除交易性金融资产，存货仍占流动资产的33%左右。长期股权投资从年初的95.08万元升到3.17亿元，但商誉只增长到3330万元，真是一只力气巨大、反应迟钝的大象。

片仔癀的交易性金融资产可以忽略不计，存货占流动资产的比例约为 28.5%，没有明显变化。长期股权从年初的 5.36 亿元降到了 4.75 亿元，商誉消失，片仔癀已在减少收益不理想的投资。

　　如图 4.2，2019 年 12 月，两者股价都在 90 元左右，随后片仔癀后来居上，至 2020 年 9 月，片仔癀的股价突破 293 元，云南白药冲高至 128 元开始回落，被片仔癀远远甩到了身后。看两家企业的投资情况（资产利用情况），或许能找到答案。

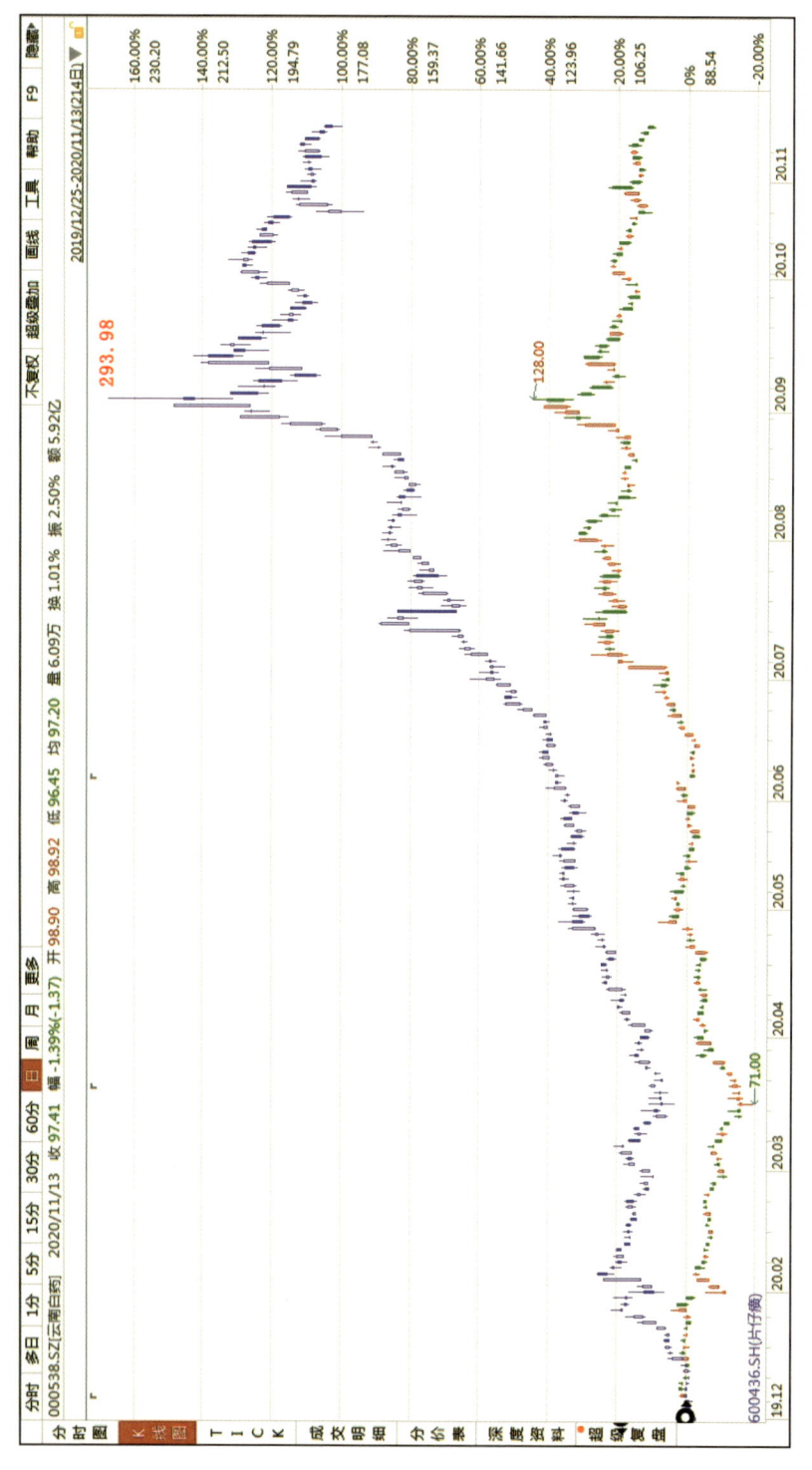

图 4.2 云南白药（000538）与片仔癀（600436）日线图叠加

表4.10　云南白药（000538）2019资本运作清单

| 公司名称 | 参控股关系 | 参控比例(%) | 业务性质 |
| --- | --- | --- | --- |
| 云南白药大理置业有限公司 | 子公司 | 100 | 健康养生、房地产开发等 |
| 云南白药大药房有限公司 | 子公司 | 100 | 药业 |
| 云南白药集团楚雄健康产品有限公司 | 子公司 | 100 | 化妆品生产销售 |
| 云南白药集团大理药业有限责任公司 | 子公司 | 100 | 药业 |
| 云南白药集团健康产品有限公司 | 子公司 | 100 | 口腔清洁用品生产和销售 |
| 云南白药集团丽江药业有限公司 | 子公司 | 100 | 药业 |
| 云南白药集团千草堂中医药有限公司 | 子公司 | 100 | 药业 |
| 云南白药集团太安生物科技产业有限公司 | 子公司 | 100 | 药业 |
| 云南白药集团文山七花有限责任公司 | 子公司 | 100 | 药业 |
| 云南白药集团无锡药业有限公司 | 子公司 | 100 | 药业 |
| 云南白药集团武定药业有限公司 | 子公司 | 100 | 药业 |
| 云南白药集团医药电子商务有限公司 | 子公司 | 100 | 日用品批发、零售 |
| 云南白药集团云丰进出口贸易有限责任公司 | 子公司 | 100 | 药品等销售 |
| 云南白药集团中药资源有限公司 | 子公司 | 100 | 药业 |
| 云南白药控股投资有限公司 | 子公司 | 100 | 投资 |
| 云南白药天颐茶品有限公司 | 子公司 | 100 | 茶叶 |
| 云南白药天颐茶源临沧庄园有限公司 | 子公司 | 100 | 酒店餐饮业 |
| 云南省凤庆茶厂有限公司 | 子公司 | 100 | 茶叶 |
| 云南省药物研究所 | 子公司 | 100 | 新药研究与开发 |

续表

| | | | |
|---|---|---|---|
| 云南省医药有限公司 | 子公司 | 100 | 医药批发、零售 |
| 云南天正检测有限公司 | 子公司 | 100 | 实验检测、技术咨询 |
| 云南叶榆园林绿化工程有限公司 | 子公司 | 100 | 园林绿化 |
| 云南白药有限公司 | 子公司 | 100 | 医药产业投资 |
| 云南云丰中草药有限公司 | 子公司 | 82.35 | 药业 |
| 云南白药征武科技（上海）有限公司 | 子公司 | 75 | 科技推广和应用服务 |
| 丽江云全生物开发有限公司 | 子公司 | 70 | 药业 |
| 云南省医药保山药品发展有限公司 | 子公司 | 51 | 医药批发、零售 |
| 云南省医药大理发展有限公司 | 子公司 | 51 | 医药批发、零售 |
| 云南省医药德宏发展有限公司 | 子公司 | 51 | 医药批发、零售 |
| 云南省医药嘉源有限公司 | 子公司 | 51 | 医药批发、零售 |
| 云南省医药科技有限公司 | 子公司 | 51 | 医药批发、零售 |
| 云南省医药曲靖有限公司 | 子公司 | 51 | 医药批发、零售 |
| 云南省医药瑞阳申华科技有限公司 | 子公司 | 51 | 医药批发、零售 |
| 云南省医药三发有限公司 | 子公司 | 51 | 医药批发、零售 |
| 云南省医药天福大华有限公司 | 子公司 | 51 | 医药批发、零售 |
| 云南省医药天马有限公司 | 子公司 | 51 | 医药批发、零售 |
| 云南省医药万和有限公司 | 子公司 | 51 | 医药批发、零售 |
| 云南省医药西汇有限公司 | 子公司 | 51 | 医药批发、零售 |
| 云南省医药兴达有限公司 | 子公司 | 51 | 医药批发、零售 |
| 云南省医药雄亿有限公司 | 子公司 | 51 | 医药批发、零售 |
| 云南省医药玉溪销售有限公司 | 子公司 | 51 | 医药批发、零售 |
| 云南省医药瀚博有限公司 | 子公司 | 51 | 医药批发、零售 |
| 昆明清逸堂现代商务有限公司 | 子公司 | 40 | 一次性卫生用品销售 |
| 云南白药清逸堂实业有限公司 | 子公司 | 40 | 一次性卫生用品的生产 |

云南白药 2019 年的资本运作报告显示（见表 4.10），在数年的发展中，云南白药一直致力于在云南本土成立子公司，收购了一部分药企股权，主要是以批发零售的药店企业为主。全资企业有房地产公司，有保健品企业，还有茶叶企业，甚至还有园林绿化。

云南白药资本运作的方向不明，除了不断增加销售渠道外，并没有清晰的企业战略方向，有多元化经营的意图，但步子又非常小。从持股比例来看，云南白药是控股为主，要求对子公司有绝对控制权，但这样做会耗费云南白药大量的管理精力。

表 4.11　片仔癀（600436）2019 资本运作清单

| 公司名称 | 参控股关系 | 参控比例（%） | 业务性质 |
| --- | --- | --- | --- |
| 福建片仔癀电子商务有限公司 | 子公司 | 100 | 网上批发零售 |
| 片仔癀（厦门）股权投资管理有限公司 | 子公司 | 100 | 管理股权投资 |
| 片仔癀电商国际贸易（香港）有限公司 | 子公司 | 100 | 网上批发零售 |
| 厦门片仔癀投资有限公司 | 子公司 | 100 | 投资管理 |
| 片仔癀（上海）生物科技研发有限公司 | 子公司 | 98.03 | 生物科技研发 |
| 漳州片仔癀国药堂医药连锁有限公司 | 子公司 | 97.06 | 药品零售 |
| 漳州片仔癀馨苑茶庄有限公司 | 子公司 | 97.06 | 食品销售 |
| 片仔癀（漳州）医药有限公司 | 子公司 | 94.18 | 药品批发 |
| 福建片仔癀化妆品有限公司 | 子公司 | 90.18 | 化妆品经营 |
| 漳州片仔癀日化有限责任公司 | 子公司 | 90.18 | 护肤护发类日用品生产 |
| 福建片仔癀保健食品有限公司 | 子公司 | 70 | 保健食品生产及销售 |
| 贵州片仔癀大明中药饮片有限公司 | 子公司 | 66.47 | 药品加工及零售 |

**财报掘金** 林园选股的核心财务指标

续表

| 福建片仔癀诊断技术有限公司 | 子公司 | 60 | 药品生产 |
|---|---|---|---|
| 陕西片仔癀麝业有限公司 | 子公司 | 60 | 养殖业 |
| 漳州片仔癀生物科技有限公司 | 子公司 | 60 | 保健品生产及销售 |
| 漳州片仔癀上海家化口腔护理有限公司 | 子公司 | 51 | 口腔护理等日用品生产 |
| 漳州微粒电子商务有限公司 | 子公司 | 50.75 | 网上批发零售 |
| 华润片仔癀药业有限公司 | 合营或联营企业 | 49 | 中成药制造及批发 |
| 漳州片仔癀合兴医药有限公司 | 子公司 | 48.03 | 药品批发、零售 |
| 福建片仔癀医疗器械科技有限公司 | 子公司 | 47.5 | 医疗器械研发生产 |
| 漳州片仔癀医疗器械有限公司 | 子公司 | 47.5 | 医疗器械研发生产 |
| 福建片仔癀银之杰健康管理有限公司 | 子公司 | 45 | 保健食品、预包装食品、化妆品、日化品的批发、零售 |
| 南平片仔癀宏仁医药有限公司 | 子公司 | 45 | 药品批发 |
| 三明片仔癀宏仁医药有限公司 | 子公司 | 45 | 药品批发 |
| 厦门片仔癀宏仁百泰药房有限公司 | 子公司 | 45 | 医疗门诊、药品零售 |
| 厦门片仔癀宏仁盛德药房有限公司 | 子公司 | 45 | 医疗门诊、药品零售 |
| 厦门片仔癀宏仁同集药房有限公司 | 子公司 | 45 | 医疗门诊、药品零售 |
| 厦门片仔癀宏仁医药有限公司 | 子公司 | 45 | 药品批发 |
| 泉州片仔癀宏仁医药有限公司 | 子公司 | 44.55 | 药品批发 |
| 片仔癀宏仁（厦门）大药房有限公司 | 子公司 | 36 | 药品零售 |
| 厦门湖里片仔癀宏仁中医门诊部有限公司 | 子公司 | 36 | 医疗门诊、药品零售 |
| 福州片仔癀宏仁医药有限公司 | 子公司 | 30.15 | 药品批发 |
| 宁德片仔癀宏仁医药有限公司 | 子公司 | 30 | 药品批发 |
| 龙岩片仔癀宏仁医药有限公司 | 子公司 | 29.25 | 药品批发 |

续表

| 漳州片仔癀宏仁医药有限公司 | 子公司 | 29.25 | 药品批发 |
| --- | --- | --- | --- |
| 莆田片仔癀宏仁医药有限公司 | 子公司 | 27 | 药品批发 |
| 福建同春药业股份有限公司 | 合营或联营企业 | 24 | 药品批发 |

片仔癀的资本运作报告（表4.11）显示，它同样投资了许多药品批发零售公司，但多数控股权在50%以下，片仔癀的目的是为了拓宽渠道，而不是为了扩大企业资本规模，片仔癀的投资思路非常符合现代大型企业轻资产、分散化的经营思路。片仔癀的子公司几乎所有经营项目都和片仔癀现有业务相关，能够清晰地看出片仔癀在产业链方向的布局。

片仔癀企业扩张的速度快中有稳，战略远比云南白药清晰，布局也较为合理。这就导致在两年中，片仔癀的业绩增速超越云南白药，股价也同样超过了云南白药。

表4.12　片仔癀（600436）三年利润表（单位：亿元）

|  | 2019年年报 | 2018年年报 | 2017年年报 |
| --- | --- | --- | --- |
| 营业总收入 | 57.22 | 47.66 | 37.14 |
| 营业利润 | 16.38 | 13.20 | 9.47 |
| 净利润 | 13.87 | 11.29 | 7.80 |

表4.13　云南白药（000538）三年利润表（单位：亿元）

|  | 2019年年报 | 2018年年报 | 2017年年报 |
| --- | --- | --- | --- |
| 营业收入 | 296.65 | 267.08 | 243.15 |
| 营业利润 | 47.43 | 38.32 | 36.21 |
| 净利润 | 41.73 | 32.90 | 31.33 |

比较表4.12与表4.13，片仔癀三年利润增长了约77%，而云南白药只增长了约33%。当然，从利润增长率来看，云南白药也是好企业，只是与片仔癀比较略处下风。

**财报掘金**
林园选股的核心财务指标

　　资产负债表显示的是企业的资产与负债情况，林园说净资产一点都不重要，净资产的质量最重要。两家财务状况非常接近的企业，一家主营业务稳健扩张，一家靠着金融资产赚利息，只要前者经营不出意外，两家企业自会慢慢拉开距离。

　　最后，还要提醒读者，不同行业的投资分析的标准不同。机场、高速等以固定资产赚钱的，聚焦于主业最为稳妥。而医疗医药行业，需要打通上下游，对外投资的目的是完善产业链、实现利润最大化。这类处于成长期的行业，围绕产业链的投资最值得期待。但不管什么行业，如果大规模跨界投资，最好敬而远之。例如，做酱油的企业投一大笔钱去开发芯片，多半是磨刀霍霍向韭菜。

## ◎ 第四节 净资产收益率与财务指标

净资产收益率和每股收益能反映企业的盈利情况，每股收益表示每份股票每年可以赚多少钱，用股价除以每股收益得出市盈率，能够反映当前股价是否划算。林园买入股票的时候也会考虑市盈率，这个比率能反映买入的时机是否合适。但长期投资会忽略眼下的波动，更重要的是企业的发展质量，这时净资产收益率就显得非常重要。

2003年林园买入贵州茅台时，茅台集团的净资产收益率高达17%，这意味着就算是保持原状不发展，茅台集团也可以让净资产五六年翻倍。他在买入招商银行时，招商银行的净资产收益率也高达15.93%，6年利润就可以覆盖净资产。

林园如是说：

> 我研究发现，只要是严重低估的股票，它在12个月内会得到市场的纠正。什么叫做严重低估？比如说，一只股票的派息率如果在熊市是8%以上——这是我自己总结出来的。有8%以上的派息率，它的未来业绩增长就会在15%以上，我觉得买这只股票不会吃亏。
>
> 因为银行存款利息只有2%，如果这只股票每年给你派息，派8%的话，至少比银行的利息收入高。所以，即使它这一年会下跌，因为熊市多数是下跌的，但是在分红派息的时候会创新高，这种公司是会创新高的。我们买好公司，最主要的标准就是这只股票不管是熊市还是牛市，它是否每年能创新高。
>
> 不怕买错，买错了一年它又回来了。不能套超过12个

**财报掘金**
林园选股的核心财务指标

月,哪怕它下一年又把你套住了,但是下一年过了 12 个月又解套。亏到派息的时候又让你解套,赚钱。你始终有解套的机会,你就可以持有这个公司。我们最怕持续下跌,尽量避免买一些不能创新高的公司。

林园有个硬标准,净资产收益率低于 10% 的股票不会碰。如果企业净资产回报还不到 10%,去投资它还不如买理财产品。企业会通过借债发展,这就是所谓的财务杠杆。如果净资产收益率低,利润支付成本后会所剩无几,企业面临的风险相对较高,一旦营业收入或者利润率下降,容易出现债务风险。这样的企业就算是市盈率不高,但支付能力差,内在的增长性也较差,仍然没有太大的投资价值。

而净资产收益率高的企业,哪怕市盈率高,用不了几年净资产的增长就可将市盈率拉下去,股票仍有升值空间。这就是为什么 2007 年的时候,投资者普遍认为茅台集团的市盈率太高,没有投资价值,而林园仍旧认为贵州茅台有增长空间的原因。从 2007 年一直到 2020 年,贵州茅台的股价不断攀升,市盈率却始终在 30～40 倍之间徘徊。那些没有洞悉净资产收益率的投资者,只盯着市盈率,必然会做丢真正的牛股。

在三大表外,还有一份财务指标表。这份表格通过计算财务数据之间的关系和比例,通过简单的数据比率揭示企业的内在价值。虽然只看指标很容易出现误判,但在海选股票时,这张表还是能提供很多便利。

作为范例,下面列出招商银行在 2005 年的财务指标表。

### 表4.14 招商银行2005年（600036）财务指标表（部分）

| 报告日期 | 2005年12月31日 | 2005年9月30日 | 2005年6月30日 | 2005年3月31日 |
|---|---|---|---|---|
| **每股指标** | | | | |
| 摊薄每股收益（元） | 0.3789 | 0.3124 | 0.2078 | 0.154 |
| 每股收益——调整后（元） | 0.38 | 0.31 | 0.21 | 0.154 |
| 每股净资产——调整前（元） | 2.378 | 2.2857 | 2.1672 | 3.2032 |
| 每股净资产——调整后（元） | 2.38 | 2.29 | 2.17 | 3.2 |
| 每股经营性现金流（元） | 2.6309 | 1.6107 | 0.414 | −2.1316 |
| 每股资本公积金（元） | 0.5027 | 0.4735 | 0.4579 | 1.1869 |
| 每股未分配利润（元） | 0.3571 | 0.6579 | 0.5544 | 0.7839 |
| 调整后的每股净资产（元） | 2.37 | 2.27 | 2.16 | 3.18 |
| **盈利能力** | | | | |
| 总资产利润率（%） | 0.5355 | 0.4577 | 0.318 | 0.1674 |
| 主营业务利润率（%） | 57.7438 | 58.8 | 59.2445 | 59.9894 |
| 总资产净利润率（%） | 0.5881 | 0.493 | 0.3351 | 0.1711 |
| 成本费用利润率（%） | 35.862 | 39.0664 | 40.8066 | 41.9067 |
| 营业利润率（%） | 26.1624 | 28.3381 | 29.3593 | 30.4637 |
| 主营业务成本率（%） | 37.3924 | 36.2441 | 35.9069 | 35.1077 |
| 销售净利率（%） | 15.6847 | 18.1706 | 18.8283 | 19.8716 |
| 股本报酬率（%） | 73.4639 | 63.9753 | 52.467 | 62.0084 |
| 净资产报酬率（%） | 30.8927 | 27.9893 | 24.2095 | 19.3585 |
| 资产报酬率（%） | 1.0384 | 0.9373 | 0.8027 | 0.674 |
| 销售毛利率（%） | 52.4717 | 63.7559 | 53.6287 | 64.8923 |
| 三项费用比重 | 31.5603 | 32.0474 | 31.8397 | 32.9412 |

续表

| | | | | |
|---|---|---|---|---|
| 非主营比重 | 52.2359 | 50.7934 | 51.6135 | 46.6872 |
| 主营利润比重 | 218.1313 | 205.4857 | 199.9906 | 196.2252 |
| 股息发放率（%） | 0.0055 | 0.0071 | 0.0364 | 0.01 |
| 投资收益率（%） | 24.3358 | —— | 14.0417 | —— |
| 主营业务利润（亿元） | 144.69818000 | 104.19405000 | 67.17357000 | 31.84345000 |
| 净资产收益率（%） | 15.93 | 13.67 | 9.59 | 4.81 |
| 成长能力 | | | | |
| 主营业务收入增长率（%） | 25.8188 | 23.1764 | 19.5094 | 19.791 |
| 净利润增长率（%） | 25.0087 | 27.0816 | 26.4004 | 30.194 |
| 净资产增长率（%） | 18.1486 | 16.2133 | 14.5988 | 18.2738 |
| 总资产增长率（%） | 21.7693 | 24.2076 | 24.6001 | 23.371 |
| 营运能力 | | | | |
| 应收账款周转率（次） | —— | —— | —— | —— |
| 应收账款周转天数（天） | —— | —— | —— | —— |
| 存货周转天数（天） | —— | —— | —— | —— |
| 存货周转率（次） | —— | —— | —— | —— |
| 固定资产周转率（次） | 4.4893 | 3.1926 | 2.0587 | 0.9603 |
| 总资产周转率（次） | 0.0375 | 0.0271 | 0.0178 | 0.0086 |
| 总资产周转天数（天） | 9600 | 9963.0996 | 10112.3596 | 10465.1163 |
| 流动资产周转率（次） | 0.054 | 0.0401 | 0.0257 | 0.0126 |
| 流动资产周转天数（天） | 6666.6667 | 6733.1671 | 7003.8911 | 7142.8571 |
| 股东权益周转率（次） | 1.1002 | 0.7975 | 0.5256 | 0.2479 |
| 偿债及资本结构 | | | | |
| 流动比率 | 0.7658 | 0.7169 | 0.7501 | 0.7349 |

续表

| | | | | |
|---|---|---|---|---|
| 速动比率 | 0.7658 | 0.7169 | 0.7501 | 0.7349 |
| 现金比率（%） | 2.6844 | 0.7132 | 2.2478 | 0.6287 |
| 股东权益比率（%） | 3.3612 | 3.3487 | 3.3157 | 3.4817 |
| 股东权益与固定资产比率（%） | 439.9771 | 424.863 | 407.8306 | 398.9337 |
| 负债与所有者权益比率（%） | 2875.139 | 2886.2426 | 2915.9518 | 2772.1816 |
| 固定资产净值率（%） | 60.3042 | 62.1725 | 62.6467 | 63.2734 |
| 资本固定化比率（%） | 929.9613 | 1035.3193 | 957.8056 | 955.1703 |
| 产权比率（%） | 2670.6349 | 2721.443 | 2743.901 | 2608.4268 |
| 固定资产比重（%） | 0.7639 | 0.7882 | 0.813 | 0.8727 |
| 资产负债率（%） | 96.6388 | 96.6513 | 96.6843 | 96.5183 |
| 总资产（亿元） | 7339.83 | 7034.45 | 6714.23 | 6300.35 |
| **现金流量** | | | | |
| 经营现金净流量对销售收入比率（%） | 1.0892 | 0.9368 | 0.3751 | −2.75 |
| 资产的经营现金流量回报率（%） | 0.0372 | 0.0236 | 0.0063 | −0.0232 |
| 经营现金净流量与净利润的比率（%） | 6.9444 | 5.1553 | 1.9922 | −13.8386 |
| 经营现金净流量对负债比率（%） | 0.0385 | 0.0244 | 0.0066 | −0.024 |
| 现金流量比率（%） | 4.1426 | 2.5893 | 0.6962 | −2.5512 |
| **其他指标** | | | | |
| 长期股票投资（亿元） | 1.46 | 1.47 | 1.47 | 1.43 |
| 长期债券投资（亿元） | 768.93870000 | 1004.10195000 | 806.13780000 | 908.66041000 |

上表为标准财务指标表的大部分项目，因为是银行股，不涉及应

## 财报掘金
### 林园选股的核心财务指标

收账款周转率和存货周转率,但仍然保留了几个相应的空格。在非金融业中,周转率也是极为重要的指标。财务指标可以从各个角度解读上市公司,但林园建议学习财务报表之后再学习指标,否则容易只知其表不知其里。本书主要普及初级财务知识,暂不深入财务指标,上表仅做展示。

2005年林园研究招商银行时,招行的股价在8元左右徘徊,比较当年的每股收益0.37元,招行的市盈率在20倍以上。在熊市中,招行的市盈率并不算低,按照市盈率选股,不太可能会选到招行。

但对比净资产收益率,林园最早买过的银行股深发展(000001,后更名平安银行)为6.97%,而招商银行则为15.93%,招行的资产盈利能力远超深发展。虽然招行股价更高,但突出的净资产收益率给了林园底气,他毫不犹豫地选择了招行。

在2007年的牛市中,两家银行股涨幅相差不大,招行仅仅领先了10%左右的涨幅。但目光再放得远些,经历了2008年的熊市之后,平安银行的峰值仅超过历史高位25%左右,而招商银行足足超了80%。

净资产收益率并不能一招定乾坤,指标只是财务数据之间关系的比率,通过这些比率将财务分析简化。如果不能理解其内涵,还是容易出现错误的判断。基本财报分析需要掌握一些重要指标,先看看收益率之间的不同之处。

$$销售净利率 = (净利润 \div 销售收入) \times 100\%$$

销售净利率反映每一元销售收入带来的净利润的多少,这个指标代表了一家企业销售管理的能力。企业的销售过程中会产生"销售费用、财务费用、管理费用、研发费用"等支出,扣掉这些成本才是销售净利润。如果企业的产品需要大力推销才能增加销量,就有可能出现销售额上升、销售净利率下降的现象。

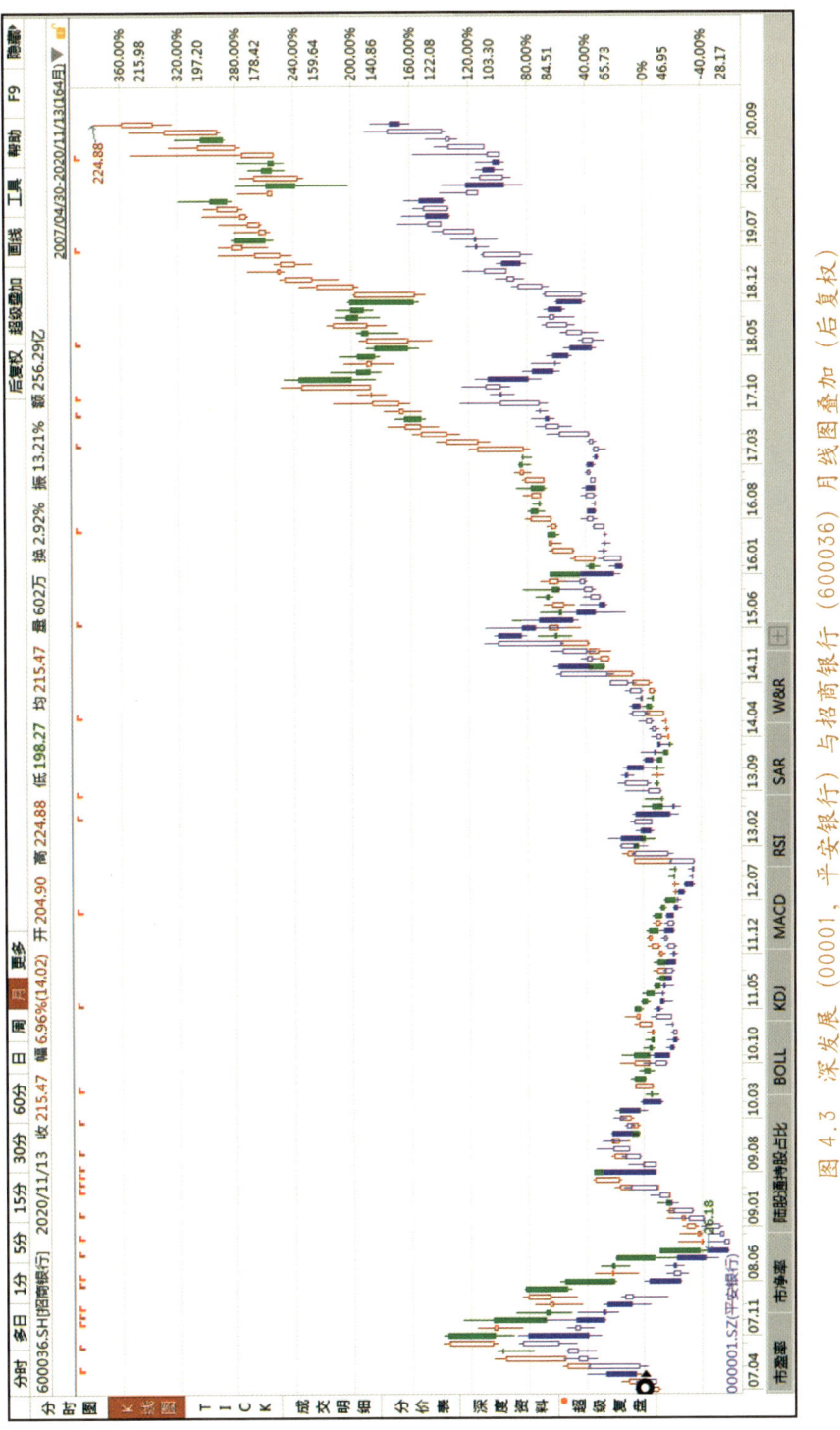

图 4.3 深发展（00001，平安银行）与招商银行（600036）月线图叠加（后复权）

但是不同行业的销售净利率标准不同,所以只能做行业内部的横向比较,而不能跨行业分析。例如,云南白药的销售净利率是14.06%,这个数据与工业机械行业的销售净利率5%~10%比较,已经相当不错。但和片仔癀的24.23%比较,销售成本就明显高了一截子。不过云南白药的整体业绩还是高出片仔癀许多,这是因为片仔癀的销售净利率高,但销售规模远落后于云南白药。

销售成本和需求有一定联系,一般来说,需求旺盛而供给不足的产品,销售成本相对较低。如果供给饱和,竞争愈发激烈,就会使企业加大销售成本的投入。多数附加值较高的商品,销售净利率也会比较高。在竞争激烈的行业,漂亮的销售净利率比较少见。

**资产净利率 =(净利润 ÷ 总资产)× 100%**

销售净利率更多反映的是主营业务,而资产净利率则反映了公司全部资产获得利润的能力,即公司每占用1元的资产平均能获得多少元的利润。正常情况下,该指标越高,表明公司投入产出水平越高,资产运营的效率越高。

但在前文中我们知道,有些企业会有大比例的对外投资,这些投资对企业的影响好坏不一。例如,千红制药的主营业务利润率高达46.7%,但是总资产净利率只有8.75%,这个是因为该企业对外的金融资产投资收益率很低,对公司全部资产的收益造成了很大影响。

上海机场的主营业务利润率为51%,并未比千红制药高出太多,但总资产净利率则达到14.3%(2018年数据),显然要比理财收益高出许多。

资产净收益意味着企业资产的使用能力,还可以反映企业对债务的利用能力。假设一家企业的债务成本是10%,而销售净利率低于10%,那就意味着借助债务发展的战略会造成损失。若资产净利率超过债务成本，就意味着权益投资者可以通过杠杆获得超额收益。

$$成本费用利润率 =（营业利润额 \div 成本费用总额）\times 100\%$$

成本费用一般指主营业务成本及附加和期间费用，包括销售费用、管理费用、财务费用、研发费用。该指标表明每付出一元成本费用可获得多少利润，体现了经营耗费所带来的经营成果。该项指标越高，利润就越大，反映企业的经济效益越好。

但简单用这些指标评价企业并不全面，这些指标是财务三大表中各种数据的交叉关系，必须更深一步在三大表中挖掘数据的内涵，才能选出真正有潜力的牛股。成本费用利润率展示了企业毛利润和净利润之间的关系，而毛利率是林园评价企业盈利能力最重要的数据。

## ◎ 第五节 产品毛利率与利润表

在 2020 年的一次投资人峰会上，林园再次强调：

> 投资就要投垄断行业，垄断的判断标准体现在财务指标上，表现为资金充裕。还要判断垄断的产品是否是公司盈利的主要来源，毛利率的变动是否稳定。一般来说，垄断企业的毛利率应在 80% 以上。

各种利润率都未在利润表中展现，但全部都由利润表的数据计算而出。选股选的就是企业的盈利能力，虽然资产负债表最为重要，但最终企业的经营情况还是归结于利润表。下面是片仔癀的利润表，此表产生和盈利能力相关的所有指标。

表 4.15 片仔癀（600436）利润表（单位：亿元）

|  | 2019 年年报 | 2018 年年报 | 2017 年年报 | 2016 年年报 |
| --- | --- | --- | --- | --- |
| 营业总收入 | 57.22 | 47.66 | 37.14 | 23.09 |
| 营业总成本 | 41.08 | 35.59 | 28.32 | 17.07 |
| 营业利润 | 16.38 | 13.20 | 9.47 | 6.08 |
| 利润总额 | 16.45 | 13.27 | 9.42 | 6.09 |
| 减：所得税费用 | 2.58 | 1.99 | 1.61 | 1.02 |
| 净利润 | 13.87 | 11.29 | 7.80 | 5.07 |
| 其他综合收益 | 1.45 | −0.07 | −0.03 | −0.90 |
| 归属于母公司股东的其他综合收益 | 1.44 | −0.06 | −0.03 | −0.90 |
| 归属于少数股东的其他综合收益 | 0.02 | −0.01 | 0.00 | 0.00 |

这张表中罗列着企业利润以及利润的构成，表中并无毛利率。但毛利率、净利率，以及上节中提到的各种与利润、成本相关的指标均从此表计算得出，包括"总资产利润率、主营业务利润率、总资产净利率、成本费用利润率、营业利润率、销售净利率、股本净利率、净资产报酬率、资产回报率，等等"。

林园所选的股票均有很高的毛利率，高毛利率反映了企业的定价能力。毛利率和净利率的比较则体现了企业的成本控制能力。毛利率不仅可以用于个股分析，还可以用来进行企业周期分析，成长期行业毛利率普遍较高，而成熟期的企业毛利率则比较低。如果企业从成长期向成熟期发展，毛利率就会逐渐降低。衰退期企业毛利率则低到资金成本线附近，意味着再低一些就无利可图，只能转型或者破产。

在2019年的年报中，林园持股和曾经持股的部分上市公司的毛利率如下：

片仔癀44.2%、云南白药29.61%、马应龙41.01%、贵州茅台91.33%、五粮液74.52%、招商银行44.28%、上海机场51.2%、伊利股份37.25%。

林园选择的上市公司毛利率普遍在30%以上，在同行业中，很明显毛利润越高走势越强。但持股不等于永远持股，在毛利润下滑时，林园会主动减持。

四川长虹上市时，中国的彩电生产能力还比较弱，能造高质量彩电的企业不多。1993年上市之初，四川长虹的毛利率在28.3%左右，1996年林园大举买入四川长虹，企业的毛利率还在27.6%左右。但随后两年，随着彩电企业技术越来越成熟，四川长虹的领先地位受到威胁。同时，由于经济下行，人们的消费也在收缩，更多人因手头紧张而选择那些质量不太好、价格便宜的电视机。虽然四川长虹股价仍在飙升，但毛利率开始逐步走低，于是林园果断退场。

到2000年，四川长虹的毛利率下滑至14.9%，几近腰斩。虽然还有不少股民念叨着四川长虹创下的神话，但林园每次看着不太美丽的毛利率，就再也不想碰这个曾经的大牛股。

而让林园关注到白酒版块的原因，仍旧是毛利率。林园退出四川长虹后，并未停止关注A股，他发现较早上市的山西汾酒，毛利率高达53%。1999年经济不是很好，山西汾酒的毛利率微升到了55.3%；到2001年，毛利率升到59.6%；而2002年，毛利率再升到63.7%。

要知道一家企业毛利率出现连续一两年的上升并不罕见，但持续四五年都在上升则非常难得。毛利率的上升说明市场需求不断增长，而供给却跟不上，企业可以通过提高价格使毛利率上升。另外一种情况则被称为边际收益递增，是指企业生产100万元的成本是50万元，生产200万元的成本并不是100万元，而是75万元。产量提高成本下降，也会使商品毛利率上升。

从山西汾酒入手，林园调研了所有白酒行业，尤其关注五粮液和贵州茅台。五粮液在当时是高端白酒的No.1，因此成为林园第一重仓白酒股。但他发现贵州茅台2002年的毛利率高达81.44%，而五粮液由于不断扩张，致使毛利率下降到42.9%，与山西汾酒都相差甚远。于是林园开始调仓，逐步抛出五粮液，将主要仓位转移至贵州茅台。当然，林园下决心移仓的原因比较复杂，并不仅仅是毛利率。

毛利率反映的是一个商品经过生产转换后增值的部分，也就是说，增值越多毛利就越多。浙江皮具小作坊的真皮包，批发价不过10%~20%的毛利。但LV包可以在成本上加99%的毛利。品牌附加值使同样材质的相仿商品出现了天差地别的毛利，小作坊和LV的股票在市场上交易，正常情况多数人都会选择LV，高附加值是高毛利率的基础。林园海外投资的重点也包括这类高毛利率奢侈品牌。

附加值一般是由品牌或者技术壁垒创造的，白酒行业技术壁垒不高，附加值由品牌决定。中国人普遍认同古老的传统，老牌子白酒企业天然带着光环，比新酒企的附加值更高。但名牌企业仍然需要投入很多成本来维护品牌，这些成本会影响到净利率。

在传统的中成药行业，药品同质化很严重，传统配方的中成药竞争激烈，毛利润被压得很低。但是同仁堂这类老字号，仍然可以凭借人们的信任度获取较高的毛利。但 2019 年同仁堂的制药工业毛利率为 48%，与云南白药的 67.5%、片仔癀的 78% 比较，有不小差距。

这是由于同仁堂的优势是品牌，药物并没有明确的技术壁垒。云南白药和片仔癀都有保密配方，在各自的领域并没有竞争对手，他们的产品毛利率更高一筹。不过创新药、创新型医疗器械的毛利率更高，例如，长春高新的制药毛利率高达 91.33%，心脉医疗的心血管支架领域毛利率高达 80%，康华生物的疫苗工业毛利率为 94.17%，这皆是技术壁垒制造的利润（数据出自 2019 年年报）。

即使品牌和技术没有明显差距的企业，毛利率也不尽相同。例如，深圳机场的航空主业毛利率为 12.98%，白云机场为 38.66%，而上海机场则高达 52.14%（数据来自 2018 年报，2019 年受环境影响太大）。相同行业的两家企业如果毛利润有差距，要么是经营管理得更好，要么是成本控制得更好，或者是二者都有优势。因此，在分析同行业的企业报表时，在关注毛利率的同时，还要深入研究营业收入与成本的结构，找到企业的优势所在。

营业总成本分别由营业成本、营业税金及附加、销售费用、管理费用、财务费用、研发费用、资产减值等支出构成。营业总利润由营业内收入＋营业外收支净收入和非流动资产处置构成。毛利率只计算营业成本，不计算其他成本。

营业成本只包括原材料成本，人工成本以及设备损耗等，而经营产生的全部成本还要包括上述销售、管理、财务、研发等费用。因此，从毛利到净利，还有很大一部分成本，对这部分成本的控制力，体现了一家企业的综合治理水平。

但前提是要有足够高的毛利率，假设一家企业产品的毛利率低于

20%，那意味着企业的税金、财务、销售、管理等费用都要从这 20% 中抠出来，企业可以腾挪的空间极小。如果另一家竞争企业的毛利率为 25%，那这家企业至少有 5% 的富余资金可以提升生产经营能力，企业的增长概率自然也会高出许多。

营业成本一般是不可变的，或者说调整空间极小。节省营业成本并不是个好主意，意味着产品质量有可能下降，搞不好就会砸了自己的牌子。

表 4.16　同仁堂（600085）2015—2019 年收入成本变化表（单位：亿元）

|  | 2019 年年报 | 2018 年年报 | 2017 年年报 | 2016 年年报 | 2015 年年报 |
| --- | --- | --- | --- | --- | --- |
| 一、营业总收入 | 132.77 | 142.09 | 133.76 | 120.91 | 108.09 |
| 营业收入 | 132.77 | 142.09 | 133.76 | 120.91 | 108.09 |
| 二、营业总成本 | 112.50 | 121.19 | 112.67 | 102.07 | 90.46 |
| 营业成本 | 70.68 | 75.67 | 71.91 | 65.32 | 58.28 |
| 税金及附加 | 1.33 | 1.57 | 1.44 | 1.29 | 1.12 |
| 销售费用 | 26.22 | 29.53 | 26.59 | 24.23 | 21.35 |
| 管理费用 | 13.46 | 12.45 | 11.86 | 10.61 | 9.43 |
| 研发费用 | 1.11 | 0.93 |  |  |  |
| 财务费用 | −0.30 | −0.22 | 0.00 | −0.19 | −0.16 |

在表 4.16 中，通过营业收入和营业成本就可计算出毛利率，同仁堂的营业总收入和营业收入相等，这代表同仁堂并无收入。

*（营业收入 − 营业成本）／营业收入 × 100% 则 = 毛利率*

5 年间，同仁堂的毛利率在 45%～47% 之间摆动，变化不大。同仁堂的主营业务由医药工业（生产）和医药商业（销售）两部分组成，其中，商业毛利率较低。两块业务的毛利率波动不大，稳定的毛利率显示同仁堂的营业成本和营业收入同步起伏，除 2019 年下降，其他 4 年的增长速度非常稳定。这证明同仁堂的毛利合理且稳定，该企业的战略发展属于稳健的类型。

除 2019 年外，同仁堂的总资产净利率保持在 9%～10% 之间，费用成本（销售费用、管理费用、财务费用、研发费用）保持在 35% 左右，分析者要了解这 35% 左右的费用都包含了什么，是可以减少或是还会增加呢？

医药企业的销售费用普遍较高，这项成本包括广告、渠道费用。一些新药、新仪器还需要派出人员进行长期指导。药企的销售费用基本与营业收入同步增长，很难节省出来。2018 年，国家推出首批带量采购，中标药物可以大量通过医保系统输送至医院，销售费用会大幅下降。但带量采购又会压低药价，使利润减少，最终对中标企业是好事还是坏事难下结论。

管理费用是一项变化较大的费用，具体项目有：企业董事会和行政管理部门在企业经营管理中发生的，或者应当由企业统一负担的公司经费、工会经费、待业保险费、劳动保险费、董事会费、聘请中介机构费、咨询费、诉讼费、业务招待费、办公费、差旅费、邮电费、绿化费、管理人员工资及福利费等。

管理费用和公司架构关系很大，一家企业的架构无变化，管理费用会较为稳定。如果管理层大举换人，公司管理模式大幅调整，这项费用多会发生较大变化。管理费用变化带来的利弊无法通过财务报表分析，需要观察公司具体的政策变化。董明珠在 2016 年试图进行一次海外并购，但在企业内部引起了极大的负面反应，这次预案半途而废。为了安抚职工，董明珠给每个职工加了 1000 元工资，这次事件才渐渐平复，但公司的管理成本也因此上升。

管理费用波动对企业发展的利弊不易界定，以同仁堂为例，作为老字号，同仁堂一直坚守"炮制虽繁必不敢省人工，品味虽贵必不敢减物力"的企业文化。老字号规模普遍不大，管理模式和现代企业区别也很大。2011 年开始，同仁堂引入现代管理模式，管理费用从 2010 年的 3.1 亿元左右增长到 5.33 亿元，增幅高达 72%，管理费用的高增速意味着同仁堂发生了质的变化。

2012 年，同仁堂新管理层稳定，开始大刀阔斧地扩张，管理费用稳定增长。数年间，同仁堂的门店增长到 700 家，营业收入从 2010 年的 38.24 亿元增长到 2016 年的 121 亿元，增长 316%。管理费则增长到 10.61 亿元，增幅达 342%。

管理费用和营业收入同步增长并不是坏事，销售毛利率从 2010 年的 41.45% 增长到 2016 年的 45.97%，可见管理卓有成效。但是，营业收入的高速增长使原材料供应成了问题，优质原材料的供给受限，无法跟上同仁堂的业务增速。结果是质量下滑，接二连三地出现质量问题，2016 年以来，北京同仁堂累计被药监部门点名达 23 次。

由此可见，管理费用的变化和企业战略休戚相关，但如果不深入企业内部，很难评估这些变化的利弊。同仁堂快速扩张时，资本一致看好中药市场的发展空间，同仁堂也因此表现得很牛气。但 5 年后，管理费用调整的副作用逐渐显现，林园也因此不断减少同仁堂的仓位。至 2018 年，大部分中药板块的仓位移入片仔癀。

但同仁堂仍然是一家好企业，虽然高速发展受挫，但整体经营变化不大，这一点体现在同仁堂的财务费用上：

表 4.17　同仁堂（600085）2015—2019 年财务费用变化（单位：亿元）

|  | 2019 年年报 | 2018 年年报 | 2017 年年报 | 2016 年年报 | 2015 年年报 |
| --- | --- | --- | --- | --- | --- |
| 财务费用 | −0.30 | −0.22 | 0.00 | −0.19 | −0.16 |

财务费用是指企业经营过程中金融活动产生的费用，主要包括：利息净支出（利息支出减利息收入后的差额）、汇兑净损失（汇兑损失减汇兑收益的差额）、金融机构手续费以及筹集生产经营资金发生的其

他费用等。

有些企业需要大量融资才能维持经营发展，这样的企业财务费用会比较高。林园反复强调过，高额融资的企业风险太大，他并不喜欢。高额财务费用的背后很有可能是高息借款，无形中会增加企业的风险。而同仁堂除了在快速扩张的2012年、2013年和2017年，其他年份的财务费用一直为负值，这代表企业现金产生的利息收入大于融资产生的利息与手续费支出，或者是因汇率变动带来的收入。同仁堂外汇业务不多，财务费用为负，代表企业现金流非常充足。

利润表中的三大费用对企业的毛利率影响不大，但对净利率影响很大，净利和毛利之间的成本大部分为三大费用。但是三大费用并不好调整，销售费用直接影响到营业收入，有竞争对手的企业极难减少销售费用。中国的医药企业销售费用占比越高，往往营业收入越发好看，所以销售费用减少未必对企业有利。管理费用涉及企业内部管理架构，通常变化不大，如果发生剧烈变化，意味着企业的高层出现变化，凶吉难料。财务费用和企业的融资密切相关，产品毛利高，营业收入增长稳定的企业，财务费用增长不一定是坏事。但产品毛利低，财务费用高，则意味着企业的资金链有较大风险。

另外，原来的财务报表将研发费用列为管理费用之一，现在新会计准则要求将研发费用单列。基于中国进口替代的大方向，科技含量较高的行业，研发费用是企业能够脱颖而出的基础，在现代医药和科技领域中尤为重要。

早些年中国知识产权保护制度和法规不够完善，导致许多企业研发成果被窃取，企业研发热情不高，研发费用普遍低下。近些年国家为知识产权保护创造了更好的环境，企业的平均研发费用在逐渐增长，但和发达国家仍有距离。例如，全球医药龙头辉瑞制药的研发费用为76亿美元，占营业收入的16.8%（2018年），A股则只有恒瑞医药和复星医药两家药企的研发费用超过10亿元，占营业收入不到10%。目前，已有一些企业将研发列为战略要素，其中，一部分企业的研发成果已在走向商业化，或可为企业带来可观的财富。例如登陆创业板的欧普康视，引入并研发了最先进的青少年预防近视恶化的技术，营业收入从2017年的3.1亿元增长至2019年的6.47亿元，3年增长率超100%，3年毛利率保持在78%左右。股价从2017年的50元左右，至2020年涨至约70元，复权价高达610元，上涨超过10倍。

不过研发的成功率并不高，许多项目研发十数年也未必有结果，许多小企业甚至命悬研发，失败就会破产。但核心技术研发如果成功，企业就可能成为独角兽。对于科技型企业而言，研发存在太大不确定性，林园因此很少会去做科技股，对他而言，不确定就意味着不可接受。

医疗医药行业普遍研发费用高，国外药企研发费用普遍占到营业收入的15%至20%之间，再生元制药研发费用／营业收入高达55.8%。但中国药企研发费用占营业收入比很少超过10%，中医药企业更是低得可怜。

表4.18　同仁堂（600085）2018—2019年研发费用（单位：亿元）

|  | 2019年年报 | 2018年年报 |
| --- | --- | --- |
| 营业总收入 | 132.77 | 142.09 |
| 研发费用 | 1.11 | 0.93 |

研发费用单独列项后的2018年和2019年，同仁堂的研发费用为0.93亿元和1.11亿元，占营业收入比重不到1%。若未来同仁堂作为中医药行业的龙头，带头响应国家号召将更多资源投入研发，或能再次成为牛股，毕竟现代社会吃老本总有坐吃山空的时候。

毛利率是非常简单的一个指标，但却蕴含着企业的潜力以及发展战略。单看毛利率数据意义不大，比较毛利和净利之间的成本，深入研究构成，不难找出行业中最具优势的企业。

## ◎ 第六节　应收账款和现金流量表

利润表展示了企业的盈利能力，资产负债表表现了企业的实力，也在另一个角度揭示了企业的风险，应收账款是林园认为最具代表性的数据。

应收账款是指企业在正常经营过程中因生产销售、提供劳务等业务，应向购买单位收取的款项，包括应由购买单位或接受劳务单位负担的税金、买方垫付的包装费和各种运杂费等。

应收账款从确定到收取现金，需要经历一段时间。虽然多数情况应收账款可以顺利收回，但利息需要企业自己承担。由于国内金融体系不够完备，现实中非国企资金成本很高，如果应收账款额度较高，意味着企业会有不少的利息损失。

一些企业为了增加流动性，将应收账款打包出售或抵押给相应的金融机构，以获取现金维持生产。这种用应收账款获取现金的方式为商业保理，上市企业通常需要支付年均12%～20%不等的成本，中小民企支付的成本更高。

由此可见，应收账款对企业的资金占用会产生一定的费用，一家上市公司如果应收账款较多，不但将承担不菲的费用，还要承担款项无法收回的风险。所以，林园在进行财务报表分析时，会格外关注应收账款的比例。一家企业的报表再出色，如果应收账款过高，他绝不会考虑投资。在同行业中，他也更青睐那些应收账款较低的企业。例如2019年，云南白药的应收账款达到20.38亿元，而片仔癀的应收账款只有4.69亿元，相比较片仔癀的回款能力更胜一筹。

每个行业不同，中医药行业需要铺货，应收账款会相对高些。而茅台集团这样供不应求的企业，应收账款常年为零，其他名牌酒企也不过只有千万级的应收账款。与同行业比较，应收账款只要不是特别突出，也算不上什么问题，但一家企业如果应收账款突然大幅增加，则要特别注意。

四川长虹给林园带来了丰厚的利润，因应收账款的变化，让林园对四川长虹的快速发展产生了质疑。

表4.19　四川长虹（600839）1996—1999年应收账款变化（单位：亿元）

| 报表日期 | 1999年年报 | 1998年年报 | 1997年年报 | 1996年年报 |
| --- | --- | --- | --- | --- |
| 应收账款 | 31.11 | 12.07 | 25.58 | 1.62 |

彩电行业也是需要铺货的行业，应收账款在扩张期增长非常正常。1995年是四川长虹业绩最好的时候，1996年，四川长虹的应收账款只有1.62亿元，和1995年的1.92亿元相差不大。但是到了1997年，应收账款突然暴增到25.58亿元，膨胀的速度太快。1998年虽然有所下降，但1999年再创了31.1亿元的新高。

面对如此之高的应收账款，林园意识到市场第一蓝筹股四川长虹的彩电已经开始滞销，高速增长已经难以为继。结合毛利下滑，市场热炒等迹象，林园逐步退场，避开了1999年之后的大跌。

四川长虹的应收账款只是反映企业经营出现了困难，还有一些不良企业会在应收账款上做假。这是因为我国的会计准则规定，权责发生时，当期的赊销账目可以计入当期的收入。企业在年底大规模以赊销方式出货，虽然钱未到账，但销售的商品可以计入当年收入，做出漂亮的利润表。来年会不会退货，货款能不能收回来，那就是另一码事了。有些企业甚至连赊销都做不到，只是虚设一家公司，将存货赊销给皮包公司，使当期报表格外漂亮。

例如，华信国际3年的时间应收款从不到10亿元激增到近70亿元，并且不计提坏账准备，很快真相毕露，巨额坏账使资金链濒临断裂，转瞬间退市，让投资者鸡飞蛋打。而另一家华业资本用了类似手法，从 2015 年起产生了上百亿元的应收账款，在 2018 年爆雷，2019年无奈退市。而这家企业在 2015 年因这些应收账款虚构出来的利润，使股价涨到 24 元。

```
华信国际行政处罚决定书 (2020-02-19 19:40:42)                    + 转载 ▼

中国证券监督管理委员会安徽监管局行政处罚决定书〔2020〕1号
时间：2020-02-18 来源：
    当事人：安徽华信国际控股股份有限公司（以下简称华信国际），住所：安徽省马鞍山市和县。
    上海华信国际集团有限公司（以下简称上海华信），住所：中国（上海）自由贸易试验区新金桥路。
    依据《中华人民共和国证券法》（以下简称《证券法》）的有关规定，我局依法对华信国际信息披露违法行
为进行了立案调查、审理，并向当事人告知了作出行政处罚的事实、理由、依据及当事人依法享有的权利。当事
人未提出陈述申辩意见，也未要求听证。本案现已调查、审理终结。
    经查明，华信国际违法事实如下：
    一、华信国际未按规定披露关联交易事项，导致2015年至2017年年度报告存在重大遗漏
    2015年至2017年年度，华信国际与青岛保税某社国际贸易有限公司、杭州新华某化国际贸易有限公司等25
家关联公司发生销售、购货等关联交易事项，未披露的关联交易累计金额分别为352,622,061.80元、
5,229,672,659.34元、8,213,552,261.05元，占公司最近一期经审计净资产比例分别为13.07%、180.45%、
259.86%。2019年3月9日，华信国际发布《关于补充确认以前年度关联方暨补充披露关联交易的公告》，披露
上述关联交易事项。华信国际未按照证监会《公开发行证券的公司信息披露内容与格式准则第2号——年度报告
的内容与格式》（证监会公告〔2015〕24号、证监会公告〔2016〕31号、证监会公告〔2017〕17号）第四十
条规定，在2015年至2017年年度报告中披露相关关联交易情况。华信国际上述行为违反了《证券法》第六十三
条的规定，构成《证券法》第一百九十三条第一款所述情形。
    二、华信国际虚增2016年度、2017年度营业收入和利润，导致2016年、2017年年度报告存在虚假记载
    （一）华信国际虚构保理业务，虚增2016年度营业收入、利润总额分别为26,899,895.22元、
19,357,740.79元，虚增2017年度营业收入、利润总额分别为107,963,443.91元、68,687,926.51元
```

图 4.4　华信国际处罚决定书

林园在直播中经常提醒读者，买入一家公司前，至少得看看应收账款是否正常。如果忽略应收账款，只盯着漂亮的净利润，很容易掉入陷阱。一个警惕的股民，一定要避开不正常的应收账款。

不过林园也曾做过应收账款较高的股票，比如新兴铸管，它的业务多为各地政府主持的用水管线工程，这类工程通常都是企业提供产品，地方政府待工程完工后，才会结算款项。由于基本都由地方政府主导，所以并无回款风险，只是回款周期较长。另外，林园操作过的云天化应收账款也较高，这是因为云天化的行业习惯是货到付款，因

此存在着结算滞后的现象。这两种应收账款都不会增加企业风险，所以林园才会将其股票收入囊中。

应收账款在资产负债表中可以查到，但应收账款会和现金流量表直接发生关系。现金流量表主要分成三大部分：经营活动产生的现金流量；投资活动产生的现金流量；筹资活动产生的现金流量。

一家企业的应收账款会挤占经营活动产生的现金流。如果应收账款高，现金流不好，也许这家企业的利润都是纸面财富，蕴藏着很大风险，所以应收账款要结合利润以及经营活动现金流量进行综合判断。另外，观察企业应收账款的时候，还要参考企业的存货。有些企业应收账款不高，利润不够多，但存货较多，使流动资产看起来很多，但存货有时候也有猫腻，要特别小心。

作为第一高价股的贵州茅台，资产负债表和现金流量表堪称典范：

表4.20　贵州茅台（600519）资产负债表—流动资产部分（单位：亿元）

|  | 2019年年报 | 2018年年报 | 2017年年报 |
| --- | --- | --- | --- |
| 流动资产： | | | |
| 货币资金 | 1,306.30 | 1,120.75 | 878.69 |
| 应收票据及应收账款 | 14.63 | 5.64 | 12.22 |
| 其中：应收票据 | 14.63 | 5.64 | 12.22 |
| 应收账款 | | | |
| 预付款项 | 15.49 | 11.82 | 7.91 |
| 存货 | 252.85 | 235.07 | 220.57 |
| 流动资产合计 | 1,590.24 | 1,378.62 | 1,122.49 |

从茅台集团的资产负债表的应收账款中可看到，茅台集团的应收账款为零，只有一些应收票据。应收票据是一种到期无条件付款的书

面凭证，按承兑人不同，分为商业承兑汇票和银行承兑汇票，又可分为附息商业汇票和不附息商业汇票。一般应收票据要过银行的手，与应收账款比较，安全性更高些。茅台集团14.6亿元的应收票据款及应收账款在流动资产中占比不到1%，基本可以忽略，其流动资产中存货占比最高。

企业的存货性质很复杂，有保质期的存货如不能及时销售，可能会分文不值。多数企业的存货会减值，例如手机半年没卖出去，再出库大概率会降价。茅台集团存货高达252.8亿元，占流动资产总值的16%，如此之高的存货对一般企业非常危险。但茅台酒的价格总在不定期上涨，使存货的内在价值不断提升。

2011年，许多人劝说林园卖掉贵州茅台，认为贵州茅台价格太高，但林园坚定地持有贵州茅台绝不卖出。林园计算过茅台酒的存货，2011年年底，茅台集团报表显示存货为67.34亿元。要知道，企业的存货一般只计算成本费和人工费，当时茅台酒的批发价是670元，按照批发价计算，这些存货价值约2400亿元。当时贵州茅台股票价格在200元波动，按照10.4亿的股本计算，茅台集团的总市值不过2000多亿元，贵州茅台不但不是一般人认为的高估，反而是被严重低估。

存货一般由原材料、半成品和库存商品构成，但半成品和库存商品的价值并不按市场价计算，而是按照原材料和人工费用计算。2019年茅台集团的252.8亿元的存货，相当比例是半成品和库存商品，会计成本仅仅是茅台酒出厂价的10%不到。当时茅台酒的批发价已涨到了1350元左右，根据茅台酒的毛利率估算估算，茅台集团存货价值约13000亿元，仅比15000亿元的总市值略低一点（2019年年底），这是许多机构勇敢持有的底气。如此之高的存货和应收账款票据比较，后者完全可以忽略。

### 表 4.21　贵州茅台（600519）现金流量表（单位：亿元）

|  | 2019 年年报 | 2018 年年报 | 2017 年年报 |
| --- | --- | --- | --- |
| 一、经营活动产生的现金流量： | | | |
| 销售商品、提供劳务收到的现金 | 949.80 | 842.69 | 644.21 |
| 经营活动现金流入小计 | 994.44 | 893.46 | 673.69 |
| 购买商品、接受劳务支付的现金 | 55.22 | 52.99 | 48.76 |
| 支付给职工以及为职工支付的现金 | 76.70 | 66.53 | 54.90 |
| 支付的各项税费 | 398.41 | 320.32 | 230.66 |
| 经营活动现金流出小计 | 542.34 | 479.60 | 452.16 |
| 经营活动产生的现金流量净额 | 452.11 | 413.85 | 221.53 |
| 二、投资活动产生的现金流量： | | | |
| 收回投资收到的现金 | | | |
| 投资活动现金流入小计 | 0.07 | 0.11 | 0.21 |
| 购建固定资产、无形资产支付的现金 | 31.49 | 16.07 | 11.25 |
| 投资活动现金流出小计 | 31.73 | 16.40 | 11.42 |
| 投资活动产生的现金流量净额 | −31.66 | −16.29 | −11.21 |
| 三、筹资活动产生的现金流量： | | | |
| 吸收投资收到的现金 | 8.33 | | 0.06 |
| 取得借款收到的现金 | | | |
| 筹资活动现金流入小计 | 8.33 | | 0.06 |
| 偿还债务支付的现金 | | | |
| 分配股利、利润或偿付利息支付的现金 | 201.17 | 164.41 | 89.05 |
| 筹资活动现金流出小计 | 201.17 | 164.41 | 89.05 |
| 筹资活动产生的现金流量净额 | −192.84 | −164.41 | −88.99 |
| **四、汇率变动对现金及现金等价物的影响** | 0.00 | 0.00 | 0.00 |
| **五、现金及现金等价物净增加额** | 227.61 | 233.15 | 121.33 |
| 加：期初现金及现金等价物余额 | 982.43 | 749.28 | 627.95 |
| 期末现金及现金等价物余额 | 1,210.04 | 982.43 | 749.28 |

与利润表中的营业收入不同，现金流量表中的现金流入、流出显示了企业的所有款项往来。现金流入不仅包括营业收入，还包括其他项目的现金流入，应收款项不在其中。现金流入属于货币性类目，应收款项属于资产类目。

应收款项出现在资产负债表和利润表上，会对企业收入和利润产生影响，但由于没有回款，不能影响到现金流量表。财务报表作假经常的套路就是在应收款项上动手脚，从长期来看，很难保持现金流量与其对应。

茅台集团2019年的营业收入是854.29亿元，和现金流入的994.44亿元差别不大，一般企业会有一些应收账款回款、返税等经营活动的现金流入，经营现金流入大于营业收入在账面上是良性的。

为什么说在账面是良性的呢？因为如果情况相反，营业收入大于经营现金流量，那就意味着可能产生了一定数量的应收账款。如果异动的财务数据比较大，有可能存在风险。

2018年12月，康美药业涉嫌信息披露违法违规，被证监会立案调查。

> | 证券代码：600518 | 证券简称：ST康美 | 编号：临 2020-064 |
> | --- | --- | --- |
> | 债券代码：122354 | 债券简称：15康美债 | |
> | 债券代码：143730 | 债券简称：18康美01 | |
> | 债券代码：143842 | 债券简称：18康美04 | |
> | 优先股代码：360006 | 优先股简称：康美优1 | |
>
> ## 康美药业股份有限公司
> ## 关于公司实际控制人被采取强制措施的公告
>
> 　　本公司董事会及全体董事保证本公告内容不存在任何虚假记载、误导性陈述或者重大遗漏，并对其内容的真实性、准确性和完整性承担个别及连带责任。
>
> 　　康美药业股份有限公司（以下简称"公司"）收到公司实际控制人马兴田先生家属的通知，马兴田先生因涉嫌违规披露、不披露重要信息罪被公安机关采取强制措施。
>
> 　　马兴田先生自2020年5月份已不在公司担任任何职务。目前公司生产经营正常，公司董事、监事、高级管理人员将加强公司管理，确保各项业务持续稳定开展。
>
> 　　公司董事会将持续关注上述事件的进展情况，及时履行信息披露义务。公司指定信息披露媒体为《证券时报》《证券日报》《中国证券报》《上海证券报》及上海证券交易所网站（www.sse.com.cn），公司所有信息均以在上述指定媒体刊登的公告为准。敬请广大投资者理性投资并注意投资风险。
>
> 　　特此公告。
>
> 康美药业股份有限公司<br>董事会<br>二〇二〇年七月十日

图 4.5　康美药业立案公告

**证监会的调查进一步认定：**

> 2016年至2018年年报和2018年半年报中，公司均虚增营业收入、利息收入及营业利润，2016年虚增营业收入和营业利润分别达89.99亿元、6.56亿元；2017年分别为100.32亿元、12.51亿元；2018年上半年分别为84.84亿元、20.29亿元；2018年两项虚增额分别达16.13亿元、1.65亿元。

在调查结果出来之前，有投资者已经连续4年举报康美药业。为什么康美药业的造假有人可以识别？又为什么没有及早立案调查呢？先看看康美药业的财务报表。

表4.22  康美药业（600518）资产负债表（部分）（单位：亿元）

|  | 2018年年报 | 2017年年报 | 2016年年报 | 2015年年报 |
| --- | --- | --- | --- | --- |
| 流动资产： ||||| 
| 货币资金 | 18.35 | 341.51 | 273.25 | 158.18 |
| 应收票据及应收账款 | 62.53 | 46.18 | 33.19 | 28.99 |
| 存货 | 338.48 | 157.00 | 126.19 | 97.95 |
| 流动资产合计 | 548.81 | 564.79 | 444.62 | 294.48 |

表4.23  康美药业（600518）现金流量表（部分）（单位：亿元）

|  | 2018年年报 | 2017年年报 | 2016年年报 | 2015年年报 |
| --- | --- | --- | --- | --- |
| 一、经营活动产生的现金流量： |||||
| 销售商品、提供劳务收到的现金 | 210.37 | 287.66 | 239.29 | 193.72 |
| 经营活动现金流入小计 | 216.22 | 297.09 | 243.66 | 196.80 |
| 购买商品、接受劳务支付的现金 | 169.64 | 243.24 | 200.13 | 166.16 |

续表

| 经营活动现金流出小计 | 213.16 | 278.66 | 227.63 | 191.71 |
|---|---|---|---|---|
| 经营活动产生的现金流量净额 | 3.06 | 18.43 | 16.03 | 5.09 |
| 筹资活动产生的现金流量： | | | | |
| 取得借款收到的现金 | 164.87 | 226.67 | 162.93 | 61.10 |
| 发行债券收到的现金 | 182.50 | 110.00 | 75.00 | 79.00 |
| 筹资活动现金流入小计 | 347.64 | 343.28 | 320.49 | 140.76 |
| 偿还债务支付的现金 | 296.20 | 252.61 | 182.34 | 61.55 |
| 筹资活动现金流出小计 | 327.74 | 278.22 | 202.15 | 73.17 |
| 筹资活动产生的现金流量净额 | 19.90 | 65.06 | 118.34 | 67.59 |
| 现金及现金等价物净增加额 | −23.55 | 68.18 | 114.50 | 58.25 |
| 加：期初现金及现金等价物余额 | 41.18 | 272.45 | 157.95 | 99.70 |
| 期末现金及现金等价物余额 | 17.63 | 340.63 | 272.45 | 157.95 |

表 4.24　康美药业（600518）利润表（部分）（单位：亿元）

| | 2018 年年报 | 2017 年年报 | 2016 年年报 | 2015 年年报 |
|---|---|---|---|---|
| 营业总收入 | 170.65 | 264.77 | 216.42 | 180.67 |
| 营业总成本 | 162.52 | 218.24 | 177.52 | 149.21 |
| 营业利润 | 6.87 | 48.35 | 39.58 | 32.18 |
| 净利润 | 3.70 | 40.95 | 33.37 | 27.56 |

2019 年康美药业承认了财务数据有错误，发公告做出声明：

（1）由于公司采购付款、工程款支付以及确认业务款项时的会计处理存在错误，造成公司应收账款少计 641073222.34 元；存货少计 19546349940.99 元；在建工程少计 631600108.35 元；由于公司核算账户资金时存在错误，造成货币资金多计 29944309821.45 元。

（2）公司在确认营业收入和营业成本时存在错误，造成公司营业收入多计 8898352337.51 元；营业成本多计 7662129445.53 元；公司在核算销售费用和财务费用时存在错误，造成公司销售费用少计 497164407.18 元；财务费用少计 228239962.83 元。

（3）由于公司采购付款、工程款支付以及确认业务款项时会计处理存在错误，造成公司合并现金流量表销售商品、提供劳务收到的现金项目多计 10299860158.51 元；收到其他与经营活动有关的现金项目少计 137667804.27 元；购买商品、接受劳务支付的现金项目多计 7301340657.76 元；支付其他与经营活动有关的现金项目少计 3821995147.82 元；购建固定资产、无形资产和其他长期资产支付的现金项目少计 352392491.73 元；收到其他与筹资活动有关的现金项目多计 360457000.00 元。

按照康美药业的声明，2017 年，货币资金多计入 299 亿元，存货少计入 195 亿元，是确凿的财务造假。

证监会更新的调查结果显示：康美药业 2016 年年报虚增货币资金 225.8 亿元；2017 年年报虚增货币资金 299.4 亿元；2018 年半年报虚增货币资金 361.9 亿元。康美药业造假成为 A 股史上最大规模的财务造假案。

在调查结果出来之前，审计事务所数年的审计，并未发现问题。在例行审计中，康美药业财务报表逻辑完善，数据也可以相互验证。既然能通过专业的审计，普通的分析者就很难发现康美药业财务造假了。

但难以发现不代表不能发现，毕竟有分析者一直在举报康美财务造假，康美药业财务报表出现破绽的地方正是营业现金流、利润、应收账款和存货。

在3张表中，经营现金流入与利润不匹配，经营现金流净额远远小于利润。在林茅酒业的案例中我们了解到，经营现金是企业收到的现金，应收账款并不会产生现金，但却可以计入利润。与此同时，企业购入的存货也会减少当期的现金。

康美药业的存货、应收账款都在增加，营业收入也在增长，但是经营现金流增长缓慢。以2016年为例，净利润高达33.36亿元，而经营现金净流入只有16亿元，二者相差了一倍。如果财务报表长期都是这种状态，那就意味着企业存在大量的欠款和存货，现金会比较紧张。

可康美药业的现金却大幅增长，2018年3季度财报公布，康美药业的资产负债表中，货币资金高达377.88亿元，而当期的净利润只有38.3亿元。

这就有些诡异了，在第三章中我们了解过，企业现金流充足是好事，但过多的现金对企业是负担，因为现金只有菲薄的利息收益，如果负债来的现金，还会产生高额的融资成本，企业只能用资产获利。

康美药业的净利润增速很高，每年的复合增速差不多30%，再看经营性净现金流入，数年内不增反降，康美药业的利润全部化作了年年攀升的应收账款。仅2017年，康美药业需要支付的股利、利息以及手续费就高达25.61亿元，与净利润的比例是64∶100。

再看康美药业的现金流量表，数年间，康美通过不断的贷款和发行债券，筹措到的大笔现金并未投入经营，只是用新账还旧账，大量的现金静静地趴在银行的大额存单上睡觉，不断损失着利差。最终结论是，康美药业将每年利润中相当大的一部分贡献给银行和债券购买者，自家保留着大额现金以备不时之需，妥妥的是活雷锋。

尽管看起来不合理，但康美药业的财务报表是平衡的，这也是审

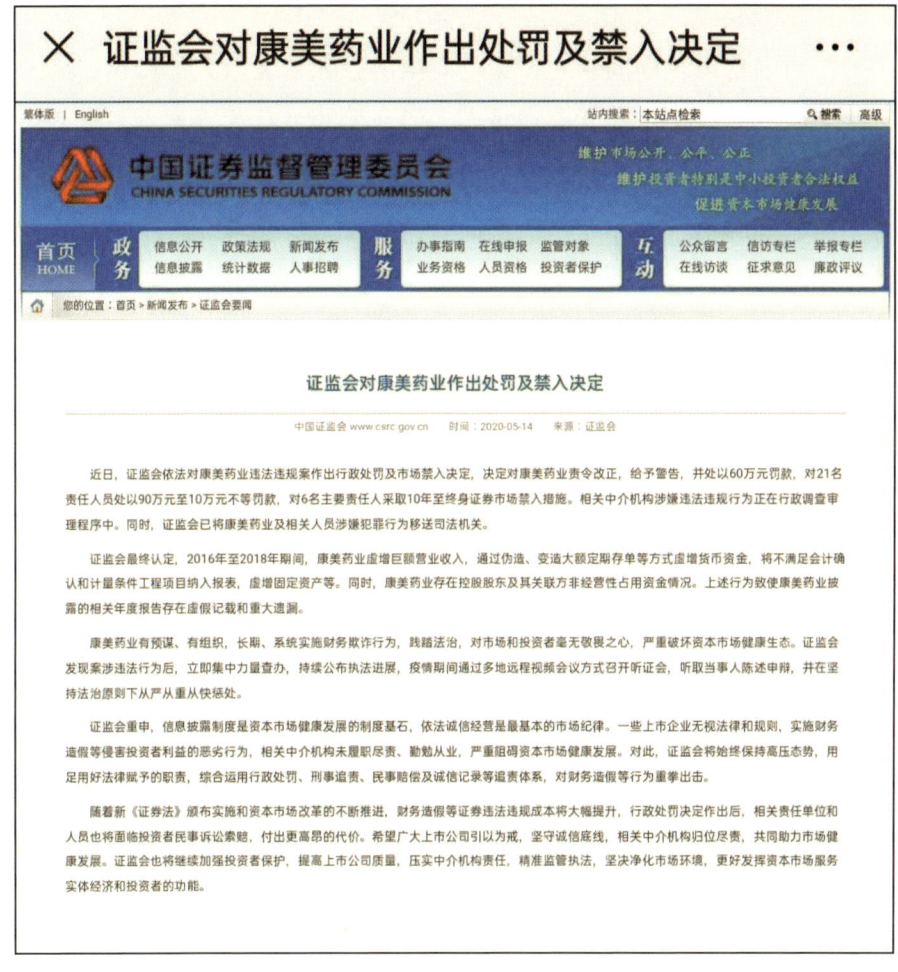

第四章 不败秘籍——林园的六大财报指标

图 4.5 康美药业处罚决定书

计不出问题的原因。一直到证监会调查时才发现，康美药业伪造了 300 亿元的银行大额存单，正是假存单，撑住了康美药业的货币现金总量。康美药业发出的声明语焉不详地在解释假存单，将虚构的金额填进了应收账款和存货，但却无法掩盖企业责任人的犯罪事实。2020 年 5 月，证监会公告称，"已将康美药业及相关人员涉嫌犯罪行为移送司法机关"，公司及相关责任人终将被追究法律责任。

181

## 财报掘金
**林园选股的核心财务指标**

在林园看来，好的企业一定是有限的投入，无限大的产出。康美无限制筹资，等于是在无限地投入，但产出的增长远跟不上筹资的速度。这意味着企业背负着巨大的负担，因为难以为继，所以才出现了财务造假，而衡量企业经营质量的数据，最为需要关注的就是应收账款和存货。

注：除茅台集团这样的特殊企业外，多数企业存货过高都不是好事。

## ◎ 第七节　预收账款与流动负债

茅台集团让林园最为赞叹的是居高不下的预收账款，预收账款是指企业提前收到的货款，一般是购买者为获得商品提前支付的货款。在同一行业中，预收账款占比越高，代表企业的产品越受欢迎，在行业中地位越高。

上一节讲的应收账款是企业的收益，计入利润表，但应收账款有一定的成本，还存在违约的风险。而预收账款并非利润，由于交易没有完成，所以预收账款是一种债务，这是企业欠采购商的债务，必须完成后才能变为收入。

由此可知，应收账款是存在风险的收益，预收账款则是可以确定收益的债务。预收账款在某种程度上反映了企业的未来收入，在特定行业甚至可以预测企业未来的利润。

近年来各行业普遍产能过剩，许多企业生产出来的产品很难及时卖出去，多数都是先发货后付款，账目表现为应收账款，高应收账款的利润表可能蕴含着风险。只有少数企业拥有主动权，采购商必须先付款后拿货，资产负债表的流动债务可能较高，但恰恰显示了企业未来靓丽的收入。例如在茅台和五粮液的大战中，茅台的预收账款只比五粮液预收账款的增幅高一点点。差距虽然小，但显示了茅台酒越来越受欢迎，长此以往，两家企业出现了巨大差异。

2003年，五粮液集团的预收账款是8亿元左右，茅台集团是7.45亿元，到2018年，五粮液集团的预收账款增长到67亿元，而茅台集团则增长到135亿元。

酒类行业的预收账款占比并不很高，茅台酒和五粮液属于特例。预收账款的比例在不同行业中表现不同，房地产和建筑行业的预收账款比例较高，这是因为新楼多是期房，需要预缴购房款。

预收账款属于负债，在资产负债表的流动负债部分。流动负债是指企业需要在1年内应偿还的债务。流动负债与流动资产相对应，两者相比较可以大致了解企业的短期偿债能力和清算能力。流动负债包括：短期借款、应付账款、应付票据、应付工资、应付福利费、应缴税金、应付股利、应付利息、预收账款、预提费用、其他应付款、其他应缴税款等。

流动负债是企业经营最大的风险源，许多企业出现危机并不是因为经营不善，而是流动负债远超流动资产，如果公司现金不足以弥补当期净偿债额，公司可能违约，而违约会导致银行抽贷、投资人赎回，进而引发企业破产。不同于资产小于负债的技术性破产，业内人士将其称之为"黑字破产"。

在林茅酒业的资产负债表中，全部负债都是短期负债，只有一部分是流动资产。如果林茅酒业第二年一季度不能回款，就会导致"黑字破产"出现。

高流动负债如同在刀尖上起舞，风险极大。但许多公司偏偏对流动负债毫不设防。这是由于流动负债是所有负债中最容易得到现金的筹资方式，许多企业在低成本与稳健经营的抉择中，甘于冒着巨大的风险，选择较高的流动负债比率。

例如，金鸿控股主要涉及天然气综合利用及环保工程服务业务，公司本业中的天然气业务风险并不大。但在发展过程中，公司不惜举债扩张，流动负债不断走高。在2015年时流动负债约有29.6亿元，到2016年，流动负债直接飙升到49亿元。这是由于该公司启动了扩张计划，一年内通过中短期融资收购了7家环保公司股权。

大举并购后营业收入相应大幅增长，可见公司扩张属实，并不是玩资产转移。但由于2017年后，环保行业整体下滑，导致毛利润大幅萎缩，净利润出现负增长。企业负债有一定成本，如果利润低于负债利率，就意味着亏损。金鸿控股在 2018 年仍未亏损，但资金压力越来越大。

到 2018 年底，金鸿控股迫不得已将利润低于资金成本的公司关闭，产生了高达 15.85 亿元的资产减值，首度出现亏损。这笔减值使该公司在 2019 年产生了 1.97 亿元的逾期借款、2882 万元的逾期利息。紧跟着该公司中长期债券到期，产生了 8 亿元的违约债券，于是多家银行停止授信，甚至直接抽贷，金鸿控股进入 ST 倒计时。

为了自救，金鸿控股只得向竞争对手昆仑燃气公司出售 17 家优质子公司，这 17 项资产大都是公司旗下的燃气公司，经营天然气长输管道及城市燃气管网的建设和运营。毫无疑问，其子公司虽然不是下金蛋的母鸡，但营业收入、利润都非常稳定，是金鸿控股的核心资产。金鸿控股已挂上 ST 帽子，股价从 2015 年的 26 元左右跌至 1 元多，诸多投资者欲哭无泪，金鸿控股的决策者估计很后悔当年为了发展大举负债。

**表 4.25　金鸿控股（000669）流动资产与流动负债　单位：亿元**

|  | 2019 年年报 | 2018 年年报 | 2017 年年报 | 2016 年年报 | 2015 年年报 |
|---|---|---|---|---|---|
| 流动资产： | | | | | |
| 货币资金 | 3.03 | 2.10 | 8.23 | 12.61 | 5.74 |
| 交易性金融资产 | 0.33 | | | | |
| 应收票据及应收账款 | 4.19 | 9.24 | 8.38 | 6.50 | 3.95 |
| 预付款项 | 0.51 | 1.82 | 3.47 | 1.93 | 0.97 |
| 其他应收款合计 | 12.41 | 2.32 | 1.66 | 1.22 | 1.31 |
| 其他应收款 | 11.76 | 2.32 | 1.66 | 1.22 | 1.31 |
| 存货 | 0.55 | 1.13 | 0.81 | 0.55 | 0.17 |
| 其他流动资产 | 13.20 | 1.04 | 1.00 | 0.70 | 0.65 |
| 流动资产合计 | 35.30 | 17.65 | 23.97 | 23.50 | 12.79 |
| 流动负债： | | | | | |
| 短期借款 | 12.92 | 19.43 | 22.49 | 19.83 | 15.24 |
| 应付票据及应付账款 | 8.11 | 9.55 | 9.02 | 8.24 | 6.38 |

续表

| | | | | | |
|---|---|---|---|---|---|
| 预收款项 | 2.48 | 3.82 | 2.26 | 0.78 | 0.97 |
| 合同负债 | | | | | |
| 应付职工薪酬 | 0.52 | 0.41 | 0.32 | 0.14 | 0.12 |
| 应交税费 | 0.76 | 1.22 | 1.75 | 1.34 | 0.83 |
| 其他应付款合计 | 21.06 | 7.87 | 3.71 | 3.91 | 1.93 |
| 其中：应付利息 | 1.76 | 0.77 | 0.93 | 0.63 | 0.14 |
| 应付股利 | 0.09 | 0.21 | 0.15 | 0.10 | 0.09 |
| 其他应付款 | 19.21 | 6.89 | 2.63 | 3.17 | 1.70 |
| 一年内到期的非流动负债 | 18.42 | 13.92 | 2.87 | 3.20 | 4.11 |
| 其他流动负债 | 0.15 | 0.46 | 10.09 | 11.59 | 0.09 |
| 流动负债合计 | 64.43 | 56.68 | 52.51 | 49.02 | 29.67 |

从金鸿控股的资产负债表中可以看到，在2015年，公司流动负债就已经是流动资产的231%，这个比例虽然很危险，但只要能维持正常经营，还不至于引爆危机。但到2018年底，这个比例已达到321%，只要债务到期，很大概率会出现兑付危机（净利润非常高的企业还有机会融资偿还旧债，利润一般的公司很难扭转困局）。

由此可见，短期负债潜在的风险非常大，除了一些特殊行业（金融业短期负债很高）。林园向来对短期负债过高的企业敬而远之，但正如流动资产中的应收账款蕴藏着风险一样，表示风险的流动负债中，预收账款则暗藏着收益。

我们分析资产负债表，不能简单看资产总额或者负债总额，有必要了解每一细项的真实含义，以及数据之间的关系。对于预收账款，首先得看它在债务中占的比例，金鸿控股的预收账款绝对数额也不算低，能赶上小公司一年的营业收入，但是占全部流动负债的比例小得几乎可以忽略。另外，预收账款也是现金的一部分，还须比较其在现金流量表中占现金流的比例。

2015年，金鸿控股的年末现金净值是4.7亿元，当年的预收账款为0.96亿元，占比约20%；至2019年，公司的年末现金净值维持在5.26亿元，和以前差别不大，但预收账款达2.48亿元，占比将近一半。从预收账款上分析，公司的主营业务表现不错，业务规模有所扩大。但现金净值显示公司收支并不平衡，去除预收账款，现金流在萎缩。结合大规模出售子公司的现状，可分析出公司步履维艰，如果产生收益的资产消耗殆尽，预收账款反而会成为负担。

预收账款还有预测未来收益的功能，茅台集团2015年预收账款是82.6亿元，2016年营业利润是246.6亿元；2016年预收账款175亿元，2017年营业利润为389.4亿元；2017年预收账款144.2亿元，2018年营业利润是513.4亿元（茅台酒涨价18%）；2018年预收账款135.7亿元，2019年营业利润达590.4亿元。当年预收账款是下一年利润的一部分，茅台集团来年利润是当年预收账款的300%~400%左右，这个比例保持得较为稳定。茅台集团2019年预收账款137.4亿元，但经过渠道整顿，利润率有所上升，可以预测2020年茅台集团的营业利润约在650亿元左右。

金鸿控股2015年预收账款0.97亿元，2016年营业利润为3.7亿元；2016年预收账款0.78亿元，2017年营业利润是4.64亿元；2017年预收账款2.26亿元，按照常规2018年营业利润应不低于6亿元，但因2018年资产减值，营业利润转而为−15.5亿元。

预收账款对现金流、营业利润都有一定影响，但并非起决定性的影响，在企业有大事发生时，企业的现金流和营业利润发生了激烈变化，预收账款的影响力就会减弱。预收账款主要应用于常态经营的企业，以及对同类型企业进行竞争力分析。预收账款会增加短期负债总额，但要牢记，预收账款是良性负债。除此之外，其他的负债或多或少都会增加企业运营的风险。

（PS：根据证监会要求，目前预收账款已经合并计入进了合同负债。）

**财报掘金**
林园选股的核心财务指标

微信扫码
观看本章小结视频

# 第五章

## 穿越周期——林园复利之谜

微信扫码
观看本章导读视频

股票市场虽然有一定规律，但却充满变化，大的变化跟随经济周期，小的变化追随货币政策、财政政策和产业政策，更小的变化在个股的消息中体现。技术分析往往忽略一切影响因素，只根据图形表现来分析股票的运行。林园早期也曾用过技术分析，但市场的变化让人眼花缭乱，经常会因为当下的剧烈震荡忽略了长期趋势，因此产生一些不必要的失误。

随着对市场的理解更加深刻，林园愈发重视长期指标，在30余年的交易生涯中，他的理念及分析方法愈发成熟。但路漫漫其修远兮，世界在变，中国在变，股市也在变，不能应时而变者，被市场淹没只是时间问题。

很多人认为中国股市是政策市，跟着政策涨跌，这个观点需要商榷。A股中短期确实容易受到政策影响，但长期观察，A股仍遵循经济运行规律。经济周期以10年为单位，在波动的过程中，A股受政策影响会形成独立的中期趋势，一般以年为单位。

不遵从经济周期的牛市可视为结构性牛市，通常一部分股票脱颖而出，大多数股票在底部挣扎，甚至三五年都没有像样的涨幅。人们将此归咎于主力，但市场中并没有那么多主力。优质股票是机构的共识，专业研究者往往观点相似，他们不约而同买入同样的股票，于是结构性牛市就出现了。

长线交易者不能忽略经济周期，在不同的经济周期下选择不同类型的行业，在合适的行业中通过财报找到最具备潜力的企业，才是长期投资的王道。但经济周期很长，小周期大约是10年，大周期是30年到60年，大多数人很难展望这么长的时间，所以真正的长线投资者凤毛麟角。

近年中国经济正在进行大的结构调整，而A股也将随着这次经济转型而转型。没有人能准确预言转型的方式与方向，只能在社会经济的发展过程中，密切观察变化，通过不同行业的财务变化，寻找未来的机会。

经济周期有 4 个阶段，不同的阶段有不同的投资方式，著名的美林投资时钟对此做出简述：

1."经济上行，通胀下行"构成复苏阶段。此阶段由于股票对经济的敏感度更高，相对债券和现金具备明显超额收益；

2."经济上行，通胀上行"构成过热阶段。在此阶段，通胀上升使持有货币不划算，加息预期降低了债券的吸引力，价值型股票机会相对较强，大宗商品则明显走牛；

3."经济下行，通胀上行"构成滞胀阶段。在滞胀阶段，现金收益率提高，持有现金最明智，经济下行对企业盈利的冲击将对股票构成负面影响；

4."经济下行，通胀下行"构成经济衰退。在衰退阶段，通胀压力下降，货币政策趋松，债券表现最突出，随着经济即将见底的预期逐步形成，股票的吸引力逐步增强。

很多国际投资机构都按照美林时钟的投资模型进行资产配置，但是由于中国的金融业不够发达，中国投资者很难做全资产配置。近年来，林园已经走出中国，向全世界投资。普通股民很难按照林园的方式配置资产，不过近年来 A 股扩容速度很快，上市的企业也将更加多元化。充分认识经济周期，找到合适的企业，可以和林园一样在 A 股实现穿越牛熊。

## ◎ 第一节　经济复苏时牛股的财务指标

经济衰退一段后，随着过剩产能出清，新产业逐渐成长，社会将进入复苏期。复苏期到来之前，社会经济比较疲软，物价、房租之类价格都不高。政府仍可能采用扩张性财政政策，但货币难以进入实体经济，也很难推高物价，社会投资热情降到冰点。

所以经济复苏之时，资产的价格总是会比较便宜，创新创业的门槛变低，周期型行业盈利开始改善。美林投资时钟理论认为复苏期投资股票最为划算，多数股票在未来都会上涨，仅是上涨幅度不同。复苏期首要任务就是找到涨幅较大的股票，但上百个行业，数千只股票，哪些股票才会有令人满意的回报率呢？

这就要回到行业分类，在复苏期，由于人们的收入开始逐渐增长，一些当前受欢迎但价格昂贵商品的需求会增长。例如，20世纪80年代的自行车、90年代的摩托车、2000年前后的电脑，2010年之后的家用轿车。

必须要说需求是个好东西，需求增长的行业中，企业可以通过增产或者涨价实现利润增长，股价也会有不错的表现，新产业和周期型行业是复苏期的首选。

20世纪80年代末90年代初，中国步入经济复苏期，一个小的经济循环贯穿了整个90年代，林园在首轮经济复苏中创造了令人惊叹的利润。随后在2003年经济再次复苏，2005年繁荣期开始，2008年随着金融风暴落幕，在这轮经济循环中，林园的财富再次出现爆发式增长。2013年是最近的一次小周期经济复苏，随后走出了2015年的结构性牛市。

这三次经济复苏提供了前所未有的创富良机，抓住任何一次机会，

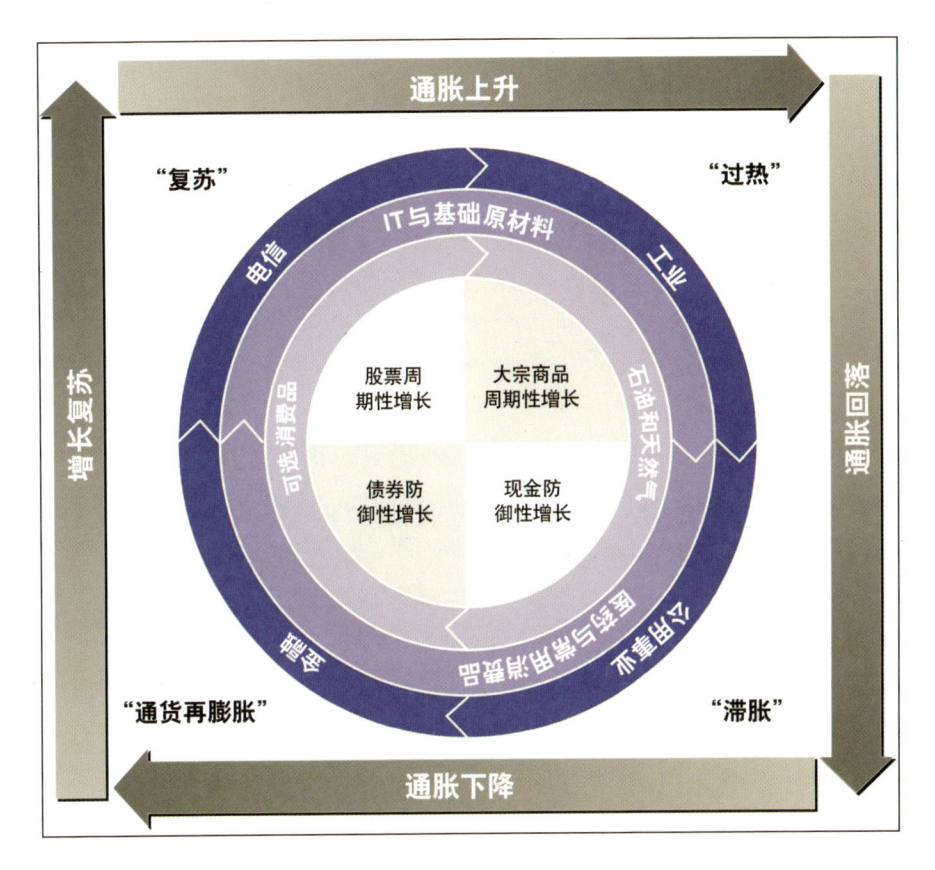

图 5.1　美林投资时钟

都足以改变命运。但这三次复苏每次崛起的产业都不同，上一次的黑马在下一次复苏期多是默默无闻，可以说每次经济复苏最有机会的产业都会转换，过往的经验几乎没用。

既是一种直觉，也是一种运气，林园初入股市正是中国经济循环大周期的复苏阶段。30年前中国股市还没有专家，所有人都在懵懂状态，林园也不例外。但直觉告诉他，既然要买，就买最好的，他花费了不少时间和精力对区区5家上市公司做了深入了解，最终选择了他认为质量最好的深发展。

平心而论，这个阶段拼的是胆子，并不是见解。老五股在中国股市初创期表现都可圈可点，虽然后来有些企业沉沦了，但多数敢于尝鲜的人都获得了不菲的收益。

投资成功的经历让林园发现了经济循环的规律。进入21世纪后，中国人的生活在逐渐发生变化，以前下馆子喝酒是很奢侈的事情，但2003年前后，人们请客喝酒越来越寻常，这显然是有更多人在追求高质量生活的证据。林园根据日常生活的细节判断，经历了下岗潮的中国经济已经开始复苏，而人们对饮食的追求在大幅增长，于是他瞄准了"嘴巴"企业。

所谓"嘴巴"，指的是人们的吃吃喝喝，这是生活富裕后的第一刚需。但当时A股并没有餐饮企业，粮食由国家管控价格，农业企业不会享受太多经济复苏的好处。人均可支配收入的增长会使人们增加"奢侈品"的消费，叠加"嘴巴"的需求，林园将目标锁定在高端白酒和外贸相关行业。有关酒类的分析前面已经说过许多，不再复述贵州茅台、五粮液的案例。

21世纪初始，中国加入世贸组织，国家苦于外汇匮乏已久，入世之后致力于推进国际贸易。短短数年，进出口贸易总值爆发式增长。在下岗潮还未彻底解决、人们收入没有明显提高的2002年、2003年，以外贸为发展目标的长三角、珠三角地区经济增速远超内地。

在深圳起家的林园早就在关注和外贸有关的行业，但苦于两市没有直接做外贸的企业，他将视线转移至外贸的服务企业。全球贸易依赖海运，和海运相关的是港口和船舶业，林园对与港口有关的企业进行了深入分析。

林园首先比较了为数不多与港口有关的企业，发现北方企业的发展明显弱于南方，于是他聚焦于厦门港务和上港集箱两家业务在南方的上市公司。我们知道企业的资产是创造财富的本源，资产有很多种类型，对港口相关行业而言，固定资产是最重要的盈利工具。

在万物复苏的季节，春江水暖鸭先知的企业必然会加大投资，所以分析一家企业要看企业的投资规模以及投资方向，一家熬过下行期的企业要是大肆购买理财产品肯定不太适合长期投资。

表5.1 厦门港务（000905）投资数据（单位：亿元）

|  | 2005年年报 | 2004年年报 | 2003年年报 | 2002年年报 | 2001年年报 |
| --- | --- | --- | --- | --- | --- |
| 长期股权投资 | 0.82 | 1.34 | 0.94 | 0.98 | 0.95 |
| 固定资产 | 7.37 | 7.12 | 23.55 | 23.83 | 24.18 |
| 在建工程 | 0.79 | 0.28 | 0.06 | 0.07 | 0.06 |
| 无形资产 | 3.43 | 3.22 | 0.05 | 0.06 | 0.06 |
| 非流动资产合计 | 12.42 | 11.99 | 24.74 | 25.10 | 25.42 |

厦门港务的资产负债表显示，2002年后新开工的工程较少，一直到2005年才开始扩大固定资产投资。长期股权投资比例远高于工程投资，可见厦门港务更倾向于投资现成的企业，而不是固定资产建设。

与上海机场类似，此类企业盈利依靠固定资产，而在建工程转为固定资产需要一定周期。2003年是复苏的开始，厦门港务如果加大固定资产投资，那么固定资产会在经济上行期会给企业带来丰厚的收益。而股权投资多数都会溢价，在复苏期收购并不是最佳选择。简单表述，这类企业在复苏期投入1元钱，未来可以赚回2元钱；而在复苏期收购股权，是1元钱的资产要1.5元，还需要磨合、整顿才能盈利，显然专注主业更为划算。

表5.2 上港集箱（600018，上港集团）投资数据（单位：亿元）

|  | 2005年年报 | 2004年年报 | 2003年年报 | 2002年年报 |
| --- | --- | --- | --- | --- |
| 长期股权投资 | 28.14 | 30.06 | 55.89 | 25.52 |
| 固定资产 | 166.61 | 113.79 | 59.38 | 53.80 |
| 在建工程 | 75.00 | 25.40 | 6.85 | 21.32 |
| 无形资产 | 20.87 | 15.08 | 0.98 | 1.35 |
| 非流动资产合计 | 298.77 | 184.59 | 123.46 | 102.00 |

上港集箱2002年前的数据无法找到,只能从2002年开始。上港集箱2002年的在建工程达到高峰,随后开始下降,但2005年再次达到65亿元的高峰,比厦门港务千万级别的固定资产投资高出不是一个量级。

据林园回忆,2003年和2004年,上港集箱前期工程都在收尾,但公司并未停止固定资产投资,在2005年再次进行大规模基础建设。

企业今天的投资就是明天的收益。复苏期本身就是投资的良机,抓住复苏的机会大规模投资,尤其是进行主营业务资产投资,会在未来产生超额收益。复苏期不同的战略,让两家属性相仿的企业在利润表上拉开了差距。

表5.3 厦门港务(000905)利润表(部分)(单位:亿元)

|  | 2008年年报 | 2007年年报 | 2006年年报 | 2005年年报 | 2004年年报 | 2003年年报 |
| --- | --- | --- | --- | --- | --- | --- |
| 四、营业利润 | 1.31 | 2.02 | 2.26 | 1.61 | 1.23 | 1.13 |
| 五、利润总额 | 1.59 | 2.23 | 2.42 | 1.73 | 1.35 | 1.12 |
| 六、净利润 | 1.46 | 1.83 | 1.94 | 1.42 | 1.09 | 0.90 |

厦门港务的利润表显示,随着在建工程结束,企业的利润在2005年、2006年两年出现比较不错的增长。受全球金融危机冲击,2007年开始下滑,2008年出现大幅下降。

表5.4 上港集箱(600018,上港集团)利润表(部分)(单位:亿元)

|  | 2008年年报 | 2007年年报 | 2006年年报 | 2005年年报 | 2004年年报 | 2003年年报 |
| --- | --- | --- | --- | --- | --- | --- |
| 营业利润 | 63.33 | 55.86 | 43.06 | 37.51 | 27.41 | 19.91 |
| 利润总额 | 70.99 | 55.96 | 43.65 | 37.38 | 25.53 | 20.26 |
| 净利润 | 60.30 | 49.75 | 38.91 | 32.50 | 21.54 | 17.15 |

上港集箱同样因为在建工程逐渐完工，利润表现不错，2004年略有下降。公司2005年大幅增加固定资产投资后利润开始快速上升。2008年金融风暴对公司收入影响不大，仍然能保持一定增速。

通过两家港口企业的资产负债表比较可以发现，复苏期企业发展的要点在于投资，主营业务的投资在未来会带来更多的收入。相比较，投资力度较弱的企业后期发力也会较弱，虽然同样受益于宏观经济增长，但长期来看，股价一定会将差异表现出来。

从2003年到2007年牛市结束，厦门港务涨幅约350%。同一时期，上港集箱的涨幅超过700%。不过这不是最重要的，重要的是从2003年到2006年牛市启动，厦门港务原地踏步，而上港集箱则基本翻倍，林园再次在牛市来临之前就已经赚了一波。

但是要注意，港口股受全球经济周期影响很大，2007年牛市结束，此类股票的跌幅也非常深。2008年受益于两岸关系，厦门港务又出现一波独立行情，不过累计最高涨幅也未超过500%。这类周期型股票牛市结束必须脱手，它们穿越周期的可能性微乎其微。

除了关注企业投资情况，林园还会深入现金流量表观察企业的现金流。现金流量表中要记录员工工资的现金支出，因为涉及个税、社保、公积金，企业很少会在这一项现金流出项上做手脚，因此企业业务量增长在员工的工资支出上会有所表现。

当时，林园注意到上港集箱的工资支出项一直保持较大幅度的增长，而且增幅相对稳定。2006年，由于公司重组更名，工资支出出现较大变化，但整体增长态势并未变化。厦门港务的工资支出同样一直保持增长，但增长幅度比上港集箱要低不少，2004年，厦门港务同样因重组更名工资支出变化较大，但随后又变成了比较缓慢的增长。

中国企业习惯每年给员工涨工资，没有意外情况，工资支出总是会保持稳定缓慢的增长。但复苏期有发展机会的企业则不同，这些企业的业务量会快速增长，企业要么需要雇佣更多人手，要么需要发更多工资激励员工，工资支出的增幅会高于其他行业。在同行业中，业务做得越是漂亮，工资支出的增长也会越快。

另外，企业投资固定资产或者扩充产能，也需要增加人力。有些企业会在在建工程投资项上造假，如果在建工程投产后企业工资支出有较大比例增长，则表明新工程已经在创造利润。如果在建工程有问题，则工资支出不会出现明显变化。

复苏期寻找有潜力的企业十分重要，林园之所以超越其他投资者，是因为他在复苏期总是能捕捉到最具备潜力与确定性的企业。这些在熊市末期就开始上涨的股票，为林园在繁荣期扩大盈利打下了基础。厦门港务和上港集箱的细微差别，让这两家企业在复苏期表现截然不同。

## ◎ 第二节　经济繁荣期的重要指标

复苏期选股需要考察行业，还需要深研财务报表，选股较为艰难。当经济进入繁荣期，选股就变得轻而易举。繁荣期多数股票都会走牛，除非运气实在太差，亏损还真的挺难。但繁荣期不需要选股吗？当然不是。林园说过，选股是投资者的终身事业，生命不息，选股不止，繁荣期不但要选股，还要精选、细选。

林园向媒体展示过他在牛市的账户配置：

> 牛市初期我主要买龙头股。龙头股在我的配置中可能是占了60%～70%；小盘股占了15%；剩下中间这部分，是我认为在熊市中一定被低估的、派息率在10%以上的股票。这就是我们说的布阵。中间这部分作为维系我的生活的来源——我们不能为生活开销而发愁。在牛市早期的时候，别的仓位不涨也没关系，中间这部分仓位每年的派息也能满足我日常生活的需要了。
>
> 到牛市中期的时候，我只需要做一件事，就是把中间这块仓位的比例缩小，甚至缩小到0%，就是低PE高分红的股票，要缩小比例，然后加大小盘股的投入。我们的判断就是小盘股最能涨，牛市一定是小盘股涨得最多。小盘股一定会给你带来额外的收入，所以你只需要做这步就可以了。如果不追求更高的利润，按我这个布阵，可以分享到这波牛市指数的增长。指数涨130%，我的组合就能增长5倍。用我这种最笨的办法就行，你不用再来问我，你按这个方法买好以后，它至少能跟上指数，你不会落后于指数。

林园在繁荣期选股仍恪守他的两个基本准则，首先，考虑确定性，也就是在牛市后期仍有较确定的上涨空间。其次，考虑风险性，这是因为繁荣期鱼龙混杂、泥沙俱下，经常是越不好的股票表现越好。但长线投资者必须考虑风险，林园为了避免踩雷，即使放弃短期利益，也决不冒险追逐风险不可控的利润。

围绕这两个维度，繁荣期选股就变得简单，低风险且稳定。大约在2006年，中国经济进入繁荣期，可以说百业兴旺，全国一片生机蓬勃，A股也进入大牛期，几乎所有股票都在上涨。但林园并未随便找几只股票了事，反而更加苛刻地选股。他仍以需求增长为首要标准，持有招商银行、上海机场、黄山旅游、瑞贝卡、新兴铸管、云南铜业等几只股票。这些股票行业不同，在当时普遍涨幅不大。除了瑞贝卡，这些股票还有另一个共同特点，就是都具备较强的周期性，业内通常将这些股票称之为强周期股票。

所谓强周期股票是指对经济周期特别敏感的股票。在经济下行期，这些股票会加速下跌；反之，在牛市后半程会加速上涨。强周期股票部分处于产业链的上游，只要经济景气度高，他们就会受益。另外一些则受益于人均收入增长带来的需求增长，例如黄山旅游，必然会随着经济景气而收入渐增。这些股票预期稳定，在牛市早期较少会出现疯狂上涨，但在牛市下半场由于利润增长相对滞后，而且相对价格较低，很容易受到股民追捧。

周期型行业不难分辨，消费型周期行业包括房地产、银行、证券、保险、汽车、航空；工业类周期行业包括有色金属、钢铁、化工、水泥、电力、煤炭、石化、工程机械、航运、装备制造等。其中，对周期最为敏感的为商业银行、证券、汽车、航空、有色金属、化工、航运等。

周期型板块具有很强的同质性，普通周期股票走得不会太弱，强周期股票则走得更强。但是在同一版块中的个股还是有强弱、风险大小之分。例如，煤炭行业的股票在历史上表现相仿，但周期向下的时候，表现会各不相同。在2008年大熊市，毛利率在9.47%的安源煤业跌幅深达67%，以焦炭为主业的安泰集团，毛利率也仅有10.24%，跌幅同样是67%。毛利率在24.63%的冀中能源，跌幅只有47%。

当然，毛利率只是一个参考指标，并非所有股票都按照这个规律运行，有些企业毛利率不错，但牛市时被炒得过高，跌起来同样惨不忍睹。总之，在繁荣期这类企业都有不错表现，一旦走熊，不管亏赚必须离场。

林园还会关注一些细节。比如，企业投资情况以及因投资产生的债务，必须全面考量，再三斟酌，才能在经济景气时找到买着放心、持有安心的周期型股票。

2005年，林园意识到随着经济越来越热，一些稀有资源的价格会上涨，他开始对有色板块进行调研。有色板块细分行业很多，一种金属就是一个子行业。贵金属和国际期货价格密切相关，在2005年趋势并不明显，甚至还有下行迹象。例如从事金银业务的山东黄金，在2005年上半年下跌了22%。当时，中国最具备优势的有色行业是铜和铝，这两个行业能耗高，附加值低，欧美国家在去产能，多数产能转移至中国。其时全球制造业景气度非常高，铜和铝是不可或缺的材料，这两个有色子行业在繁荣期大有可为。

对比之下，铝业的入门门槛虽高，但只要资本够，谁都可以办厂，这是因为铝矿并不稀缺。但铜则不然，中国铜矿比较匮乏，只有江西、云南、安徽等几个省能规模产铜。当时中国外汇储备还不多，少有企业从海外进口铜矿在国内加工，铜业的竞争并不激烈，所以林园最终聚焦于铜业。

铜业股票同质化比较严重，不容易区分，分析财务报表后，林园权衡了成长性和抗风险性，选择了性价比最合适的铜都铜业（现名铜陵有色）。

## 财报掘金
### 林园选股的核心财务指标

表5.5 铜陵有色（000630）资产表（部分）（单位：亿元）

|  | 2006年年报 | 2005年年报 | 2004年年报 | 2003年年报 | 2002年年报 |
|---|---|---|---|---|---|
| 流动资产： | | | | | |
| 货币资金 | 22.59 | 5.90 | 5.22 | 5.20 | 3.49 |
| 应收票据及应收账款 | 7.91 | 3.90 | 2.85 | 1.49 | 0.63 |
| 预付款项 | 10.60 | 0.99 | 1.66 | 0.87 | 0.86 |
| 其他应收款合计 | 4.86 | 2.63 | 1.72 | 0.91 | 0.33 |
| 存货 | 44.60 | 20.70 | 14.29 | 12.94 | 6.38 |
| 其他流动资产 | 0.18 | | | | |
| 流动资产合计 | 90.74 | 34.13 | 25.74 | 21.42 | 11.69 |
| 非流动资产： | | | | | |
| 固定资产 | 55.50 | 37.97 | 31.85 | 10.47 | 10.66 |
| 在建工程 | 13.30 | 9.61 | 2.88 | 17.72 | 11.55 |
| 无形资产 | 1.94 | 1.10 | 1.16 | 0.59 | 0.62 |
| 非流动资产合计 | 72.59 | 49.34 | 37.63 | 29.11 | 23.03 |
| 资产总计 | 163.33 | 83.47 | 63.37 | 50.53 | 34.72 |

我们已经知道，除了特殊行业，存货过多对企业经营并无好处。铜陵有色的存货以20%左右的速度不断增长，这意味着企业的周转率不够，存货不断积压。另外，应收账款虽然绝对金额不多，但增速很快。应收账款虽然是资产，并且可以产生利润，但存在利息损失以及本金风险，属于不好的资产。

存货和应收账款高速增长必然会压缩企业现金流，而现金流紧张致使企业风险高企。从2004年开始，铜陵有色的货币资金增长缓慢，而在建工程几乎一致保持在高位。这意味着企业勒紧裤腰带在大规模扩张，这也会给企业的经营带来很大风险。

那么林园又为何选择这只股票呢？这完全是因为强周期股和一般股票的特性不同。企业的存货会产生库存费用、折旧费等成本，甚至还有可能过期变质。铜陵有色的库存不会变质，也不会折旧，只有一些库存成本。如果在经济下行期，大宗商品价格下跌，铜陵有色很可能因为扩张过快而破产。

但2005年前后正是百业兴旺、大兴土木之际，林园认为铜材的需求一定增长。我们已经知道，需求增长而供给不能跟上的时候，商品价格会上涨。与铝材不同，不考虑进口，铜材的供给极为有限，因此价格必然上涨。只要铜价上涨一点点，就足以轻易覆盖铜陵有色的库存成本，如果价格上涨得比较多，会给企业带来超常规利润。

表5.6 铜陵有色（000630）利润表（部分）（单位：亿元）

|  | 2006年年报 | 2005年年报 | 2004年年报 | 2003年年报 | 2002年年报 |
| --- | --- | --- | --- | --- | --- |
| 营业总收入 | 296.86 | 97.04 | 63.16 | 34.03 | 24.01 |
| 营业利润 | 15.45 | 6.28 | 4.22 | 2.15 | 1.61 |
| 净利润 | 14.74 | 5.51 | 3.54 | 1.70 | 1.36 |

所谓春江水暖鸭先知，行业能不能更好，设计企业发展战略的管理者更清楚，铜陵有色早期节衣缩食搞的工程扩建终于有了收获。5年间，企业营业收入增长446%，营业利润增长439%。其中，企业生产扩大带来一部分收益，而铜价上涨带来的收益更多，在经济繁荣期，这种企业利润增长简直不要太容易。可是在2006年底，铜陵有色股价不过6元多钱，上涨幅度远远跟不上企业的利润增速，后期补涨的可能性很大。

另外，铜陵有色的应收账款偏多，这确实会给企业带来额外成本。但凡事必须思考全面，进行细致的比较才能得出最终结论。

表5.7 铜陵有色（000630）负债表（部分）（单位：元）

|  | 2006年年报 | 2005年年报 | 2004年年报 | 2003年年报 | 2002年年报 |
|---|---|---|---|---|---|
| 短期借款 | 21.17 | 4.72 | 3.98 | 4.32 | 4.08 |
| 应付账款 | 24.72 | 11.06 | 7.39 | 3.40 | 1.97 |
| 预收款项 | 1.94 | 0.71 | 1.22 | 0.59 | 0.38 |

铜陵有色的负债表中，应付账款是应收账款的300%还要多些。应付账款是负债，负债不是坏事吗？

铜陵有色的应付账款多为原材料、能源费用。在经济繁荣期，这些商品的价格也一直在上涨，先使用后付款的模式不但可以减少企业的现金压力，还可以通过提前采购，减少价格上涨带来的成本上升，同时也将利息损失转移给上游。在经济繁荣期，应付账款增长对周期型企业并非坏事。

铜陵有色负债表中的长期负债额度较高，这一点也要加以说明。

表5.8 铜陵有色（000630）负债表（负债与股东权益）（单位：亿元）

|  | 2006年年报 | 2005年年报 | 2004年年报 | 2003年年报 | 2002年年报 |
|---|---|---|---|---|---|
| 长期借款 | 24.17 | 13.39 | 8.27 | 3.05 | 2.60 |
| 负债合计 | 107.51 | 44.86 | 31.68 | 26.09 | 14.24 |
| 股东权益合计 | 55.82 | 38.61 | 31.69 | 24.44 | 20.49 |
| 负债和股东权益合计 | 163.33 | 83.47 | 63.37 | 50.53 | 34.72 |

因为中国资本市场不完善，上市公司短期融资成风，短期融资虽然比较容易，但是风险也高。铜陵有色的短期负债同样高于长期负债，但债务结构比一般企业要好很多。

在不同性质的企业中，民企一般难以融到长期资金，只能以短期融资来借新还旧，通过循环贷款来维持企业现金流，这种模式增加了企业的风险。央企最容易获得长期贷款，对短期债务的需求不大。地方性国企没有央企这样的优厚待遇，但要比普通民企借贷容易许多，多数地方国企会通过长短结合的贷款补充现金流。

铜陵有色的长期债务占比较高，代表了企业有地方国企背景，而且政商关系比较到位。有地方政府照顾，铜陵有色在经济繁荣期是宠儿，就是经济下行，退市的可能也微乎其微。

**表5.9 铜陵有色（000630）现金流量表（部分）（单位：亿元）**

|  | 2006年年报 | 2005年年报 | 2004年年报 | 2003年年报 | 2002年年报 |
| --- | --- | --- | --- | --- | --- |
| 经营活动产生的现金流量： | | | | | |
| 销售商品、提供劳务收到的现金 | 359.07 | 118.59 | 77.29 | 41.43 | 29.34 |
| 经营活动现金流入小计 | 359.36 | 118.71 | 77.44 | 41.44 | 29.42 |
| 购买商品、接受劳务支付的现金 | 307.72 | 99.81 | 66.95 | 39.01 | 21.35 |
| 经营活动现金流出小计 | 336.88 | 108.82 | 73.56 | 42.27 | 23.96 |
| 经营活动产生的现金流量净额 | 22.48 | 9.89 | 3.89 | −0.83 | 5.46 |
| 筹资活动产生的现金流量： | | | | | |
| 吸收投资收到的现金 | 0.05 | 0.46 | 0.18 | 7.38 | |
| 取得借款收到的现金 | 55.70 | 16.01 | 21.67 | 10.61 | 10.02 |
| 筹资活动现金流入小计 | 55.75 | 16.47 | 22.54 | 18.00 | 10.15 |
| 偿还债务支付的现金 | 48.34 | 11.80 | 17.55 | 8.52 | 10.34 |
| 筹资活动现金流出小计 | 55.12 | 13.51 | 19.03 | 9.53 | 11.31 |
| 筹资活动产生的现金流量净额 | 0.63 | 2.96 | 3.51 | 8.47 | −1.16 |

除 2003 年之外，现金流量表中现金流量净值基本保持与其他数据同比例的增长。现金流与短期负债之比存在一定压力，但是如果把现金流和存货相加，短期负债的压力就不大了，下面要考虑企业存货变现是否困难。

在繁荣期，铜基本是供不应求的，企业的存货变现不难。与其他行业产品不同，铜期货市场较为成熟，就算是现货一时不易脱手，也可以通过质押的方式融资，随后在期货市场对冲，就算是铜价下跌也不至于出现资金链断裂。铜陵有色的资产负债的关系表现比较复杂，但总体而言，风险可控。

林园介入该企业后，进行了实地调研，发现铜陵有色的经营理念较为先进，有风险控制的措施，因此放心大胆地增加了仓位。但林园并未计划一直持股，强周期企业在繁荣期可以有超额收益，在经济转为下行时也有加倍下跌的可能。

从 2006 年建仓之后，铜陵有色最高涨幅达 700%，对比其他铜业股票，涨幅并非最高。

图 5.2　铜陵有色 2006—2012 年月线图

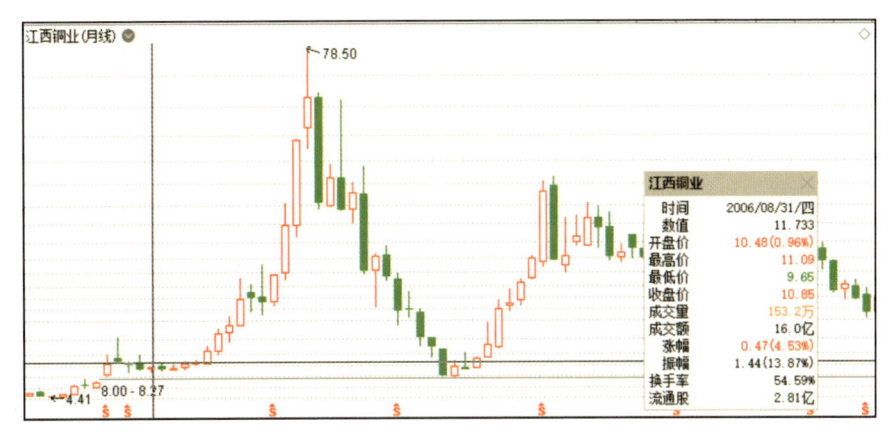

图 5.3　江西铜业 2006—2012 年月线图

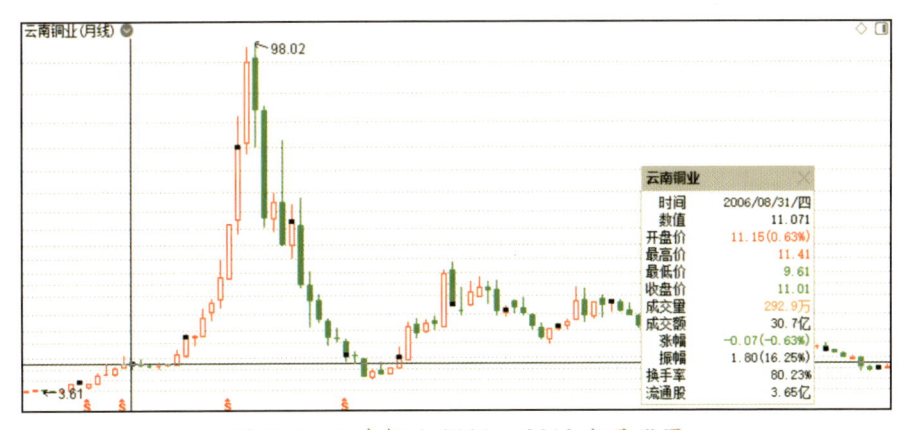

图 5.4　云南铜业 2006—2012 年月线图

通过同行业中的股票对比可以看到，江西铜业同周期涨幅超过 800%，云南铜业则接近 1000%，涨幅均超过铜陵有色。在 2008 年的大熊市中，这些强周期股几乎都回到起点，但在 2009 年的小级别牛市中，只有铜陵有色几乎收复了全部失地。江西铜业在 2009 年牛市最高点还几近腰斩，云南铜业则只收回了 $1/3$ 的失地。

虽然林园在 2007 年牛市见顶后就清掉了所有强周期型股票，但几只铜业股票后来的走势再一次证明了林园的分析能力。林园一向最重视风险，在同行业中，铜陵有色抵御风险的能力最强。

## ◎ 第三节　经济下行期的财务指标

　　经济繁荣期百业兴旺，企业投资非常火热，商品生产会达到很高水平。但随着现有商品逐渐进入每个家庭，人们的消费意愿就会减弱。例如，2006—2007年的经济繁荣期，人们买房、装修、购置家电的需求极为旺盛，使国内消费创造了历史高点。但随着有能力购房的人都已购房，相关的消费也达到饱和，畅销的商品开始滞销，于是价格下降，企业利润减少。而企业利润减少又使员工收入减少，进一步压缩了消费，于是经济进入了下行期。

　　2007年牛市见顶时，经济还没有明显的下行迹象，股市领先于经济开始下跌。这是由于实力雄厚的大机构有足够分析能力，往往能洞察先机，抢先抛售股票。等中小股民明白过来，股市已近腰斩，经济才开始也出现明显下行。

　　林园并不建议股民在经济下行期买入过多股票，在只能做多的A股市场里散户难以对冲，熊市保持较高仓位并不理性。能够穿越周期的企业百中无一，没有足够的分析判断能力在熊市中很难赚钱。尤其是在熊市初期，那些能够穿越周期的股票也大有可能深跌，一直保持较高仓位对分析能力和意志力是挑战，一般人很难做到。

　　林园在市场的30余年中，仅有贵州茅台一只股票在熊市中保持较高仓位。当确定熊市来临时，对于周期型股票，林园也会减仓或者直接清仓。

　　林园说：

> 熊市中要买什么样的股票呢？就买一些确定性最高的股票。在熊市中——2003年我就开始买。我们能算清它未来三

年利润的公司、确定性极高的股票，我们才买入。

我的研究发现，只要是严重低估的股票，它在12个月内会得到市场的纠正。什么叫作严重低估？比如说，在熊市里，一只股票的派息率高达8%以上，这是我自己总结出来的。派息率在8%以上，它的未来业绩增长就会在15%以上，我觉得买这只股票就不会吃亏。

因为银行存款利息只有2%，如果它每年给你派息，派8%的话，至少比银行的利息收入高。所以，即使它这一年会下跌，因为熊市多数是下跌的，但是在分红派息的时候这种公司是会创新高的。我们买好公司，最主要的标准就是这只股票不管是熊市还是牛市，它是否每年都能创新高。

不怕买错时机，即使买入的时机错了，一年内它又涨回来了。这就是我们说的不会套超过12个月。哪怕它下一年又把你套住了，但是过了12个月又有机会解套。亏到派息的时候又让你解套，还让你赚钱。你始终有解套的机会，你就可以持有这个公司。我们最怕持续下跌，要尽量避免买一些不能创新高的公司。

经济衰退是一种正常的经济表现，并不是绝对的负面消息。经济衰退有点像股票在上涨过程中的回调，又好像人在爬山时的休息。爬山时若不休整，再好的体力也会累到脱力。好的股票必然会调整，只有调整到位，才能积蓄再次上涨的动力。如果一直上涨，所有人都获得超额利润，一旦出现不可控的利空，必将导致股价崩溃。

理解了经济衰退的正面效应，就知道经济下行以及熊市出现，实际是好的参与机会，只有潮水退却，才知道哪家公司是真正的金子。所以，虽然经济下行的初级阶段要避开，但在后半场就要开始积极选股，等待机会大胆买入。

如果说复苏期选股是百里挑一，那么下行期则是千里挑一。尤其是初始阶段泥沙俱下，很难分辨哪些企业好，哪些不好。以前各机构

**财报掘金**
林园选股的核心财务指标

研报捧到天上的股票，可能下行期跌得最凶。而那些人人都不看好的企业，或许在下行期会凤凰涅槃，浴火重生。有些企业由于机构扎堆，股价下跌得不多，但经济复苏的时候，机构调仓有可能引发股价补跌。

下行期选股工程浩大，绝非一个灵感就能搞定一切。林园挖掘出贵州茅台，并且彻底了解这家公司，用了足足三年的时间。在这三年中，出现过无数次的质疑、动摇。动摇并不意味着放弃，每次精神上的反复都会促使他更加深入研究这家企业，用事实和数据唤醒理性。

下行期可以从财务数据中找到选股端倪，但必须以宏观分析结论作为基础，有了宏观方向的指引，才能对企业财务数据变化了然于胸。所以下行期选股首重宏观分析，目的是把握行业在未来如何转换。

宏观分析的核心是供需关系变化，下行期的宏观分析实际是对供需关系变化的预测。所有行业无非是4种状况，现在需求增长、未来需求还会增长；现在需求增长、未来需求降低；现在需求降低、未来需求增长；现在需求降低、未来需求还会降低。

需求一直降低的行业是夕阳行业，是必须要规避的行业。在下行期需求降低、复苏期需求增长的行业是周期型行业，在下行期要尽量避开。当前需求增长、未来需求还会增长的股票被称为白马股，这种股票在熊市估值不会太低，但未来预期清晰，是机构偏爱的股票。而现在需求不高、未来需求增长的企业被称为黑马股，是经济下行期的最优选择。

不过要注意，所有白马股都是由黑马股转变而成的。一家企业脱颖而出之时是黑马，众人皆知时就变成了白马。林园在选择贵州茅台时，该股还是黑马，没多少人看到它的潜力。2010年后贵州茅台才成为市场中最夺目的白马股，受到众多机构追捧。

每轮熊市中潜伏的黑马都不相同，首先要分析哪些行业可能会成为未来行业。这种预测有一定的主观性，受限于一个人的阅历、学力以及思考能力，普通人很难准确预测未来。要注意，预测不是胡思乱想,而是有理有据地推理。普通人可以多阅读一些有深度的社会科学类书籍,也可以多参加、聆听一些经济话题的讲座、演讲。林园不太热衷参与媒体活动,偶尔会有些访谈类节目,可以多多关注。不要因熊市被套,情绪不高就放弃学习。

确定方向后,就可以开始选择行业。近两年林园最为关注老龄化的话题,他认为中国进入老龄化社会是确定性趋势,抓住这个宏观方向,选股十分简单。

林园说:

> 在选股上,我们要选择确定性高的股票,就是将来一定赚钱的股票。未来20年,什么行业一定能赚钱?我认为是保命的东西。我是20世纪60年代出生的人,当时没有计划生育,这个阶段出生的人非常多,我估计我也就还能再活三四十年,我们就赚还能活三四十年的这些人的钱。
>
> 在这里面我们选择与糖尿病、高血压、心脏病相关的医药股。得了高血压,一旦开始吃药就离不了。所以未来的投资方向,我就选定医药和医疗服务,过去几年我们已经在这些标的物上慢慢建仓。这个事我已经思考了超过5年了,我们在慢慢建仓,把全世界这方面的资产都买一遍。有好的公司我都买了,因为现在还发现不了哪个公司最好。我们就通过这样的筛选,选择一批目标公司,通过几十年的变化,再把它集中重点投资。
>
> 世界500强里面大概有40%以上是与人的健康有关系的医药行业的公司,随便一个医药的公司比瑞银的市值都大很多。但是中国是相反的,现在最大的医药公司也就是恒瑞,才1000多亿元的市值,多数都只有几十亿元、上百亿元,云南白药也才1000亿元,这个市值跟国外比差得很远。我们再看人均消费,美国大概是占GDP的15%,中国现在大概占4%,我们离发达国家还差很远。

> 有一个最简单的道理，人吃饭可以少吃一点，但是吃药吃少了是不行的，所以这个医疗行业的发展空间非常大。我们接下来的投资方向，就投资医疗，就作为4亿人保命的投资。

老龄化并不受经济周期影响，有没有下行期人都会变老，钱多钱少都要看病保命，所以医疗医药行业的需求必然增长。

为什么不提养老行业呢？虽然养老行业的需求更加旺盛，但是养老行业本身就需要劳动力。老龄化导致劳动力缺乏，而劳动力缺乏又限制了养老行业的发展。目前中国老人的福利有限，不足以使养老行业有足够的利润，养老行业就产生了利润和劳动力匮乏的矛盾。必须要解决这个矛盾，养老行业才会爆出黑马企业。

而医药医疗则不同，这两个行业虽然也受到人均收入的限制，但中国目前的医保制度比较完善，在医保范围内，多数人看病的负担不重。一些不常见病可能医保无法覆盖，但也有相当一部分家庭可以负担起医疗费用，所以这两个行业的市场在不断增长。

林园对医疗医药行业做了非常深入的调查，他对投资者说：

> 我们对100家国内三甲医院进行调研，在过去3年，内科的病患者没有一家是低于100%增幅的。我们认为，未来20年中国大市值的前100家公司，医药股将要超过三四十家。全世界市值500强中，中国的医药股将会超过10家。
>
> 中国药企具有一种在掌握了核心技术后用更低价格生产药品的能力。例如，抗生素最早在20世纪50年代之前，是美国"帮助"中国建立第一个实验室生产的。之后一直到20世纪90年代，美国辉瑞等企业一直还是中国抗生素市场的主要供应商。1980年之后，广州白云山制药厂研制出头孢硫脒，随后，国内企业逐渐壮大。目前，中国药企生产抗生素的成本只有国外的30%~50%。我预计未来人工胰岛素在国内的生

产成本可能只有国外企业的20%~30%，不仅成长空间可观，对外出口也相当可观。

心血管疾病方面我也不能分辨哪一家算是行业第一，国内心血管药物的竞争格局还没有形成。但是那些老牌企业，我认为都是可以的。

将来脱颖而出的企业一定有超高的赚钱能力。简单来说，市销率在一定程度上反映了企业盈利水平是否向好。对医药企业来说，经营能力往往直接决定了企业的利润。对于这点，投资者只要亲自到药店转一转，转个10家药店，就能看出药片销量是否可观。或者到医院看看医生给患者开出的药物，就大概能知道药品的销售水平是否在提高。加上财报上利润的增加，基本上可以判断一家企业基本面是否向好。

大方向确定，接下来就要对细节进行分析。医药、医疗是两个行业，一个是医药行业，其中包括了生物制药、化学制药和中成药。另一个是医疗行业，子行业包括医疗器械和医疗试剂。在这个大行业中，每个细分行业的特点都不一样，侧重点也有所不同。

例如，在医药行业的三个主要子行业中，中成药是中国的特色医药，虽然前几年也是乱象丛生，但在国家的关注和治理下，现在已经更加有序、规范。但中成药行业现在出黑马的概率不高，这是因为中成药的新药比较少，主要是凭借品牌和秘方竞争，行业格局基本固定。

化学制药是现代医药中较为成熟的行业，中国在这个方面投入的研发不多，药品生产主要靠仿造，但产能很高。因为成熟，所以出黑马股的概率也不高。生物制药是现代医学中兴起的子行业，产业化不过30年左右。目前，全球在研的生物药品有2200种之多，进入临床的不过数百种，发展空间巨大。近年来，出现的抗癌靶向药、基因工程、干细胞工程，均属于生物制药范畴。一家药企只要研发出一种有足够市场空间的药品，就有可能成为巨无霸。

基于行业特点可以做出如下结论：

中成药行业中出白马，就是具备确定性的好股票。例如，云南白药、片仔癀，这类企业如果下跌幅度较大，又没有主营业务的利空，在下行期可以布局建仓；化学制药行业较为稳定，虽然周期敏感度不高，但会随经济周期起伏，只有独特新药、仿造药获批，相关企业才有机会脱颖而出，该行业应注意企业的研发能力，以及和政府的关系；生物制药行业较容易出黑马，尤其在下行期，有些企业会趁资本价格低廉并购、重组或者购买国外专利进行扩张。生物制药行业必须要跟踪行业动态，关注那些现金流好、信誉度高，且有扩张欲望的企业。另外，生物医药领域的卓越公司通常会致力于研发，研发费用也是重要的参考指标。

下面跨行业对三个子行业的财报做范例分析。

表 5.10　片仔癀营业总成本构成（单位：亿元）

|  | 2019 年年报 | 2018 年年报 |
| --- | --- | --- |
| 营业总收入 | 57.22 | 47.66 |
| 营业收入 | 57.22 | 47.66 |
| 营业总成本 | 41.08 | 35.59 |
| 营业成本 | 31.91 | 27.44 |
| 税金及附加 | 0.46 | 0.43 |
| 销售费用 | 5.23 | 3.92 |
| 管理费用 | 2.73 | 2.41 |
| 研发费用 | 1.19 | 1.01 |
| 财务费用 | −0.45 | −0.10 |

片仔癀 2019 年营业总成本构成中，生产成本占比最高，占到了营业收入的 55%；其次是销售费用，占比约 9.1%；而研发费用为 1.19 亿元，仅占营业收入 2% 多一点。

从片仔癀的财报中可以看出，企业的研发力度小，结合其产品特征，企业研发新药的可能性非常小。企业的营业成本占比高、稳定性好，加之销售费用与营业收入同步增长，由此可判断片仔癀是典型的白马股，业绩出现爆发式增长的概率不大。

林园选择中药股如是说：

> 我们关注的中药企业是这样的：不需要研发，毛利一直较高，企业的营销能力强，具备良好的提价能力。有些中药龙头很有特点，产品销售特别旺盛、零库存——不是因为原材料珍惜，不易获得，而是企业的饥饿营销策略。这样的企业从长期看，具有持续提振利润的前景，也就非常值得看好了。

表 5.11 恒瑞医药营业总成本构成（单位：亿元）

|  | 2019 年年报 | 2018 年年报 |
| --- | --- | --- |
| 营业总收入 | 232.89 | 174.18 |
| 营业收入 | 232.89 | 174.18 |
| 营业总成本 | 176.58 | 132.34 |
| 营业成本 | 29.13 | 23.35 |
| 税金及附加 | 2.16 | 2.37 |
| 销售费用 | 85.25 | 64.64 |
| 管理费用 | 22.41 | 16.26 |
| 研发费用 | 38.96 | 26.70 |
| 财务费用 | −1.34 | −1.24 |

恒瑞医药是化学制药的龙头股之一，在其营业总成本构成中可以看到，企业 2019 年生产成本在营业收入中占比约 12.5%，和片仔癀比较，生产成本低了许多，这也给企业将资金用作其他项目制造了机会。恒瑞医药的销售费用占总成本的 36.5%，这是非通用药企的共同特点，需要高额的销售支出推广药品。令人注意的是恒瑞医药的研发费用占到营业收入的 16.7%（近年才开始大幅提升），与片仔癀形成了鲜明的对比。

不过因为行业特性不同，两家药企不好对比。但简单对比能够发现，片仔癀成为白马股的核心因素是品牌强大，料真量足。而恒瑞医药作为化学制药的龙头白马，凭借的则是高投入研发费用带来源源不断的新药，不断扩大市占率所造成。

由于医药、医疗受经济周期影响较小，优质医药、医疗企业如果在熊市中出现大幅下跌，会是比较好的介入机会。

但生物制药行业的特点则有所不同，到目前为止，生物制药行业的毛利率虽然很高，但普遍营业收入不高，市占率、品牌影响力也比较有限。而且生物制药行业搞研发未必能出结果，研发失败的数量远大于研发成功的数量。例如，大名鼎鼎的瑞德西韦原本是针对埃博拉病毒研制的生物药品，用了数亿美元研发成功后，临床效果却非常差，几乎被淘汰，这意味着几亿美元的研发费用打了水漂。

突如其来的新冠疫情却让这款失败的药物死而复生，因为药物起作用的蛋白质恰好新型冠状病毒也有，于是瑞德西韦成了全民的希望，拥有瑞德西韦的吉利德公司一时名声大噪，股价飙升。在继续投入了 1.5 亿美元做完临床试验后发现，瑞德西韦虽然对新冠病毒有作用，但效果并不理想。瑞德西韦没能成为特效药，后续研发投入能不能收回成本要打个问号。

通过瑞德西韦可以看到，国际龙头生物医药企业一款药物的研发就能赶上恒瑞医药全年的研发费用。这种状况说明我国的医药企业研发费用投入较少，和发达国家比较略微落后。但从另一个角度也能说明我国生物制药行业的发展空间巨大，机会很多，风险和收益并存。

目前，全球最大的10家生物制药企业，每年投入的研发费用在50亿至100亿美元之间，而中国为数不多的生物制药企业，投入最多的也不过在一两亿元人民币。但鉴于中国生物制药增速远高于世界平均水平，预计未来该领域也会出现数家细分领域的龙头。但寻找这些未来的龙头比较困难，需要长期跟踪并研究生物制药行业，甚至要将自己转变成一个生物制药专家。

研发费用仅仅是一个角度，跨国合作、技术引进、校企合作均是企业质变的契机，在生物制药行业挖掘黑马，仅看财务报表是不够的，财务报表明确时，黑马早已变成了白马。正如前文所述，下行期是寻找黑马最好的时机，但黑马千里挑一，没有伯乐之眼难以发现黑马。若不是深入彻底地调研分析，就算是挖到黑马也难以驾驭。

这30年来，林园不断地发现黑马，将黑马骑成白马，再等白马变成老马才肯下马，其中艰辛，远非本书可以描述。

## 结语

从19世纪至今，全世界只经历过3次萧条。所谓萧条，是指经济进入下行期，金融进入明斯基时刻，政策失灵叠加货币失灵，人们用尽一切办法也无法让经济恢复正常。到目前为止，中国并没有经历过萧条。参考外国历史，萧条期只有基础食品业，公用事业或可保持稳定，其他行业却难有机会，萧条期投资就不再展开阐述。

经济周期决定了市场方向，行业周期与经济周期结合，能做出有效的分析。然而，最终让财富落进自己口袋靠的还是公司分析。将这三者结合，是林园不败的秘籍。

行业宏观分析没有那么难，就是凭借常识，常识是什么？无非是东西少就贵，东西多就便宜，谁都能明白的供需原理。经济好了，人们钱多了,股价就涨。经济不好,手里钱少了,股市就跌。

我们买东西是越便宜越好,反过来投资公司是产品越贵越好。经济不好,上市公司的产品既不降价,也不滞销,就是熊市也能买的股票。

道理简单,落到实处却难。林园说:

> 股民想找到牛股,不学财务报表是不行的,不但要学,还要自己动手做。学会做了还不够,看报表的时候还要反复质疑。不明白的地方,还要找专业人士讨论。这些都做到了,找到牛股就不难了。

# 第六章

## 步步惊心——股市陷阱面面观

微信扫码
观看本章导读视频

**财报掘金**
林园选股的核心财务指标

投资之前，我们总是要尽可能地多获取信息，以提高投资的确定性。财务报表是上市公司提供的文件，让投资者通过这些文件做出投资决策。但是上市公司提供财务报表的原因是增加投资者信心，那么尽可能美化财务报表就变成了必然。

尽管财务报表很复杂，但本质还是公司的外在体现，很难读出经营的细节，只能猜测到大致的经营情况。因此，财务报表并不是投资决策的最终依据，而是投资决策的起点。

考虑到企业有美化财务报表的动机，在阅读财务报表时，就不能只盯着漂亮的数据，数据背后的逻辑关系才是财报的核心。随着市场的不断完善，财务报表造假水平也越来越高，找出报表中的问题并不容易，但这并不意味着不要读财报。恰恰相反，成熟的投资者必然会仔细研究企业的财务报表。这是因为财报虽然不能反映百分百准确的信息，但能给出安全的边际，在这个界限内，投资确定性将大大增强。如果有能力进行实地调研，投资失误的概率会大幅下降。

上市公司造假水平越来越高，有时候专业人员也会走眼。面对各式各样的财务造假，掌握的方法越多，掉入陷阱的概率就越小。

无论是折旧、公允价值，还是商誉、资产减值，财务报表中有许多依靠估算的项目，这些数据是企业最容易动手脚的地方。仅是美化数据也在情理之中，调整数据不违法，何乐而不为呢？严格来看，美化算不得造假，但仍然会让分析者做出误判。

最容易出现造假的有企业冲刺上市、保壳、重组、关联交易、操纵股价。不过只要是造假欺诈，一定会留下蛛丝马迹。

如果只读企业的财务报表，很难发现问题。正确阅读财务报表的方法是：既要观察历史各年度的纵向比较，还要有同类公司的横向比较，在比较中才能发现问题。有些行业好做比较，有些行业主营业务差别比较大，对比起来相对困难，需要对主营业务有客观的了解。总体来说，对比越多，就越有机会发现财务报表的真伪。

巴菲特声称每年都要花大量的时间阅读财务报表，林园也有同样的习惯。除了数据类的研报外，林园极少阅读现成的研究报告。在他看来，财务报表虽然有不那么真实的成分，但至少是第一手材料。而许多分析机构的研究报告都有很大的主观成分，甚至一些研究机构还会故意美化上市公司，很容易误导投资者。

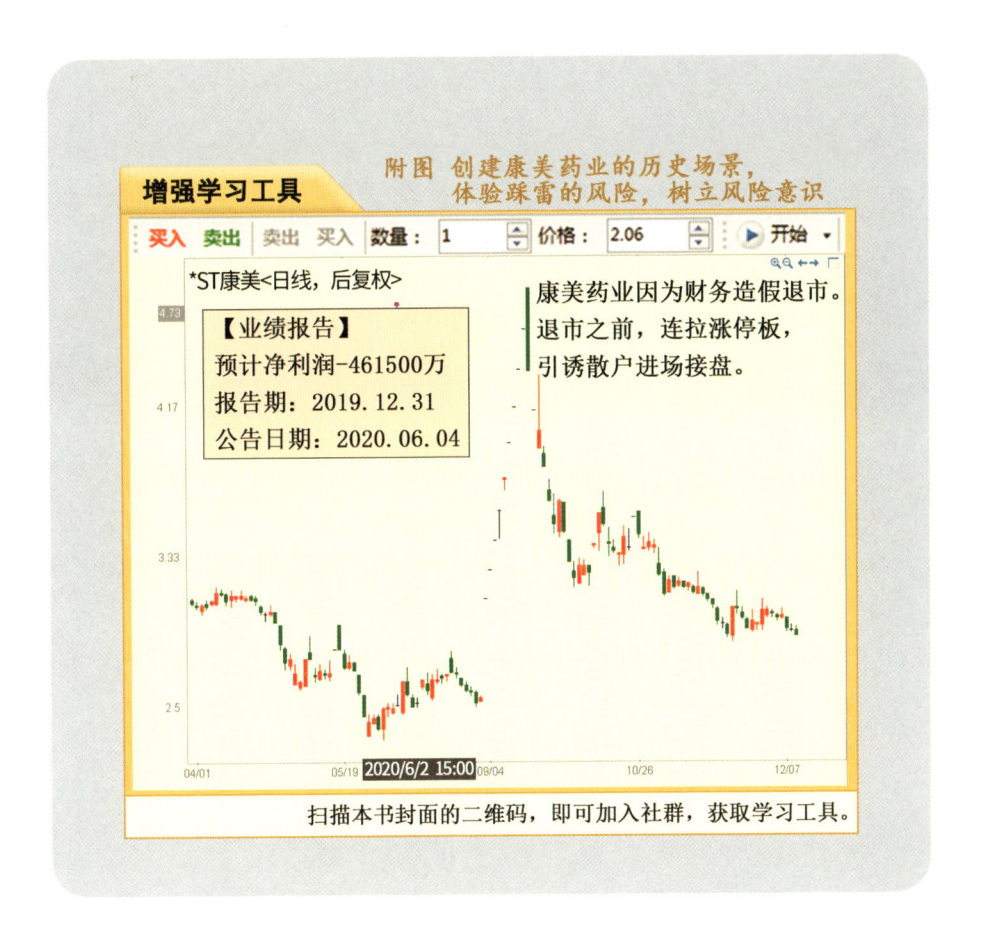

附图 创建康美药业的历史场景，体验踩雷的风险，树立风险意识

【业绩报告】
预计净利润-461500万
报告期：2019.12.31
公告日期：2020.06.04

康美药业因为财务造假退市。退市之前，连拉涨停板，引诱散户进场接盘。

扫描本书封面的二维码，即可加入社群，获取学习工具。

**财报掘金**
林园选股的核心财务指标

## ◎ 第一节　疯狂的融资

在 2019 年的一次投资人大会上，听众对林园提问："投资应该如何避雷？"

林园回答道：

> 这个雷是炸别人的，我没有遇到过雷。雷只炸那些贪得无厌的人，没有常识的人才会被爆雷。为什么会有雷呢？我不知道雷从哪儿来，像我这种人，我都说了，你们去踩雷，我在旁边看。
>
> 举个例子，湖北洪湖有个上市公司叫蓝田股份，九几年、零几年的时候，股票涨得特别疯狂，我们中午一块儿吃饭，我说它的鱼塘全部堆满鱼也没这么大量呀，一看就是作假的，可笑。但分析师、研究员都还相信那个东西，我都不知道为什么，非常可笑。
>
> 去年，有个投资者到我的办公室，拿了阿胶当礼品送我，他说投资了东阿阿胶。我提醒他，这个我们都卖了，据我们从经销商那里得到的消息，他们现在渠道积压的货很多。但他反复跟我说，这是老字号，都吃的。我说你别跟我说这些，老林不去干的事一定有我的道理。不是说阿胶本身不好，但那一段时间我们知道他们的经营思路，就坚决把它卖掉了。蓝田本身有问题，阿胶有需求，是好的，但公司拔苗助长了，怎么避雷？

很显然，识别财务报表真伪是避开陷阱的必要条件。在林园提起的两家上市公司中，东阿阿胶并未造假，林园是通过财务报表分析出东阿阿胶的战略出现错误，可能导致经营恶化。而他看到的蓝田股份，则是赤裸裸的造假。

蓝田股份在股市创造了很多不可能，而在这些奇迹的背后隐藏的全是谎言与欺骗。蓝田股份是中国农业第一股，成立于1992年。众所周知，农业盈利周期很长，波动也小，很难在短时间见到效益。1993年前，蓝田股份的主业并不突出。1993年洪湖蓝田水产品开发有限公司成立，产业结构转变为农副水产品种养、加工和销售。1994年，蓝田的国家股转到农业部，农业部成为蓝田的第二大股东。凭借农业部的背景，蓝田股份撬开资本市场的大门，1996年6月18日，蓝田股票在上交所挂牌交易。

蓝田股份的上市成本不高，还有优惠政策扶持，产业基地在物产丰富的洪湖边上。一上市直接让公司融到2.4亿元，这个数字在那个年代相当可观，蓝田占尽了天时、地利、人和。在蓝田股份的招股说明书中，董事长声称4年后，年销售收入将从3亿元增长至10亿元，年税利从3200万元达到2亿元。

农业具有投资大、获利周期长的特性，按部就班地经营，这个宏伟的承诺不可能达成。于是董事长瞿兆玉决定通过资本市场融资，进行快速扩张。由于有农业部的背景以及扶持政策，上市刚满1年的蓝田股份申请了配股，募集资金1.1亿元。

资本市场融资的轻松坚定了瞿兆玉的信心，资产规模做得越大，融资机会越大；融资越多，则规模扩张越快。从此后，蓝田股份每年都要上新项目，快速扩张也快速地消耗资金，当配股融资无法支撑扩张时，蓝田股份开始向银行大规模贷款，仅农行就给蓝田股份贷款9亿元。

1997年和1998年，蓝田股份连续两年以1:1的比例实施送股。至1999年，蓝田股份的总股本由上市时的9696万股猛增到4.46亿股，扩张了将近5倍。

频繁配股、送股会把业绩摊薄，而业绩减少再次配送会被证监会拒绝。但最惊艳的一幕发生了，1997年蓝田股份1:1配股之后，每股收益仍维持在0.64元，比1996年高出0.03元，这意味着蓝田股份的收益增长100%以上。1998年蓝田股份再次以1:1的比例送股后，每股收益竟高达0.81元，业绩又增长了126%。

古今中外的历史上从没有哪个农业项目的收益能每年增长一倍。蓝田股份的主业已经转移到了养殖水产，而从建塘下苗到投放市场也绝非一年可以做到。为了减少短期的债务压力，蓝田股份陷入了财务造假的深坑。

1999年5月，蓝田股份再次向证监会提出配股申请。此次的配股比例为10配3，配股价格区间为9～12元，按照下限9元计算，蓝田股份可融资5.39亿元。如果成功，蓝田的债务压力将大为减轻。

但是，做下的坏事总要偿还。接到股民举报，证监会对蓝田股份上市时虚增资产进行调查。证监会查明蓝田股份在股票发行申报材料中，伪造证明虚增资产3870万元，为此蓝田的配股申请没有获批。

2000年，蓝田再次将配股方案报证监会复审，但再一次被证监会驳回。2001年，蓝田股份仍不死心，再次申报配股方案，由于造假的前科，证监会再次驳回申请。

2001年10月26日《金融内参》上发表了一篇600多字的文章，文章称"蓝田股份已经成为一个空壳，已经没有任何创造现金流量的能力，也没有收入来源，完全依靠银行贷款维持运转"。

早在这篇文章发表前，林园就看穿了蓝田股份的伪装。他没有和人们说财务报表中的细节，只是一针见血地指出："蓝田公司的池塘里都堆满了鱼，也不值这么多钱。"不过愿意相信真相的股民并不多，无数人还沉醉在蓝田股份制造的幻境中不愿醒来。

相比较近年企业的造假水平，当年的蓝田股份的财务报表可以说是漏洞百出，下面把有关联的部分财务报表列出来，读者可先自行找找财报中不符合常识的地方。报表之后将列出答案。

表 6.1　蓝田股份 1997 — 2002 年资产负债表（部分）（单位：亿元）

|  | 2002年年报 | 2001年年报 | 2000年年报 | 1999年年报 | 1998年年报 | 1997年年报 |
|---|---|---|---|---|---|---|
| 流动资产： |  |  |  |  |  |  |
| 货币资金 | 0.01 | 0.72 | 1.67 | 1.93 | 1.51 | 2.80 |
| 预付款项 | 0.01 | 0.01 | 0.01 | 0.05 | 0.07 | 0.22 |
| 其他应收款 | 1.33 | 4.83 |  |  |  |  |
| 存货 | 0.14 | 1.01 | 2.36 | 2.36 | 2.57 | 0.54 |
| 流动资产合计 | 1.57 | 6.78 | 4.33 | 4.86 | 6.47 | 5.92 |
| 非流动资产： |  |  |  |  |  |  |
| 固定资产 | 5.67 | 6.47 | 21.67 | 16.98 | 8.35 | 5.04 |
| 在建工程 | 1.86 | 1.88 |  |  |  |  |
| 非流动资产合计 | 7.59 | 8.41 | 24.05 | 18.56 | 10.60 | 6.19 |
| 资产总计 | 9.15 | 15.19 | 28.38 | 23.42 | 17.07 | 12.11 |

表 6.2　蓝田股份 1998—2002 年现金流量表（部分——缺失 1997 年数据）（单位：亿元）

|  | 2002年年报 | 2001年年报 | 2000年年报 | 1999年年报 | 1998年年报 |
|---|---|---|---|---|---|
| 经营活动产生的现金流量： |  |  |  |  |  |
| 销售商品、提供劳务收到的现金 | 0.17 | 0.83 | 20.45 | 20.71 | 18.90 |
| 收到其他与经营活动有关的现金 | 2.35 | 1.45 | 1.51 | 0.28 |  |
| 经营活动现金流入小计 | 2.67 | 2.28 | 21.96 | 21.00 | 18.93 |
| 购买商品、接受劳务支付的现金 | 0.22 | 0.66 | 11.02 | 11.32 | 14.24 |

续表

| | | | | | |
|---|---|---|---|---|---|
| 支付给职工以及为职工支付的现金 | 0.03 | 0.26 | 0.23 | 0.20 | 0.11 |
| 支付的各项税费 | 0.16 | 0.43 | 2.67 | 2.32 | 1.33 |
| 支付其他与经营活动有关的现金 | 0.28 | 2.40 | 0.19 | 0.24 | 0.25 |
| 经营活动现金流出小计 | 0.69 | 3.75 | 14.10 | 14.08 | 15.93 |
| 经营活动产生的现金流量净额 | 1.98 | −1.47 | 7.86 | 6.91 | 3.00 |
| 投资活动产生的现金流量： | | | | | |
| 收回投资收到的现金 | 0.20 | | | 0.20 | 0.37 |
| 处置固定资产、无形资产和其他长期资产收回的现金净额 | 0.74 | | 0.00 | 0.00 | |
| 收到的其他与投资活动有关的现金 | | 0.04 | 2.57 | | |
| 投资活动现金流入小计 | 0.93 | 0.04 | 2.77 | 0.37 | |
| 购建固定资产、无形资产和其他长期资产支付的现金 | 0.20 | 1.58 | 7.19 | 8.98 | 4.93 |
| 投资活动现金流出小计 | 0.20 | 1.68 | 7.19 | 9.86 | 4.93 |
| 投资活动产生的现金流量净额 | 0.74 | −1.68 | −7.15 | −7.09 | −4.56 |
| 筹资活动产生的现金流量： | | | | | |
| 取得借款收到的现金 | | 6.93 | 0.63 | 0.22 | 0.31 |
| 发行债券收到的现金 | | | | 0.60 | 0.30 |

续表

| | | | | | |
|---|---|---|---|---|---|
| 收到其他与筹资活动有关的现金 | | | 0.00 | 0.63 | |
| 筹资活动现金流入小计 | | 6.93 | 0.63 | 1.44 | 0.61 |
| 偿还债务支付的现金 | 3.24 | 2.86 | 1.42 | 0.65 | 0.04 |
| 分配股利、利润或偿付利息支付的现金 | 0.02 | 0.24 | 0.17 | 0.16 | 0.31 |
| 筹资活动现金流出小计 | 3.26 | 3.11 | 1.60 | 0.82 | 0.35 |
| 筹资活动产生的现金流量净额 | −3.26 | 3.82 | −0.96 | 0.62 | 0.26 |
| 现金的期末余额 | 0.01 | 0.72 | 1.67 | 1.93 | 1.51 |
| 减：现金的期初余额 | 0.55 | 0.04 | 1.93 | 1.48 | 2.80 |
| 现金及现金等价物的净增加额 | −0.54 | 0.67 | −0.26 | 0.44 | −1.29 |

表6.3　蓝田股份1997—2002利润表（部分）（单位：亿元）

| | 2002年年报 | 2001年年报 | 2000年年报 | 1999年年报 | 1998年年报 | 1997年年报 |
|---|---|---|---|---|---|---|
| 营业总收入 | 0.13 | 0.56 | 18.41 | 18.51 | 16.40 | 12.51 |
| 营业收入 | 0.13 | 0.56 | 18.41 | 18.51 | 16.40 | 12.51 |
| 营业总成本 | 1.01 | 2.40 | 13.25 | 11.93 | 12.01 | 10.83 |
| 营业成本 | 0.21 | 0.84 | 12.06 | 10.84 | 10.98 | 10.38 |
| 税金及附加 | 0.01 | 0.02 | 0.37 | 0.41 | 0.16 | 0.05 |
| 销售费用 | 0.01 | 0.34 | 0.21 | 0.11 | 0.10 | 0.03 |
| 管理费用 | 0.48 | 0.92 | 0.45 | 0.39 | 0.51 | 0.29 |
| 财务费用 | 0.29 | 0.27 | 0.16 | 0.18 | 0.27 | 0.08 |

续表

| 营业利润 | −0.73 | −1.86 | 5.03 | 6.17 | 4.37 | 1.73 |
|---|---|---|---|---|---|---|
| 加：营业外收入 | 0.20 | 0.00 | 0.01 | 0.00 | 0.00 | 0.01 |
| 减：营业外支出 | 0.17 | 0.07 | 0.02 | 0.03 | 0.03 | 0.03 |
| 利润总额 | −0.55 | −1.93 | 5.02 | 6.15 | 4.35 | 1.71 |
| 减：所得税费用 | | | 0.70 | 1.02 | 0.72 | 0.28 |
| 未确认投资损失 | 0.68 | 0.96 | | | | |
| 净利润 | 0.12 | −0.97 | 4.32 | 5.13 | 3.63 | 1.43 |

这三张节选的财务报表足以让新手看得晕头转向，但造假的蛛丝马迹就在这三张报表中隐藏着。

首先，蓝田股份1998年的营业收入是16.4亿元，1999年是18.4亿元。在资产负债表中，对应的应收账款分别是3881万元和1242万元。上市公司中，只有零售企业和商品极为紧俏的企业应收账款较少，大多数企业都会有相当比例的应收账款。

蓝田股份并不直接面对顾客，而是要经过经销商，在整个签订合同—支付定金—支付全款的过程中，不可避免地会产生应收账款。虽然不一样的企业应收账款与营业收入比例不同，但是范围不会相差太大，蓝田股份营业收入和应收账款悬殊显然不正常。

蓝田股份的这种不正常延续到2001年。不过，2000年后的财务报表经过修正，现在找到的数据已经不是当年公示的数据。这一点不重要，重要的造假的蛛丝马迹就是在诸如应收、应付、工程款、存货等细分项和营业收入、利润等大项的关系中。分析一家企业，必须了解所属行业的基本规律，对差别太大的数据一定要保持怀疑。

其次，利润表显示，蓝田股份1999年的营业现金流是20.7亿元，2000年是20.4亿元，同期的经营现金净流入分别是6.91亿元和7.85

亿元，显示了该公司根本不差钱。但是，蓝田股份在这两个年份分别产生了 2150 万元和 6340 万元的银行贷款。企业现金流紧张去贷款属于正常，而现金如此充沛，再去贷款就不太正常。

无必要的贷款只是猜测动机，但在现金流量表中这两个年度投资活动的现金净流入分别是 −7.08 亿元和 −7.15 亿元，这就不太好解释了。经营现金流入是在年底统计，而投资活动从年初开始，用投资的现金流出对比经营现金流入不难发现，蓝田股份基本是挣多少钱就投资多少钱，而且是投资之前就知道年底能挣多少钱，账面上永远都剩不下多少现金，计算得如此精确简直是奇迹。到了 2001 年，蓝田股份的贷款暴增到 6.93 亿元，这与企业宣称有良好的现金流完全不相符，放大近 10 倍的贷款，证明了该公司现金流出现了很大问题，蓝田股份声称的现金流充裕是个谎言。

另外，蓝田股份的毛利率比同类型企业高出 10%～20%，这是低附加值的农产品从未有过的高毛利率，蓝田的品牌、垄断性并不足以支持这么高的毛利率。

蓝田股份的财务报表做得漏洞百出，但许多研究员仍在称颂这家企业的未来，这让林园哭笑不得，但也不能说得太过明白。当年揭露蓝田股份造假的文章属于机密，但仍被蓝田的董事长起诉。在蓝田彻底暴雷前，文章的作者承受了极大的压力。

在证监会的紧密调查下，蓝田股份 2001 年年报现了原形：2000 年，主营业务收入调整前是 18.4 亿元，调整后不到 4000 万元。2000 年，净利润调整前是 4.3 亿元，调整后是 −1000 多万元。1999 年和 2001 年的调整大体如此，三年的财务报表调整完后，一系列数据由正数变成了负数，一个垃圾股彻底现形，董事长瞿兆玉被判有期徒刑 3 年，缓刑 4 年。

蓝田股份不是 A 股第一个财务造假的，但如此堂而皇之地造假却是第一个。识别蓝田造假并不困难，只要常识就足够。不直接对终端消费者，也不是抢手货的企业必然有与营业收入相匹配的应收账款，这一点就足以让理智的分析者警惕起来。当年的存货是下年度的营业收入，尤其是农业企业，生产周期基本固定。蓝田股份 1998 年存货暴增 5 倍，1999 年的营业收入应该比 1998 年高出很多，然而 1999 年的营业收入仅增长了 12.8%，这不符合规律。更奇怪的是，这两年比较，企业的营业成本却没多大变化。存货销售出去构成了营业成本，存货大增第二年营业成本不增长，利润总额还能增加 41%，这简直是个奇迹。

蓝田股份财务报表的逻辑不堪一击，在那个时代，人们不是不能识别造假，而是不愿相信众人追捧的牛股会造假。

## ◎ 第二节　吹起来的利润

2020年4月2日，瑞幸咖啡发布公告，承认虚假交易22亿元人民币，股价暴跌80%。4月29日，林园在接受采访时说："我不和私人企业打交道，像瑞幸咖啡高层出现造假，撞上一次怎么办？防不胜防。"林园和无数上市公司老总打过交道，他发觉，很多民营企业的老板利益为先。做企业就是为了赚钱，利益为先并不是错，但是一部分民营企业的老总没有底线，为了利益不择手段，一旦造假，会让投资者防不胜防。

林园更青睐有国资背景的企业，这些企业的老总是任命制，企业运转比较稳定。国资企业有可能美化财务报表，但很少会财务造假，美化不违法，而可造假会让他们身败名裂，不会有其他实际好处。

林园分享过很多防范"踩地雷"的心得：

> 选公司时最好选一些和我们生活密切相关的明明白白的知名企业，如，贵州茅台、五粮液、云南白药、招商银行、上海机场等，这些都是我们生活中经常可以接触到的企业，它们每天都在赚钱，现金流充沛，这些公司都是国有大企业，它们的主营业务突出，企业领导人没有必要造假。
> 
> 我在全国选择3个不同的城市，每个地方请一个人，帮我看要买入公司的财务报表，而且这3个人是相互不认识的，互不联系。这期间我也会认真阅读企业前3年的财务数据。大家都研究过财报之后，我会同他们交谈。通常这3个人得出的结论是不一样的。我会跟他们强调，首先通过财务指标给企业挑毛病（先排雷），然后我再综合他们的意见。当然，让他们看的不光是我要买入的目标公司，还包括其他同类型

的上市公司报表。如，我要买五粮液，我就让大家看贵州茅台；我要买招商银行，我也要让大家看民生银行；买上海机场，也要研究深圳机场。最后，我还会让我的老师再给我在财务数据上把关，充分听取他的意见。

做了这么多年，我发现了一个奇怪的现象，凡是我买入的公司，大多数都是"隐瞒"利润（少报），没有发现多报利润的公司。这样的公司往往会给我们带来"意外"收益。如我持有铜陵有色，它的季报中没有体现未卖出的黄金的利润，我喜欢选择隐瞒利润的公司。

我喜欢选那些每年都能赚钱，而且账上有大量现金的公司。因为这些"硬朗"的公司没有必要做假账；相反它们的现金还能够让我有意外收益，如贵州茅台股改时的大比例派现。

通过跟踪企业，取得相关的经营指标，我会自己给企业做报表，这样可以防止公司的一面之词。比如，曾经有传言，上海机场有假账，我认为那是这些人没有好好看报表。我自己做报表得出的结论是上海机场的运行效率高，它的财报没有错。8月30日，上海机场将会出半年报，到时会有结论（注：林园是在2006年8月分享的这段话，后来短短几个月，上海机场涨了近4倍）。

A股市场财务造假频发的原因是收益和风险不成正比，造假有几亿元、几十亿元的收益，但造假事发，付出的代价并不高。

美国安然公司财务造假案，最终判决罚款是5亿美元，公司破产，公司几十名高管被刑事诉讼，董事长斯基林被判24年有期徒刑。瑞幸咖啡造假案现在还未宣判，大概率瑞幸高管遭受的惩罚比蓝田老板瞿兆玉要严重。

2019年康美药业案发后，中国逐渐提高了证券市场违法的处罚力度，相信不久后，操纵股价、财务造假这样扰乱市场的行为，董监高们必会付出惨重的代价。法治建设是A股的未来，也是价值投资者的

第六章 步步惊心——股市陷阱面面观

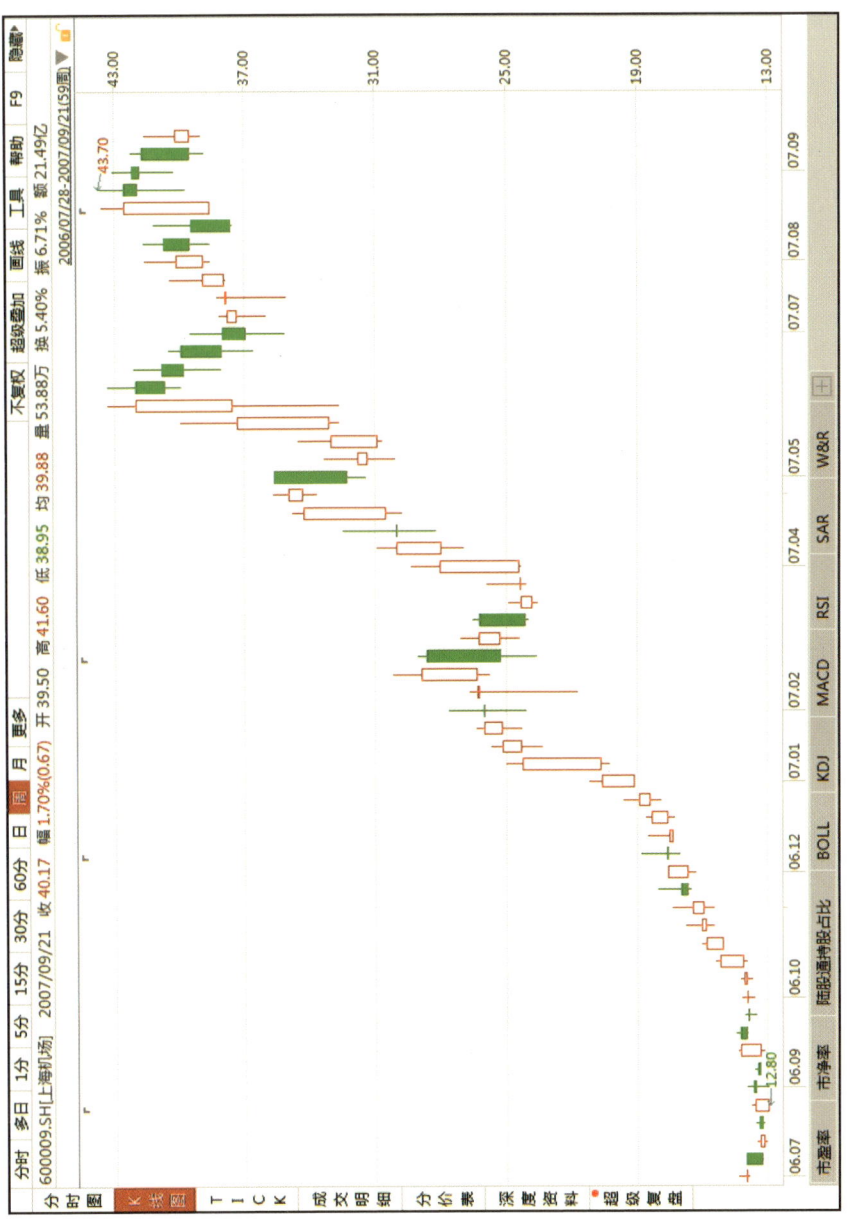

图6.1 G沪机场（60009，后改名上海机场）周线图（2006.7—2007.9）

233

春天。罚得那些造假者再也不敢割投资者韭菜之时，财务报表、信息披露才会更加真实。

每种财务造假都有动机，蓝田股份的动机是快速扩张。瑞幸咖啡则是虚增利润来维持股价，美国安然公司债务链已濒临崩溃，选择虚增利润拉抬股价，才能维持债务链不破。2001年的银广夏一案和美国安然的动机类似。

银广夏于1994年6月上市，是位于宁夏回族自治区的一家综合企业，产品涉及牙膏、水泥、海洋物产、白酒、牛黄、活性炭、文化产业、房地产，还有葡萄酒和麻黄草。主营业务常变，净资产收益率维持在10%的配股线上方。

频繁地转换项目意味着不断投资，银广夏经常未等到项目见到效益，就开始转向下一个项目。虽然1998年之前，公司的财务报表状况尚可，但可能已经出现了财务紧张。

早期的A股市场，经常有资本伙同上市公司炒作股价，许多上市公司不靠经营赚钱，而靠炒作股票的利差赚钱。银广夏最终因财务报表造假而触犯刑法，但不能排除公司操纵股价获利。

从1999年12月30日的13.97元开始，至2000年4月19日银广夏股价涨至35.83元。10转赠10后，继续上涨，创下37.99元新高，一年的时间涨幅高达440%，成为当时股市第二大牛股。

尝到甜头的银广夏管理层仍不满足，董事局主席张吉生预测，未来三年内每年业绩连续翻番"不成问题"。2001年3月1日，银广夏发布公告，称与德国诚信公司签订连续三年总金额为60亿元的萃取产品订货总协议。仅仅依此合同推算，2001年银广夏每股收益就将达到2～3元。

市场瞬间沸腾，眼瞅着一家农业蓝筹股成长起来，媒体喊出了"创造新蓝筹"的口号。有媒体向林园提问，林园先是笑而不语，被追问急了才回答说："有分析的必要吗？"

林园看过这个企业的财务报表，但他压根就不相信那些反常识的数据，尽管人们热情如火，但林园只是冷眼旁观。据林园回忆，在银广夏曝出大利好的时候，他私下对朋友说过："牛皮吹得太大，马上就会爆的。"

银广夏的"利好"来自1995年的一次投资。董事长陈川在火车上偶遇宁夏某水科所所长吴安琪，两人相谈甚欢。吴安琪一直致力于种草治沙，他鼓动陈川投资治沙工程，既能博个好名声，还有不错的经济效益。随后，银广夏在银川市郊收购了2万多亩沙漠，并种上了麻黄草。

麻黄草可以提炼麻黄素，这种植物的化学提取物是一些药物的重要原材料，国外需求非常旺盛。因为种种原因，银广夏投资9000万元治沙种草后，一直没有获得太多利润，也就没有将计划的6亿元全部投入。

但银广夏却宣称这次投资带来了超额利润，董事长陈川这样讲述麻黄草的暴利："德国诚信公司于1999年6月12日一次订货总价达5610万马克。6月26日，一艘载着天津广夏第一批农产品萃取产品的货轮起锚离港，远航德国。这第一批产品出口，获利7000多万元！"

未修正的财务报表显示：1999年银广夏利润总额1.58亿元，其中，76%来自麻黄素，每股盈利0.51元，并实行首次10转赠10的分红方案。2000年，银广夏全年主营业务收入9.1亿元，净利润4.18亿元。

银广夏制造的假数据已经找不到了，现在只能查到修正后的财务报表，表6.4是1999年之前的公开数据。

表6.4 银广夏利润表（部分）（单位：亿元）

|  | 2001年年报 | 2000年年报 | 1999年年报 | 1998年年报 | 1997年年报 |
|---|---|---|---|---|---|
| 营业总收入 | 0.56 | 18.41 | 18.51 | 16.40 | 12.51 |
| 营业总成本 | 2.40 | 13.25 | 11.93 | 12.01 | 10.83 |
| 营业利润 | −1.86 | 5.03 | 6.17 | 4.37 | 1.73 |
| 利润总额 | −1.93 | 5.02 | 6.15 | 4.35 | 1.71 |
| 净利润 | −0.97 | 4.32 | 5.13 | 3.63 | 1.43 |
| 归母净利润 | −0.80 | 4.32 | 5.13 | 3.63 | 1.43 |

在这份修正过的利润表中可以看到，银广夏1998年的营业收入几乎翻倍，利润总额和净利润翻了3倍以上。2000年净利润（表中数据修正过）比1999年翻了3倍多，不能不说这是奇迹。但如此之高的利润并非来自德国诚信公司的订单，而是来自董事长之口。

1999年11月，天津广夏董事长兼财务总监董博接到了银广夏财务总监、总会计师兼董事局秘书丁功民的电话，要求他将每股的利润做到0.8元。董博从购入原材料开始虚构了北京瑞杰商贸有限公司、北京市京通商贸有限公司、北京市东风实用技术研究所等单位，这几家公司成为天津广夏的原材料提供方，虚假购入萃取产品原材料蛋黄粉、姜、桂皮、产品包装桶等商品。随后在黑市购买了发票、汇款单、银行进账单等票据，并伪造了这几家单位的销售发票和天津广夏发往这几家单位的银行汇款单。

有了原材料的购入，也便有了产品的售出，董博伪造了总价值5610万马克的货物出口报关单4份、德国捷高公司北京办事处支付的金额5400万元的出口产品货款银行进账单3份。随后继续伪造了萃取产品虚假原料入库单、班组生产记录、产品出库单等。最后，董博虚构了天津广夏萃取产品出口收入2.39亿元。2000年，财务造假行动继续，只是此次已不再需要虚构原材料供货方，只伪造了虚假出口销售合同、银行汇款单、销售发票、出口报关单及德国诚信贸易公司支付的货款进账单、虚假财务凭据。2000年，共虚造萃取产品出口收入7.24亿元。2001年，造假仍在继续，造假的单据已经足以让业绩再翻上一倍。

2001年，对银广夏财务报表越来越多的质疑引起了监管部门的关注，专家审计后给出结论："银广夏出口德国诚信贸易公司的为'不可能的产量、不可能的价格、不可能的产品'。"

鉴于现存财务数据已经无法显示当时状况，只能用文字表述当时拆穿骗局的几个要点：

1．银广夏声称产品大部分为出口，按照我国税法，银广夏的出口金额至少退税数千万元，银广夏的财务报表根本没有退税账款。同时，在2000年，银广夏应缴纳的税款约1亿元，但2000年财务报表并未显示相应的纳税账目。

2．2000年，销售收入与应收款项基本是同步增长，货币资金和应收款项合计与短期借款也保持大体比例的同步增长，显然公司当年现金流入很少，应收账款非正常增长是为了掩盖并无货款到账的真相。

3．财务报告中显示每次需要购买上千吨原材料，但库房、车间从不许人参观。而上千吨的原材料，足以堆满厂区。

4．提取成品的设备高温、高压、高耗电，但1999年水电费仅20万元，2000年70万元，与正常的能耗相差甚远。

5．产品出口价格远高于正常价格，例如每公斤姜精油的原料成本只有350元，可出口价格高达3440～4400元。

6．合同中的德国诚信公司被银广夏捏造为百年老店，实际只是10万马克注册的新公司。

另外，查案时银广夏宣称，和德国做生意的子公司天津广夏1998年前的账目全部丢失。

2003年9月16日，宁夏回族自治区银川市中级人民法院对银广夏刑事案做出一审判决，原董事长陈川于 2000 年病故，免于处罚；原天津广夏董事长兼财务总监董博、原银川广夏董事局副主席兼总裁李有强、原银川广夏董事兼财务总监兼总会计师丁功名、原天津广夏副董事长兼总经理阎金岱均被判处有期徒刑。

至此，银广夏一案落下帷幕。这次财务造假事件给中国股市带来很大震动，无数股民质问，中国上市公司是否值得信任？其后的很多年，提起财务分析，多数股民嗤之以鼻，认为财务报表就是拿来骗人的。像林园这样擅长把握财务报表数据背后的逻辑关系的投资者，在中国股市就像大熊猫一样珍贵。

银广夏和瑞幸咖啡的造假同出一辙，虚构营业收入来增加利润，再通过假利润抬高股价，在二级市场融资和套利，这两家公司已经不仅仅是造假，而是商业欺诈。

现在回到瑞幸咖啡造假案，看看浑水调研公司是如何拆穿瑞幸咖啡的假面具，浑水报告称：

> 该公司发布了一系列业绩数据，这些数据显示一个戏剧性的商业拐点，并使其股价在两个多月时间里上涨了 160% 以上。毫不奇怪，它又在 2020 年 1 月再次成功筹集 1.1 亿美元。瑞幸确切地知道投资者在寻找什么，怎样将其定位成一个故事精彩的成长股，以及操纵哪些关键指标来最大化坚定投资者信心。
>
> 确凿证据 1：单个门店的每日销售商品数量在 2019 年第三季度和四季度分别至少被夸大了 69% 和 88%，支撑证据为 11260 小时的门店流量视频。我们调动了 92 名全职和 1418 名兼职人员进行实地监控，记录了 981 个工作日的门店流量，覆盖了 100% 的营业时间。门店选择基于城市和位置类型分布，与瑞幸所有直营店的组合相一致。
>
> 确凿证据 2：瑞幸的"单笔订单商品数"已从 2019 年第

二季度的 1.38 降至 2019 年第四季度的 1.14。

确凿证据 3：我们收集了 25843 张顾客收据，发现瑞幸夸大了其每件商品的净售价至少 1.23 元人民币，以人为地维持商业模式。真实情况下，门店层面的亏损高达 24.7%～28%。排除免费产品，实际的销售价格是上市价格的 46%，而不是管理层声称的 55%。

确凿证据 4：第三方媒体追踪显示，瑞幸夸大了其在 2019 年第三季度的广告费用 150% 以上，特别是在分众传媒上的支出。瑞幸有可能将其夸大的广告费用回收，以增加收入和门店层级的利润。

确凿证据 5：25843 个顾客收据及其报告的增值税数字显示，瑞幸在 2019 年第三季度来自"其他产品"的收入贡献仅为 6% 左右，相当于近 400% 的膨胀率。

浑水揭露瑞幸造假的手段极为简单有效，就是花钱雇人去实地调查，统计出实际数据和财务报表做对比。用实地调查统计出的证据直接击碎瑞幸的谎言，让人不得不信。瑞幸股价当天暴跌 80%，市值蒸发 100 亿美元。

银广夏和瑞幸的造假手段相仿，伪造了一系列的假单据，成立了境内的空壳公司。仅凭纸面材料，揭穿银广夏有些难度。但如果用浑水的方式直接实地调查，银广夏的欺诈手段根本无法骗人。

首先，了解原材料的价格，用采购的支出进行计算，很容易算出银广夏每年上千吨的进货量。而海量的存货，只需看一眼仓库就一目了然。就算不能进仓库，这么大的进货量也足以搅乱药材市场，实地走访一问便知。

其次，一系列的空壳关联公司都有注册地址和电话，能走访的去看看，看不了的打电话质询。当年虽然没有可以查企业信息的 APP，但是从企业黄页、工商局仍然可以查到。

## 财报掘金
### 林园选股的核心财务指标

最后,有条件的还可以查一下天量进口的德国诚信公司,境外信息相对更容易查实。并且,大批量出口会在海关和相关部门留下痕迹。

实地调研并非本书主题,林园的调研方法详见"林园炒股秘籍5"《林园手把手教你走访上市公司》。本小节只是提醒读者,财务报表的解读如果结合实地调研,出现误判的可能性微乎其微。林园在20世纪90年代末就已经成为解读财务报表的高手,但对企业的实地考察从不敢松懈。任何一家公司,只要他持有的股票在配置中占比超过0.5%,都一定会跨越千山万水去实地看看。而那些重仓的公司,他更会常去,以至于门卫大爷以为他是公司员工。

## ◎ 第三节 光怪离奇的花式造假

林园对利润总额的绝对值看得非常重要，虽然财务造假花样百出，但利润造假需要成本，很少有公司把利润造得太高。有一些经营亏损的公司，为了避免退市，会小规模虚构项目、增加利润，有时一年利润造假只有几百万元，非常难以觉察。所以，林园从不选择利润总额绝对值较低的企业，认为这些企业造假动机充足，造假的成本又低，很容易踩雷。

### 6.1 离奇的造假之王

最离奇的造假之王非獐子岛莫属，这家企业于 2006 年在深交所上市，开盘不久即涨到 60 元左右，一度超过百元，成为中国农业的第一个百元股。

价格超过百元源自一个神话，獐子岛声称引入了先进的虾夷扇贝技术，投入产出比高达 1∶2.9，利润率秒杀多半上市公司。为了坐实高额收益，2007 年，獐子岛给出了每 10 股 7 元的高额分红，一时之间，市场将其视为农业中的茅台酒，股价随之涨至 152 元。

2008 年，獐子岛再次给出了 10 送 10，每 10 股 3 元的高分红高配送，随后股票走出一次波澜壮阔的填权行情。2010 年，獐子岛再次慷慨解囊，给出 10 送 5，每 10 股 5 元的高额分红、配送。股票继续填权，按照复权价计算，股价最高达 217.34 元。随后数年，獐子岛基本每年都保持着较高额度的分红，但股价却未能再创新高。

2014 年，獐子岛的一纸公告掀开了潘多拉魔盒。公告称：公司进行秋季底播虾夷扇贝存量抽测，发现存货异常，公司第三季度亏损 7.63 亿元，亏损的主要原因是北黄海异常冷水团导致扇贝"跑路"。一时之间，投资者愕然，舆论哗然，没腿的扇贝居然会逃跑。有人呼吁，活要见贝，死要见壳，扇贝又不能一日千里，跑到哪里不难查明，獐子岛要给个说法。

不过这也就是无力地喊上一喊，扇贝跑路事件最终还是不了了之。但獐子岛的扇贝跑路上了瘾，就好像美剧《越狱》中的迈克尔，一有机会就要搞事情。此后的6年，扇贝死了3次，跑了1次。每逢财报公布，扇贝就会闹意见，要么冻死、要么饿死、要么继续跑路。獐子岛的财务报表与扇贝共进退，业绩一年亏损，一年盈利。

证监会2018年开始立案调查，甚至动用了卫星定位，计算机技术等高科技手段进行调查。至2019年6月，最终认定獐子岛存在信息违法披露的行为，并做出禁入市场、处罚相关15名高管的决定。7月，正式确认其2016、2017两个年度分别虚增利润1.31亿元、2.79亿元，将相关高管移交公安机关追究刑责。

獐子岛之所以肆无忌惮地造假、违法披露信息，是因为主营业务全在海底，外人很难了解真实情况，投资者也无法实地调研。但是，在2014年之前的财务报表中，还是能够找到疑点。

**獐子岛财务指标**

2009-2013

| | 2009 | 2010 | 2011 | 2012 | 2013 |
|---|---|---|---|---|---|
| 毛利率 | 28% | 34% | 34% | 24% | 22% |
| 营收增长率 | 50% | 49% | 30% | -11% | 0.50% |

图6.1 獐子岛营业收入增长率、毛利率对比图

獐子岛 2009、2010 年营业收入增长非常快，而 2011 年、2012 年出现了大幅下跌。对比其他水产上市公司，营业收入增长率的曲线变化方向一致，但幅度要大出很多。

但在这 5 年中，毛利率从 34% 降低至 24% 以下。在相对成熟的行业，毛利率变化一般不会太大，其他水产企业的毛利率只有窄幅波动，獐子岛毛利率 10% 的降幅并不正常。

獐子岛公告曾说明成本的计算：

实际捕捞亩数 × 每亩平均成本 = 底播增殖成本

毛利率的计算：

【(销鲜数量金额 + 深加工数量金额) − (底播增殖成本 + 深加工成本)】÷ (销鲜数量金额 + 深加工数量金额) × 100%。

这里出现一个问题，实际捕捞亩数到底怎么核算。如果捞了 1 万亩，但做账时只记录 5000 亩，毛利率必然大增。反过来实际捞了 5000 亩，做账记成 1 万亩，毛利率一定大减。獐子岛业绩核算方法留了一个大后手，为后来财务报表随意作假埋下了伏笔。

由于獐子岛的收获方式是渔船在海上开来开去，连证监会都无法核查收获是否造假，投资者更是无法检验真假，但财务报表仍可能留下蛛丝马迹。

扇贝有售鲜和深加工两种销售方式，售鲜不会有存货，但深加工会产生一定比例的存货。从存货角度观察，獐子岛的造假现出端倪。

在营业收入既定的前提下，增加所有者权益只有两种方式：一是减少负债；二是增加存货。

**表 6.5 獐子岛（002069）利润表（部分+存货）（单位：亿元）**

|  | 2013年年报 | 2012年年报 | 2011年年报 | 2010年年报 | 2009年年报 |
|---|---|---|---|---|---|
| 营业总收入 | 26.21 | 26.08 | 29.37 | 22.59 | 15.13 |
| 营业总成本 | 25.42 | 24.71 | 23.19 | 18.12 | 13.13 |
| 营业利润 | 0.81 | 1.41 | 6.22 | 4.70 | 2.01 |
| 存货 | 26.84 | 24.49 | 23.58 | 17.16 | 11.73 |

獐子岛利润表显示，2010年利润比2009年翻了一倍还多，存货增长了近50%。营业成本则增长40%。至2011年，利润继续增长32%，存货再增37%，而营业成本只增长了28%。一直到2013年，存货终于超过了总成本。总体趋势是成本减少、存货增加。考虑到獐子岛的成本无法核实，这就涉嫌为了将利润做得漂亮，将成本转移至存货。简单讲就是多捞扇贝，少报捕捞亩数。

但这仅是涉嫌，并不能实锤。参考虾夷扇贝养殖手册发现，这种扇贝的捕捞期为一年至一年半，也就是说，饲养到期后必须捕捞，而不是和工业品一样可以无限增加库存。因此，鲜品类的农产品存货周转率不应变化太大。獐子岛在2006年上市之前，存货周转天数都在350天左右，而2007年直接飙升到了543天，2009年回落到448天，随后数年都在350天左右的正常范围内。这就说明獐子岛上市之初，可能虚构了成本，但并没有真正投入，钱都存了下来。

上市后，才开始真正投入，多增存货，少报利润。这些暗中的操作稳定住了毛利率，但使存货周转天数增加。2010年开始，多捞少报，这样存货变化正常，但利润肯定上涨，毛利润也同步上涨，大幅领先同行业。

2011年开始，以前积攒的假存货消耗得差不多了。2012年存货消耗殆尽，营业收入大幅下滑。再想维持高利润、高增长，没有真金白银的獐子岛索性虚构存货，安慰投资者。

但出来混迟早都是要还的，獐子岛并没有真正投放贝苗，而是不断地坐吃山空。2013 年，獐子岛已经招架不住，利润再次大幅下降。至 2014 年再也无法捏造利润，于是就出现了扇贝跑路的童话故事，獐子岛把虚构的存货一次性计提损失全部抹平。

从成本、利润、存货之间的转换不易发现，但獐子岛财务报表上还有更明显的漏洞，下面是獐子岛的现金流量表和工资的变化。

表6.6 獐子岛（002069）现金流工资对比（单位：亿元）

|  | 2013年年报 | 2012年年报 | 2011年年报 | 2010年年报 | 2009年年报 |
| --- | --- | --- | --- | --- | --- |
| 营业总收入 | 26.21 | 26.08 | 29.37 | 22.59 | 15.13 |
| 营业利润 | 0.81 | 1.41 | 6.22 | 4.70 | 2.01 |
| 经营活动产生的现金流量净额 | 1.91 | 3.78 | 0.82 | 0.43 | 0.75 |
| 支付给职工以及为职工支付的现金 | 3.50 | 3.38 | 3.00 | 2.66 | 1.83 |

2010 年公司利润翻倍，按理说经营现金流量应该增加，但实际减少了 3200 余万元。2011 年利润仍在大幅增长，但经营现金增长微不足道，这说明獐子岛的经营缺乏现金流入，34% 的毛利率是假的。

另外，2010 年、2011 年连续两年营业总收入和利润都在高速增长，按照常识来说，产量增长人工肯定增长。而这两年，工资增幅和利润增幅并不成比例。公司年报中，除了董事长吴厚刚的工资外，其他高管的年薪均没有明显上涨。利润连年大增，公司如此吝啬，员工还能忍辱负重，真有些不可思议。

从 2014 年扇贝跑路开始，獐子岛这家"农业茅台"就再也顾不得脸面，年年围着扇贝编故事。扇贝乖了，公司就有利润；扇贝顽皮了，公司就亏损，一年正一年负地折腾到了2018年。

2019年，证监会给出了三条调查结果：

1.2016年少计成本，2017年多计成本；

2.獐子岛声称调查扇贝跑路，但根据卫星定位，獐子岛的船根本没开动；

3.信息披露不及时。

基于上述情况，獐子岛被罚款60万元，董事长吴厚刚及24名高管，每人被罚款3万~30万元不等，上述人员终身禁入证券市场。

可是吴厚刚的脸真是太厚，嘴又实在太刚，在2019年11月，居然再次声称："又跑了，这次跑了2.4亿元的扇贝！！"于是2020年9月11日，证监会决定将獐子岛及相关人员涉嫌证券犯罪的案件依法移送公安机关追究刑事责任。

## 6.2 跨境造假——动机之问

尔康制药近几年可谓麻烦不断：2017年8月，因涉嫌信息披露违法违规，被证监会立案稽查；2018年4月，因此前虚增利润约2.5亿元等，受到证监会行政处罚。

事件源自2017年5月9日自媒体文章爆料，文章认为尔康制药涉嫌严重财务舞弊，对其"18万吨木薯淀粉生产项目实现的6.15亿元净利润"提出质疑，并称尔康制药在海外设立的公司有虚构资产嫌疑。面对质疑，尔康制药于10日宣布停牌自查，并称鉴于柬埔寨进出口数据及相关凭证的获取需要时间，把开盘时间定为15日。随着证监部门的介入，尔康制药未能在15日开盘。2017年8月，因涉嫌信息披露违法违规，证监会正式立案调查尔康制药。

2018年4月，尔康制药发布公告：因2015年、2016年合计虚增利润约2.5亿元等，收到证监会《行政处罚事先告知书》，包括60万元罚款、警告以及对相关责任人的处罚等。根据证监会的调查，尔康制药的涉嫌违法事实包括：2015 年，涉嫌虚增营业收入 1806 万元，虚增利润 1586 万元，占当期合并报表披露营业收入的 1.03%，净利润的 2.62%；2016 年，涉嫌虚增营业收入 2.55 亿元，虚增净利润 2.32 亿元，占当期合并报表披露营业收入的 8.61%，净利润的 22.63%。

与其他公司不同，尔康制药的经营状况一直表现不错，并没有退市威胁。那么尔康制药的财务造假又意欲何为呢？

2016 年 12 月 7 日，尔康制药发布公告，控股股东、实际控制人帅放文及其一致行动人曹再云计划以大宗交易的方式，自公告之日起 2 个交易日后 6 个月内，拟减持不超过 1.99 亿股公司股份，即不超过公司总股本的 9.66%。2017 年 5 月 10 日，即公司被曝财务造假次日，夫妇二人宣布减持计划实施完毕，二人实际减持 103130016 股，占公司总股本的 4.9999%，总金额约 12 亿元，减持时间点卡的十分精确。

这则公告使尔康制药造假的动机昭然若揭，所有的伪装就是为了大股东能卖个好价钱，套现 12 亿元。虽被罚款 60 万元，再加上后续股民起诉尔康制药获赔 7000 多万元，尔康的大股东仍是最大的赢家。

尔康制药是一家药用辅料生产企业。2013 年，尔康宣布进入药用淀粉领域，拟使用超募资金 1.8 亿元、总投资 2 亿元建设年产 18 万吨药用木薯淀粉生产项目。预计该项目正常年销售收入为 5.33 亿元，年均利润总额 6290 万元，项目投资年平均利润率 31.45%，投资回收期 4.5 年。

木薯淀粉项目的生产单位为湖南尔康（柬埔寨）有限公司，厂址设在柬埔寨。一股熟悉的味道扑面而来，獐子岛项目都在海底，证监会没法查；尔康的项目都在境外，证监会还是没法查。

尔康制药报告称：该项目到 2015 年底的总投资约 1.4 亿元，2015 年实现 2.76 亿元利润，投资收益率达到 197.14%。到 2016 年，竟获得 6.15 亿元的净利润，当年总投资收益率达到 427.08%，项目净利润占尔康制药当年净利润的60.79%。

这已经不是暴利了，投资1.4亿元，年赚6亿多元，如此高的回报率完全不符合商业逻辑。尔康制药的改性淀粉并没有太高的技术壁垒，这么高的利润率会吸引竞争者会大举加入，可事实上并没有资本角逐，实在太过反常。

茅台酒之所以毛利高，是因为中国只有一个贵州茅台。尔康的毛利率超过了茅台酒，只能以独此一家解释。独家生意好做，只要产品好，必然买者如云、供不应求。但是在尔康制药的报告中，只有一家加拿大公司采购过淀粉软胶囊。这家公司号称是尔康制药的北美总代理，但他采购的淀粉软胶囊又回售给了江西睿虎化工。

上述内容在当期的公司报告中都有，不过一般投资者很难看这么细致，但从财务报表中仍能发现蹊跷。

表6.7 尔康制药财务报表三表合并简表（单位：亿元）

|  | 2016年年报 | 2015年年报 | 2014年年报 | 2013年年报 | 2012年年报 |
| --- | --- | --- | --- | --- | --- |
| 营业总收入 | 27.06 | 17.56 | 13.70 | 10.11 | 8.35 |
| 营业总成本 | 18.97 | 11.11 | 10.39 | 7.86 | 6.56 |
| 营业利润 | 8.25 | 6.46 | 3.30 | 2.24 | 1.78 |
| 利润总额 | 8.62 | 6.59 | 3.36 | 2.25 | 1.81 |
| 净利润 | 7.82 | 5.99 | 2.87 | 1.94 | 1.53 |
| 货币资金 | 9.92 | 20.20 | 3.51 | 5.02 | 5.83 |
| 应收票据及应收账款 | 2.60 | 2.49 | 2.23 | 1.67 | 1.04 |
| 预付款项 | 1.29 | 0.40 | 0.27 | 0.55 | 0.51 |
| 存货 | 7.67 | 5.50 | 3.32 | 1.25 | 1.07 |
| 固定资产 | 17.69 | 12.77 | 7.19 | 3.94 | 2.17 |
| 在建工程 | 7.72 | 1.98 | 2.78 | 1.00 | 1.12 |

续表

| 应付票据及应付账款 | 1.95 | 1.69 | 0.71 | 0.19 | 0.15 |
| --- | --- | --- | --- | --- | --- |
| 预收款项 | 0.53 | 0.56 | 0.15 | 0.15 | 0.09 |
| 应付职工薪酬 | 0.21 | 0.18 | 0.19 | 0.14 | 0.12 |
| 经营活动产生的现金流量净额 | 4.86 | 5.19 | 1.75 | 1.74 | 0.84 |
| 购建固定资产、无形资产和其他长期资产支付的现金 | 11.46 | 5.71 | 5.27 | 2.04 | 2.31 |

尔康制药从2013年开始，营业收入增速越来越快，2014年，利润总额增长50%，2015年，增长近100%。这种增速充分证明了公司产品旺销，但存货却出现了异常。

2013年，存货略微增长，属于正常。但到了2014年，存货出现了100%以上的增长。淀粉原材料有保质期，且没有购买难度，企业没有囤货的动机。既然产品如此畅销，存货高涨有些说不过去。

与存货相关的是预收账款，在贵州茅台的案例中我们知道，供不应求的商品通常需要采购商提前支付定金，因此形成预收账款。但是尔康制药的预收账款在2014年之前并没有明显增长，2015年虽然预收账款大增，但5642万元的额度对比17.55亿元的营业收入简直微不足道。很难想象如此畅销的商品每笔交易都是一手钱一手货。

与预收账款对应的是应收账款，畅销货都需要及时付款，可是尔康制药的应收账款始终都占营业收入15%左右的比例，这也比较反常，不符合畅销商品的基本规则。

从2013年起，尔康制药的利润保持在30%～50%之间，这么高的利润增长率并不常见。按照规律，利润高速增长，结现率又高，企业的现金流状况应该很好。但情况并不是这样，2013年到2014年，公司的货币资金从5.02亿元降到了3.5亿元，与利润的高增长不符，尔康制药给的说法是增加了固定资产投资。

可问题又出现了，尔康制药的公告中声称，公司固定资产从2014年底的7.19亿元增长到2016年底的17.69亿元，年复合增长率高达56.86%。2015年和2016年分别增加了7亿元和6亿元的固定资产，其中，绝大部分都是从在建工程转入的，分别是6.78亿元和5.55亿元。

企业投资固定资产一般就是为了增加产能，产品需求旺盛开设分厂和新生产线都属于正常的经营投资。和上面的疑点汇总到一起就产生了一系列问题：产品真是处于垄断状态，别的竞争者无法参与吗？如果真是独此一家，为何没有多少预收账款，而应付账款却如此之高？如果需求有限，客户稳定，为何要投入如此之多的固定资产？如果有人向尔康制药的董事会提出这一系列问题，他们很可能无法答复。

尔康制药的固定资产投资，至今也无定论。证监会督查时，尔康制药展示了国内和柬埔寨产业园的卫星图，算是暂时过关。但虚增固定资产并不难，只要有了土地，房子怎么盖那还不是上市公司自己说了算。

尔康制药造假案于2018年尘埃落定，画皮掉落后，尔康制药的股价跌到4~5元钱，投资者损失惨重。被审查的2017年，尔康制药营业收入28.28亿元，同比增长4.51%；归属于上市公司股东的净利润5.22亿元，同比下降34.31%；2018年，尔康制药实现营业收入23.54亿元，同比下滑16.74%；归属于上市公司股东的净利润2.17亿元，同比下滑58.55%。2019年，尔康制药营业收入是27.44亿元，净利润1.61亿元，同比下滑25.4%。

而尔康制药从2013年开始在柬埔寨投资的3家企业：柬埔寨尔康、尔康生物淀粉、旺康生化，合计资产规模达到了27.91亿元，境外资产占公司净资产的比重达48.17%，但3家子公司皆处于亏损状态。当时毛利润高达90%的淀粉系列，在2019年的简报中显示毛利率为2.2%。

数据显示，截至2020年一季度末，持股比例达41.44%的第一大股东帅放文质押8.35亿股，占其持有股份的97.66%；持股比例达11.24%的第二大股东湖南帅佳投资有限公司质押2.32亿股，占其持有股份的 99.99%；第三、第四大股东质押 9313.2 万股、4656.6 万股，质押比例达到 100%。股东户数则从 2016 年 12 月的 16875 户增加到 2020 年 6 月底的 39802 户。

聪明的读者，看到这里您应该已经很清楚谁得到好处，谁又承担了损失。天下熙熙皆为利来，茅台集团这样躺着赚钱的企业没必要财务造假，而那些行将就木的企业无法从消费者兜里掏钱，就只能从投资者口袋里掏钱。想要消费者的钱，得造出好东西，想要投资者的钱，要编出好故事。

真实的故事讲一百遍都不会错乱，谎言却禁不起拷问。那些骗投资者的故事，要么违背常识，要么逻辑混乱，只要不被贪婪蒙住眼睛，不难发现破绽。但是，避免上当也需要成本，这些成本就是学习和思考。多掌握些常识，多读读财务报表，有机会多走多看多了解，慢慢就会像林园一样，与"雷"绝缘。做到眼中无雷，剩下的必有黄金。

对于假账问题，林园总体上持乐观态度：

> 据我观察，前些年的确有如"银广厦""蓝田"这样一批被证监会查处了的财报造假的公司，但大多数公司的账是真实的。随着《证券法》的修改完善，做假账是要负刑事责任的，我想今后，造假的人会减少。我的"避雷"方法就是，远离那些主业不清的企业，搞不清楚的企业，不参与。

但是，自从股市诞生以来，上市公司财务舞弊案一直就不曾断过，正如巴菲特所说：

> 当他们想要弄虚作假时，起码在一部分行业，同样也可以在财务会计规则的规范下做到合规地谎话连篇。尽管最后一定会真相大白，但在这个过程中一大笔财富已经转手。事实上，很多美国大富豪就是通过这种伎俩推高公司股价为自己创

造了巨额财富……所以，我们必须时刻提防，我们在做财报解读时，只能把财务报表作为一个起点，而不是一个终点。

# 后 记
POSTSCRIPT

很多人在股市磨砺多年，始终摸不清门道；学习过很多方法，账户里的钱却总是起起伏伏，难以留住财富。这并不是股市的错，只是因为人们被股市的起伏跌宕所迷惑，太过关注短期波动。

林园说过："我看企业首先看大方向。企业能不能成长这个很重要，产品的受益人群是不是足够大。毛利率要稳定，或者趋升。"林园的讲话揭开了股市神秘的面纱，在他眼中股市并非不可预测。

A股市场发展30年，中国经济从全球二流水平跃居世界第二，A股市值从当年的23亿元变成了约80万亿元，上市公司从8家变成了4000多家，股民从数万变成1.6亿户。30年间股市风起云涌，上市公司你方唱罢我登场，股民如过江之鲫来来去去，一切都在变来变去。

股民困惑于令人眼花缭乱的变化，而林园的成功却立足于股市中的不变。股市纵有千变万化，有三条规则始终不变：其一为逻辑；其二为真相；其三为人性。

本书并未讲人性，但人性却是本系列丛书的核心。炒股的人都梦想着发财，最好能快快发财，太多股民第二天看不到上涨就急不可耐。但如中国古语所云："财不入急门。"越是着急，越难赚钱，因为短暂的机会没有确定性。

## 财报掘金
### 林园选股的核心财务指标

人性既贪婪又怯懦，总是在陷阱面前毫无畏惧，在机会来临之际又缩手缩脚。道理人尽皆知，但同样的陷阱出现之时又会重蹈覆辙。从 1635 年荷兰郁金香疯狂炒作到现在已经快 400 年，人们无数次在疯狂中迷失，被贪婪推进陷阱。

林园经过早年历练洞察了人性，不管别人癫狂或是沮丧，他总是若无其事地从容。股市涨与不涨，跌与不跌，林园就在那里，从不动摇。他如山岳般沉着的性格是不是违背了人性？当然不是，他和每个人一样，都有贪婪与恐惧。

林园战胜人性的原因只有一个字"知"，他用常识与逻辑武装自己，让自己能够推演未来。如孙子兵法所云："多算者胜，少算者不胜，而况于无算乎？"林园尽一切力量去挖掘上市公司的真相，进行日常观察、逻辑分析、财务报表、实地调研，能够研究到 100%，他绝不在 99% 止步，哪怕仅存了 1% 的未知，都可能产生 100% 的风险。

本书未讲人性，但已经把克服人性缺点的工具陈列在读者面前。宏观分析与行业分析是基础，掌握这两种方法便可透析大方向。制作财务报表，了解财报的逻辑核心，就可以挖掘潜在的黑马股，避开那些造假者设好的陷阱。

掌握这些知识说难不难，说易也不易，若要增加胜算，本书内容足以启蒙。想要成为合格的分析者，本书内容尚嫌不足，这些宏大话题的每一章节都可独立成书，限于篇幅，只能浅尝辄止。切记，本书绝非市场分析的终点，而仅仅是起点。

希望读者阅读本书能有所收获，同时，也期望有志于掌握更多股票分析知识的读者有机会更深入地交流。

舵手经典延伸阅读

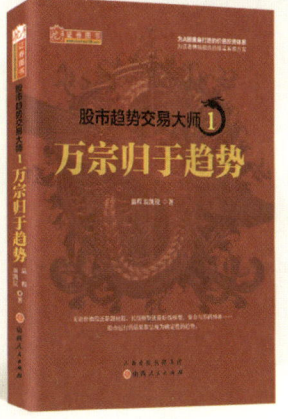

## 《股市趋势交易大师1：万宗归于趋势》

这是一套，专为价值投资者精心准备的排雷方案。

做价值投资，要赚企业成长的钱，更要赚趋势的钱。

无论价值股还是题材股，长线模型还是短线模型资，资金与筹码博弈……股市运行的结果都呈现为确定性的趋势。

## 《股市趋势交易大师2：龙头作手》

短线打板圣经，游资大佬内部资料首度公开出版。

与龙头作手在一起，计划你的交易，交易你的计划，让每日的交易变得轻松、简单并有效。

本书完全立足于实战，通过大量真实案例演示龙头战法的实战应用，既涵盖宏观层面，又详细剖析从题材、板块效应、市场情绪周期，到主力建仓、筹码整理、突破起飞蜕变成龙头股的整个过程关键点和特征，思路清晰，直击要害，其中简单而实用的套利模型，让读者在学习阶段即可进入实战状态，并做到触类旁通，建立适合自己的交易框架，跟着题材，去抓启动！

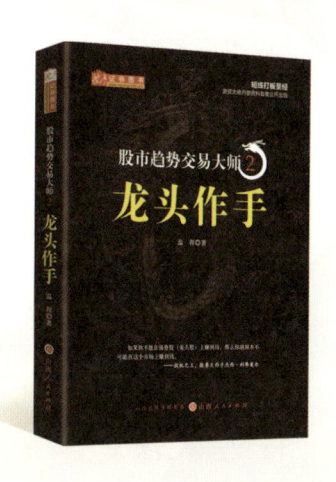

微信扫码了解详情

作者入驻舵手读书会
线上线下实战陪跑

## 《万宗归于趋势》之价值投资箴言录

1. 没有趋势的加持，价值投资经常会失效。

2. 趋势没有出现之前，投资价值永远不会出现。

3. 价值投资，严格来讲，也属于题材的一种。公司业绩增长，基本面出现了拐点，这本身就是题材。

4. 上市公司的盈利能力和成长性，本质上是持续创造净利润的能力以及源源不断地产生与净利润相匹配的现金流，实现净利润与现金流的同步持续增长。

5. 民之消费、国之能源。

6. 价值投资要做时间的朋友？不少传统理念都是错误的。朋友会让你腰斩吗？只有趋势才是你真正的朋友。

7. 不少人做价值投资，只关心上市公司的基本面，很容易忽略风口，其实风口对价值投资同样重要。

8. 股票，剥去基本面、题材、消息等外衣，最本质的内涵，就是资金和筹码之间的博弈。

9. 趋势一旦形成，方向轻易不会改变，量能轻易不会消退。

10. 永远不要操作和持有进入下降通道中的板块或个股。

11. 大盘的趋势决定了你的仓位，个股的趋势决定了你的盈亏。

12. 进场的时候慢一点，离场的时候快一点，就会活得比别人久一点。

13. 股市有其内在的运行规律，消息只能影响股市运行的节奏，而无法改变股市运行的趋势。

14. 选股，其实是选板块。同一周期的龙头个股之争，其背后是所归属的板块之争。

15 什么是风口中的题材，周线级别处于主升行情的板块，就是最强风口。

16. 选股不如择时。

17. 股票交易，选对位置，成功一半。

18. 再好的票，只要错过了买点，我绝不会勉强参与，只会祝福已经在里面的人。

19. 能够管住自己的手，做到知行合一，才是投资者真正成熟了的表现。

舵手经典延伸阅读

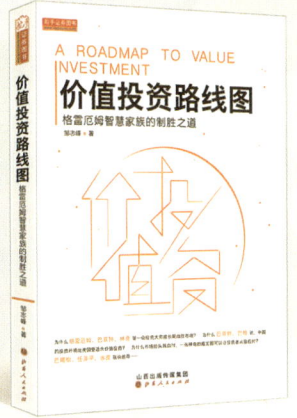

## 《价值投资路线图：格雷厄姆智慧家族的制胜之道》

"格雷厄姆的智慧家族"一词来自巴菲特题为"格雷厄姆—多德式的超级投资者"的一次演讲。巴菲特在那次著名的演讲中指出，在投资世界里，有相当多的赢家都来自于一个很小的智慧部落——一个叫作格雷厄姆—多德追随者的群体。在这一群成功的投资者中，他们的智慧来自于一个共同的家长——本杰明·格雷厄姆。

本书循着这个思路，对价值投资展开追本溯源，系统梳理投资赢家们的传承关系。其中最重要的部分，就是对于格雷厄姆思想体系的分析和解读。

微信扫码了解详情

## 《价值投资策略》

价值投资策略，本杰明·格雷厄姆将其视为自身的"安全边际"，塞思·卡拉曼对其"情有独钟"，沃伦·巴菲特凭籍它赚了千亿美元。

读罢此书，你将学会区分价值的各种衡量指标，包括持续经营价值、重置价值、合理市价、账面价值、内在价值，识别被低估的公司，并知道要寻找什么，避免什么，什么时候买，什么时候卖。

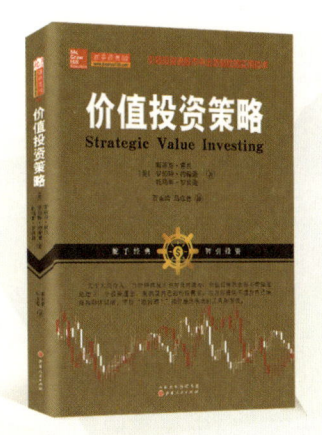

微信扫码了解详情

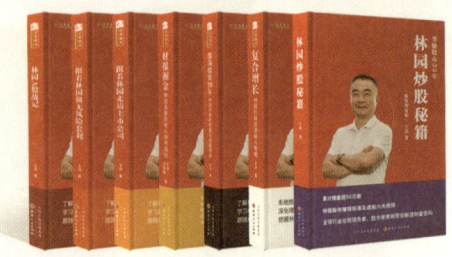

舵手经典延伸阅读

## 《林园炒股秘籍》系列丛书

《林园投资秘籍》出版至今已销售数十万册，在投资者中引起了强烈的反响。为了更加充分地挖掘和展现林园投资思想，我们从不同的角度和层面讲述林园的投资历程和方法，以此帮助读者能够更加全面、更加深入地理解林园财富增长的秘密以及其市场思维方式、投资逻辑、核心技术等。

微信扫码
关注林园丛书出版动态

## 《寻找伟大企业：拥抱新经济》

在投资路上，每个人都是学生，每个人都在不断地摸索着前进。在新经济领域，尤其是互联网、半导体、新能源、生物医药、新材料等领域，一批世界级的中国优质企业正在崛起。怎么寻找到这些优秀企业？是需要我们终身学习的重要课程，是我们财富增长的关键。

在本书中，作者将股市投资置于宏大社会经济背景下去思考，帮助读者理解新产业的发展趋势，理解国家宏观政策的变化，只有这样，才能顺应时代潮流，对未来产业变革趋势有深刻的思考与认识，才能在投资实践中不断进化，不断地去寻找和挖掘出优秀的、伟大的企业。

微信扫码了解详情